KAFFEE MIT KÄUZCHEN

FRANZISKA JEBENS

KAFFEE MIT KÄUZCHEN

UNSER TRAUMHAUS IM WALD

Eden BOOKS

Für Carsten

∞

»Und was ist der Preis für so ein Leben im Wald?«
»Schmutzige Füße von April bis Oktober.«

Inhalt

Wildschweinsafari

»Schmiddie! Hierher!«

Schmiddie, die gerade aufgeregt einer Wildfährte folgt, bleibt zwar stehen, kommt aber nicht zurück. Sie hat ihr Rückenfell aufgestellt – das bedeutet Gefahr!

Nur wenige Meter vor ihr knackt es laut in den dichten Blaubeerbüschen.

Ein monströses Wildschwein, weitaus größer und massiver als unsere schon ziemlich große und massive Vierzig-Kilo-Hündin, taucht wie aus dem Nichts auf und macht keinerlei Anstalten zu fliehen. Es hat riesige Hauer und sieht nach Ärger aus.

Ich stehe etwa zwanzig Meter entfernt und bekomme weiche Knie. Meine Gedanken rasen: Wo ist der nächste Baum, auf den ich mich retten kann? Wie kann ich meinen Hund dazu bringen, mit mir auf den Baum zu kommen? Und warum, um Himmels willen, war ich noch mal gleich in den Wald gezogen?

Es gibt keinen geeigneten Baum in der Nähe. Hund und Wildschwein stehen einander regungslos gegenüber und starren sich direkt in die Augen.

Ich versuche es noch einmal sehr laut und bestimmt: »Schmiddie, hier!!«

Endlich wendet sie sich von dem Keiler ab und rennt auf mich zu. Gott sei Dank!

Doch meine Erleichterung verpufft, als das Wildschwein wider Erwarten nicht wegläuft, sondern hinter Schmiddie her und direkt auf mich zu galoppiert ...

Ruhig bleiben, denke ich, aber mir wird gleichzeitig heiß und übel.

Die Geschichte eines hiesigen Jägers fällt mir ein, der ein angreifendes Wildschwein im Nahkampf mit einem Messer getötet und sich dabei schwere Verletzungen zugezogen hat. Ich habe noch nicht einmal ein Messer bei mir.

Das Ungetüm rast schnaubend auf mich zu und ist nur noch wenige Meter entfernt.

Ich bin wie gelähmt.

Erst kurz vor mir dreht es abrupt ab und verschwindet im Dickicht.

Ich muss mich erst einmal auf den nassen Waldboden setzen. Meine Beine sind wie Wackelpudding.

Schmiddie setzt sich aufgeregt hechelnd ganz dicht neben mich, sodass ich mich bei ihr anlehnen kann. Ich begreife noch nicht wirklich, was da gerade passiert ist.

Als ich meine Beine wieder unter Kontrolle habe, laufen wir auf dem kürzesten Weg nach Hause, wo wir uns vor dem warmen Ofen von dem Schreck erholen und ich Carsten von unserem Abenteuer erzähle ...

TEIL I

LOVE & THE CITY

Glasklar

Ganz kurz vor meinem Rückflug aus Australien erreicht mich Caros Mail: »Wenn du nächste Woche bei uns bist, würde ich total gern ein Abendessen mit Martin, Sina und Carsten organisieren. Es wäre doch schön, wenn wir uns alle mal wiedersehen und deinen Abschluss und deine Reise feiern. Was hältst du davon?«

»Na klar, warum nicht. Ich freue mich so sehr auf dich! Kuss!

PS: Welcher Carsten denn?«, schreibe ich völlig ahnungslos zurück.

Ihre Antwort erreicht mich nicht mehr.

Ich steige in das Flugzeug, das mich in 24 Stunden von Sydney über Dubai nach Hause bringt, und denke nicht weiter darüber nach.

Zwei Wochen werde ich noch an der Nordseeküste bei meinen Eltern verbringen, bevor es in München für mich so richtig losgehen soll. Dieses komische Gefühl, das ich nicht einordnen kann und das immer dann auftaucht, wenn ich über meine Zukunft in München nachdenke, wird nun von Tag zu Tag stärker. Was ist das bloß? Ich bin aufgeregt, das muss ich zugeben.

Mein erster Job als Assistant in einer Agentur für Modemarketing steht mir bevor und macht mich schon ein bisschen nervös. Ob ich die Aufgaben meistern werde, die da auf mich zukommen? Ob es mir dort gefällt? Eigentlich sollte ich doch voller Vorfreude sein. Aber irgendetwas stimmt nicht. Vielleicht ist es ja auch München selbst? Das australische Hang Loose ist mir in den letzten zwei Monaten sehr ans Herz gewachsen und passt so gar nicht zu dem Pulsschlag der Stadt, der mich erwartet. Job und München künftig entsprechen zu müssen, verunsichert mich schon hin und wieder.

Das Flugzeug hebt ab, und mir wird etwas flau im Magen. Ich kann nicht genau sagen, ob es an dem ruckeligen Start oder an meinen ruckeligen Gedanken liegt.

Seltsame Gefühle beiseitezuschieben, als ich mit vom Wind zerzausten Haaren in Byron Bay saß und auf die Wellen blickte, war einfach. Jetzt, über den Wolken mit direkter Destination Richtung Zukunft, ist es das nicht mehr. In zehntausend Metern Höhe rase ich auf meinen nächsten großen Lebensabschnitt zu. Ich habe den Drang, die Stewardess zu fragen, ob wir nicht doch lieber umdrehen können. Stattdessen bestelle ich ein Bier, schaue einen Film an und schlafe wenig später ein.

In dem Moment, in dem der Flieger aufsetzt, fällt mir ein, welchen Carsten Caro gemeint hat: ihren Bruder!

Ich erlaube mir eine kurze Erinnerung an den Moment, als ich ihn das erste Mal sah: 1998 – irgendwann im Sommer. Damals war ich noch nicht mal ganz volljährig. Bei dem Gedanken an die Zeit muss ich schmunzeln. Meine Besty Caro und ich wollten Popstars werden, und wir meinten es sehr ernst damit. Glücklicherweise hatte Caro einen zehn Jahre älteren, angeblich sehr wilden Bruder, den ich bisher nur aus Geschichten kannte. Dieser Bruder verdiente seinen Lebensunterhalt als Fahrradkurier und machte nebenbei selbst Musik. Er hatte Caro zugesagt, dass wir uns in dem Proberaum seiner Band mal ausprobieren dürften. Und da kreative Prozesse ja meistens einige Stunden dauern, könnten wir in der großen Stadt Hamburg bei ihm übernachten.

Als wir angekommen waren, klingelten wir und erklommen aufgeregt schnatternd die Terrazzo-Treppenstufen des Mietshauses. Noch nicht ganz oben, ging über uns schon eine Tür auf: Ich schaute hoch, die ganze Welt stand still, und ich hörte nur noch mein Herz laut in meiner Brust schlagen. Unsere Augen trafen sich, und ich war wie gebannt. Gleichzeitig wurde ich rot und schaute lieber schnell wieder weg.

Wieso hatte ich nicht gewusst, dass meine beste Freundin so einen Bruder hatte?

Nachts lagen Caro und ich in unseren Schlafsäcken nebeneinander und schwiegen in der Dunkelheit, bis ich mich traute, ihr zu gestehen: »Du – ich glaub, ich steh auf deinen Bruder.«

»Vergiss es. Der ist vergeben und hundert Prozent treu. Da hast du keine Chance ...«

Damals wusste ich Treue noch nicht so zu schätzen und wollte diese Herausforderung gern annehmen. Aber sie behielt recht. Meine Flirtversuche liefen ins Leere, und nach einiger Zeit gab ich auf.

Er stand einfach nicht auf mich.

Und das alles spielt ja jetzt auch keine Rolle mehr, denn mein Leben wird in München stattfinden, rufe ich mich zur Ordnung.

Alle undefinierbaren Gefühle sind weg, als ich dann am Flughafen meinen Eltern in den Armen liege.

»Endlich bist du wieder in Sicherheit.« Meiner Mutter fallen sichtlich eine Menge Steine vom Herzen.

Wir gehen zusammen frühstücken. Der dicke Pfannkuchen auf meinem Teller sieht als Kopfablage sehr einladend aus. Ich bin unfassbar müde, beantworte aber trotzdem die vielen Fragen meiner Eltern und freue mich jetzt doch voll und ganz, wieder zu Hause zu sein. Ist ja noch ein bisschen hin, bis ich nach München muss, geht es mir durch den Kopf.

Meine Eltern setzen mich später vor Caros Wohnung ab. Wir umarmen uns eine halbe Ewigkeit. Sie bestaunt mein Muschelfußkettchen, das ich in einem Workshop irgendwo an der Küste Australiens selbst aufgefädelt habe, und wir verbringen den Nachmittag damit, meine Müdigkeit zu vertreiben und uns die letzten zwei Monate zu erzählen.

»Kommt Carsten heute Abend wirklich? Und wie geht es ihm?«, frage ich neugierig.

»Ja, er kommt.« Sie lächelt. »Ihm geht es gut. Carsten hat sich von Lisa getrennt. Er arbeitet jetzt nicht mehr als Fahrradkurier, sondern als Decksmann im Hafen und ist inzwischen auch als Musiker solo unterwegs. Er macht ziemlich guten Rap.« Sie lächelt weiter.

»Aha. Wieso grinst du denn so?«

»Ich grinse doch gar nicht.«

»Doch. Du grinst ...«

Dann klingelt es an der Tür. Unsere gemeinsame Freundin Sina und Carsten haben sich unten zufällig getroffen und kommen gemeinsam die vier Stockwerke hoch.

Als Caro ihren Bruder begrüßt und ich Sina umarme, habe ich kurz Zeit, Carsten zu mustern. Er ist immer noch total mein Typ. Kurz rasierte Haare, Bart, groß und stark, eine Bulldogge auf den Oberarm tätowiert.

Er hat sich also gerade getrennt ...

Als wir so zusammensitzen, uns die Lasagne schmecken lassen und uns unterhalten, merke ich, wie gut es tut, wieder zu Hause zu sein. Wie schön es ist, mit alten Freunden Neues auszutauschen, aber auch alte Geschichten heraufzubeschwören und sich gemeinsam zu erinnern.

»Wisst ihr noch, als wir mal Popstars werden wollten?«, frage ich belustigt in die Runde, und mein Blick bleibt an Carsten hängen, der mich anlächelt, nickt und sagt: »Ja, als wäre es gestern gewesen!«

Und die Art, wie er mir dabei mit seinen unglaublich blauen Augen direkt ins Herz zu blicken scheint, jagt mir eine Gänsehaut über den Körper.

Zwei Tage später sitze ich bei meinen Eltern auf dem Sofa, und mein Handy piept.

»Hast du Lust, einen Kaffee mit mir trinken zu gehen? Carsten«

Ich bin perplex und brauche etwas Zeit, um die überraschende Einladung zu verdauen. Als wir uns nach dem Abendessen bei Caro voneinander verabschiedeten, hatte Carsten nicht nach meiner Nummer gefragt. Ich nahm an, einfach damit leben zu müssen, mich immer wieder zu einem Mann hingezogen zu fühlen, der kein Interesse an mir hat.

Und nun diese SMS. Steht er also vielleicht doch auf mich?

»Hast du deinem Bruder meine Handynummer gegeben?« Während ich Caro schreibe, realisiere ich, dass mein Herz ein bisschen schneller schlägt.

»Er hat danach gefragt …«, kommt postwendend die Antwort.

In Oma's Apotheke im Hamburger Schanzenviertel sitzen wir uns einen Tag später gegenüber und trinken einen Kaffee. Wir haben uns durch das trubelige Lokal gekämpft und ganz hinten in der Ecke den allerletzten und allerkleinsten Tisch ergattert.

»Hast du Lust, mir ein bisschen von deiner Reise zu erzählen?«

»Na klar.«

Und ich lege los, schwärme von meinem Segeltörn auf den Whitsundays, meinem Aufenthalt im Outback, wo mir Riesensalamander, faustgroße Spinnen und Dingos begegneten, und berichte begeistert von Melbourne und Sydney, wo mir die Menschen so easy und gut gelaunt erschienen.

Carsten hört zu, ist aufmerksam und lustig und fragt nach.

Ich fühle mich wohl. So wohl, dass ich, als ich zwischendurch auf die Toilette gehe, ein leichtes Kribbeln in meinem Bauch bemerke.

Die Stunden vergehen wie im Flug. Als ich in Richtung unserer gemeinsamen Heimatstadt an die Nordseeküste aufbrechen muss, beschließt er spontan, mich zu begleiten.

Unterwegs besuche ich meine Großmutter, die im Altersheim wohnt.

Als ich nach dem Besuch sehr traurig aus dem Gebäude trete, steht er da und hält eine einzelne, rosafarbene Wicke in der Hand. Ich kann meine Tränen nicht stoppen.

Wir fahren ans Wasser. Auf dem Deich stolpere ich, er ergreift meine Hand und bewahrt mich vorm Fallen.

Seine Hand ist groß, warm, stark, aber gleichzeitig ganz weich.

Hier bei ihm wird es mir immer gut gehen. Dieser Gedanke schießt wie ein Pfeil von meinem Herzen in meinen Kopf, und doch löse ich meine Hand aus seiner.

»Geht schon«, flüstere ich in seine Richtung. Stunden später noch fühle ich diese intensive Berührung. Sie hat den Schleier, der über meine Gefühle ausgebreitet war, einfach weggezaubert.

Ich sehe glasklar.

Hip-Hop

Das Geräusch meiner Absätze auf dem Parkettfußboden ist der einzige Laut, der mich bis zur Eingangstür der Marketingagentur begleitet, die ich nun zum allerletzten Mal verlasse.

Schon auf dem Weg zu meinem schwarzen Lupo fühle ich, wie die kiloschweren Steine, die seit meinem ersten Tag in der Firma auf meinen Schultern lasteten, sich in Luft auflösen: Der cholerische Chef, der Druck, das obligatorische Feierabend-Schlechte-Gewissen, die Erwartung ständiger Verfügbarkeit – und bei alldem noch unendlicher Dankbarkeit meinerseits dafür, dass ich die Ehre hatte, jegliche Ansprüche für ein klitzekleines Gehalt erfüllen zu dürfen – gehören nun glücklicherweise der Vergangenheit an.

Eine Zeile aus einem von Carstens Songs beschreibt dieses für mich so ungute Arbeitsverhältnis ziemlich treffend: »Ey, du bist ja gar nicht Hip-Hop.«

Und jetzt ist ein Schlussstrich gezogen.

Ich bin nämlich Hip-Hop – und ich werde nach Hamburg ziehen!

Entschlossen starte ich den Motor und fahre los. In meine ungewisse Zukunft, aber vor allem dorthin, wo mein Herz schon längst wohnt, seit Carsten mich auf dem Deich vorm Fallen bewahrt hat.

Erst als die Fliehkraft einer Kurve mich in den Fahrersitz meines Lupos drückt, merke ich, dass ich viel zu schnell unterwegs bin. Und meine Gedanken rasen genauso. Die erste Euphorie über meine Spontan-Kündigung ist schon kurz hinter Würzburg etwas abgeebbt, und Mr Zweifel macht sich breit: Hättest du es nicht doch noch ein wenig länger aushalten sollen? War es wirklich so schlimm? Den ersten Job nach dem Studium kann man doch nicht einfach so hinschmeißen! Vielleicht will Carsten ja auch gar nicht, dass du nach Hamburg kommst?! Und was machst du, wenn du für ihn nach Hamburg ziehst und ihr euch dann gleich wieder trennt?

Doch glücklicherweise gibt es auch noch Mrs Heart, und die weiß, dass es die richtige Entscheidung ist!

Bis zu meiner Ankunft verfestigt sich dieses Gefühl dann mit jedem Kilometer. Und endlich stehe ich vor Carstens Wohnungstür.

»Schön, dass du hier bist. Wie war die Fahrt? Komm rein«, begrüßt er mich und nimmt mir die Tasche ab.

»Willst du mit mir zusammenziehen?«, platzt es da auch schon aus mir heraus.

»Na klar! Wieso?«

»Nein, ich mein, jetzt gleich.«

»Hä?«

»Ich habe gekündigt!«

Ein Königreich in einer Wohnung

»Wie hieß noch gleich die Straße, die wir so schön fanden? Bei dem netten Café um die Ecke?« Ich schiebe Carsten die Jaffa-Keks-Packung hin, die wir uns als Trost in unserer Wohnungsmisere gegönnt haben.

Heute haben wir uns mit 53 Wohnungssuchenden durch eine Zwei-Zimmer-Baracke gekämpft und versucht, den Makler, den wir uns eh nicht leisten können, für uns einzunehmen und irgendwie positiv bei ihm in Erinnerung zu bleiben. Gar nicht so einfach, denn alles, was ich momentan als Job angeben kann, ist eine Aushilfstätigkeit am Empfang. Frustriert sitzen wir nun in unserem WG-Zimmer auf dem Fußboden herum.

»Du meinst die mit den alten Kastanien? Das ist die Ottersbekallee.«

Ich beschließe, dass wir dort fündig werden: »Lass uns doch versuchen, in dieser Straße eine Wohnung zu finden. Es gibt viele Leute, die Zettel an Laternen anbringen, dass sie eine Wohnung suchen. Lass uns doch auch so einen machen, einen richtig coolen. Und dann nur für die Ottersbekallee.«

Ich bin völlig überzeugt von meiner Idee und setze mich sofort an Carstens uralten PC, wo ich zwei schöne Bilder von uns in ein Word-Dokument einfüge und darunterschreibe: »Liebe Ottersbekallee, wir möchten Eure Nachbarn werden.« Plus Zahlen, Daten, Fakten usw.

Eine halbe Stunde später sind wir in der Ottersbekallee unterwegs und kleben unser Gesuch an die Laternenpfähle.

Und ein kleines Wunder geschieht. Schon nach kurzer Zeit bekommen wir tatsächlich ein Angebot.

»Haber hier. Guten Tag. Ich habe Ihre Nummer von dem Zettel in der Ottersbekallee. Ich spreche doch mit Frau Jebens, oder?«

»Ja? Können Sie uns helfen?«

»Na ja, ich bin aus einer sehr schönen Wohnung in der Ottersbekallee ausgezogen. Also, wenn Sie es genau wissen wollen: Es ist die Nummer 56. Die Wohnung mit dem größten Balkon in der ganzen Ottersbekallee. Und mein Vermieter hat noch keine neuen Mieter, soweit ich weiß. Also, vielleicht kontaktieren Sie ihn mal, wo Sie doch so gern in der Ottersbekallee wohnen wollen?!«

Ich jubiliere und kann mich gerade noch zurückhalten, nicht ins Telefon zu kreischen: »Her mit der Nummer!«

Carsten und ich tippeln aufgeregt von einem Fuß auf den anderen, als wir die Nummer von Herrn Holthusen, dem Besitzer, wählen.

»Mmmh, aha. Frau Haber. Ja. Sie hat mir schon Bescheid gesagt. Sie können die Wohnung natürlich gern besichtigen. Was sagten Sie, machen Sie beruflich? Ach so. Hm, hm. Aha. Soso. Na ja. Hat Frau Haber Ihnen schon gesagt, wie viel die Wohnung kostet? Nein. Na gut, also, das sind 950 Euro zuzüglich Nebenkosten. Aha.

Trotzdem anschauen? Na gut. Okay. Dann kommen Sie am besten nächsten Dienstag vorbei ...«

950 Euro *plus* Nebenkosten! Das können wir uns nicht leisten.

Aber die Ottersbekallee ... der größte Balkon ... Wir können sie uns ja zumindest mal anschauen, beschließen wir. Da Dienstag noch vier Tage hin ist, fahren wir gleich los, um unsere Neugier zu befriedigen.

Wir sehen den Balkon schon von Weitem. Er ist wirklich gigantisch und wird wunderschön eingerahmt von den Kastanien, die die Straße säumen.

Ein Maler ist gerade am Geländer zugange. Durch die Balkontür sehen wir weiße Wände und Stuck. Wir schlendern noch ein paarmal an der Wohnung vorbei und träumen uns in sie hinein.

Die Besichtigung findet in einem paradiesischen Paralleluniversum statt – die Wohnung ist so wunderschön, dass sie nicht von dieser Welt sein kann: dreieinhalb Meter Deckenhöhe, Echtholzparkett, Rosen, Blüten und kleine Engel im Stuck. Hier will ich wohnen. Für immer. 950 Euro plus Nebenkosten? Pfft. Egal. Das klappt schon.

Ich habe extra mein schickstes Kleid aus meinem Koffer gezogen und es auf dem Boden des WG-Zimmers gebügelt. Carsten hat sich sogar ein Oberhemd gekauft. Wir kommen uns ein bisschen vor wie ein Hochstaplerpaar aus einer amerikanischen Screwball-Komödie aus den Fifties. Sind wir wirklich schon so erwachsen, dass wir hier vielleicht wohnen dürfen, oder spielen wir das nur?

Als Herr Holthusen kurz telefoniert, flüstere ich Carsten zu: »Stell dir das doch nur mal vor. Wir in dieser Wohnung. Das wäre doch unglaublich, oder?«

»Oder total normal«, antwortet Carsten voller Zuversicht.

Zwei Tage nach unserer offiziellen Besichtigung im Dreamy-Wohnung-Wonderland klingelt mein Telefon.

»Carsten, Carsten. Das ist die Nummer von Herrn Holthusen«, schreie ich aus seinem WG-Zimmer in die Küche und denke: Der will uns bestimmt absagen.

»Jebens ...«

»Guten Tag, Frau Jebens«, meldet sich Herr Holthusen freundlich. Mittlerweile steht Carsten neben mir und hält sein Ohr auch ans Telefon. »Sie haben sich bestimmt schon gefragt, wie meine Entscheidung ausgefallen ist, nicht wahr? Na ja, also ich muss sagen: Ich habe mich für Sie entschieden, denn Sie waren die Einzigen, die *unbedingt* in der Ottersbekallee wohnen wollen.« Ich reiße Augen und Mund auf, kann mich gerade noch stoppen, Herrn Holthusen kein vor Freude schrilles »Ahhh!« ins Ohr zu brüllen, und springe auf und ab, während er fortfährt: »Den anderen, Mediziner und Anwälte übrigens, war die Straße schnurzpiepe. Aber Ihnen eben nicht. Das finde ich, nun ja, sagen wir mal so, sympathisch. Deshalb. Kurzum. Also, wie gesagt: Sie können einziehen.«

Außer Atem hauche ich: »Vielen Dank. Das tun wir gern. Wir freuen uns sehr!«

Nachdem ich aufgelegt habe, veranstalten Carsten und ich in unserem Zimmer einen wilden Freudentanz, bei dem ich mir den großen Zeh am Bett und Carsten sich den Kopf an der Deckenlampe stößt. Beides tut unserer guten Laune keinen Abbruch. Im Gegenteil. Ich realisiere, dass wir jetzt bald ein gemeinsames Zuhause haben werden, und das fühlt sich toll an.

Woher wir das Geld nehmen sollen? Ich weiß es nicht, und Carsten weiß es, glaube ich, auch nicht so recht. Aber wir wissen, dass diese Wohnung unsere Wohnung ist.

Und so ziehen wir am 1. Oktober 2004 mit einer Matratze, einem Fernseher und ein paar Kochtöpfen in diesen Drei-Zimmer-Palast mit übrigens nicht nur einem, sondern gleich zwei Balkonen ein.

Nach unserer ersten Nacht wache ich frühmorgens auf und weiß im ersten Moment gar nicht, wo ich bin. Das soll wirklich unsere

Wohnung sein? Ich schleiche mich in die Küche und finde in unserem kleinen Umzugskarton meine alte, angebrannte Bialetti, die mich seit meinem viermonatigen Spanienaufenthalt nach dem Abi überallhin begleitet, und eine Dose mit Espressopulver.

Als der verbeulte Espresso-Kocher auf dem High-Tech-Cerankochfeld steht und vor sich hin zischt, trete ich zwei Schritte zurück. Hier ist wirklich alles vom Feinsten und ganz neu. Unser Vermieter hat uns – wie im Hotel – einen Liter Milch und Marmelade in den Kühlschrank gestellt.

Ich bringe Carsten seinen Kaffee ans Bett und schlendere mit meinem durch die Räume. Der Stuck strahlt mir entgegen, der Parkettboden ist frisch gewienert, und die Eckbadewanne freut sich auf meinen ersten Besuch.

Während meines Praktikums bei Visionaire in New York habe ich für fünfhundert Dollar in einem Durchgangsflur hinter einem Vorhang mein matratzengroßes »Zimmer« gehabt. Nun wohne ich für die doppelte Miete in einem Palast. Wenn man es so betrachtet, ist die Wohnung doch gar nicht mehr so teuer.

Zu meinen Füßen

Absage. Absage. Praktikum ohne Übernahme. Absage. Absage. Unbezahltes Praktikum. Praktikum. Praktikum. Antworten auf meine Bewerbungen, die ich nicht lesen will. Und immer wieder heißt es: »Zu wenig Berufserfahrung.« Zur »Generation Praktikum« zu gehören, ist ein Fluch. Ich habe bei einer angesehenen Modezeitschrift in New York ein Praktikum gemacht, bei einem Stadtmagazin in Tokio gearbeitet, habe einige Monate bei einer Produktionsfirma auf Mallorca gejobbt, bei McDonald's auf Sylt hinter der Kasse gestanden, gekellnert, in der Redaktion eines TV-Senders hospitiert, bei einer Personalberatung ausgeholfen, bei einer PR-Agentur für Luxusmarken ein Volontariat absolviert und mehrere praktische Arbeiten im Rahmen meines Modejournalismus- und Medienkommunikations-Studiums abgegeben, die wirklich gut waren. Außerdem spreche ich fließend Englisch, Französisch und Spanisch.

Und jetzt bin ich frustriert und hilflos. *Kein* Job? Kein einziger?

Meinen Karrierestart habe ich mir definitiv anders vorgestellt. Eigentlich wollte ich als Redakteurin, Stylistin oder Marketing-Managerin um den Globus reisen, die Metropolen dieser Welt mein Zuhause nennen und mir in der Modebranche einen Namen machen. Und was habe ich bisher erreicht? Einen in der Probezeit hingeschmissenen Job und nun eine Aushilfstätigkeit am Empfang bei Warner Bros. Nicht besonders ergiebig. Die früher von mir angestrebte Karriere als weltreisende Modekritikerin ist mir zwar aktuell nicht mehr so wichtig, aber einen Job zum Geldverdienen hätte ich ja schon gern.

Außerdem geht es mir auf die Nerven, dass Carsten jetzt jede Nachtschicht annehmen muss, die er kriegen kann, damit wir uns die Wohnung überhaupt leisten können.

Als ich gefrustet und deprimiert von der Arbeit nach Hause komme, begrüßt mich Carsten schon an unserer Wohnungstür, als hätte er meine Gedanken gelesen.

»Ich habe eine Überraschung für dich.«

Statt mich in die Wohnung zu lassen, nimmt er mir die Handtasche ab und schließt die Tür. Wir gehen zusammen vier Stockwerke nach oben. Unter dem Dach angekommen, steigt er auf eine Leiter und öffnet die Dachluke. Er geht voraus und bedeutet mir, ihm zu folgen. Wenige Sekunden später liegt mir Eimsbüttel zu Füßen. Ein laues Lüftchen weht mir um die Nase, und ich stoße einen aufgeregten Juchzer aus, als ich einen gedeckten Tisch mit Kerzen entdecke. Sämtliche Jobs, die ich nicht habe, sind mir in diesem Moment herzlich egal. Noch ehe ich mich versehe, knallt ein Korken, wir stoßen an, und ich bin so unendlich und lächerlich glücklich, dass ich es niemals irgendjemandem beschreiben könnte.

Bald zeigt sich auch beruflich endlich ein Quäntchen Glück: Während ich bei Warner den Tür- und Telefondienst am Empfang verrichte und mich erneut verzweifelt durch die Stellenanzeigen im Internet scrolle, kommt eines Tages Katrin, die Assistentin des Marketing Directors, vorbei.

»Kannst du mir bei etwas helfen? Da könnten auch ein paar Extrastunden für dich rausspringen.« Sie weiß, dass ich einen Job suche und knapp bei Kasse bin.

»Na klar. Was brauchst du?« Ich schließe die deprimierenden Suchfenster und widme mich ihren Ausführungen.

Sie ist unter anderem für die Organisation der Filmpremieren zuständig und möchte, dass ich sie beim Versand der Einladungen für das nächste Event unterstütze.

»Bin dabei!«

Von nun an halte ich meine Ohren offen und bin sofort da, wenn Extra-Jobs verteilt werden. Unserer Haushaltskasse tut das gut. Genau wie die Nachtschichten, die Carsten nun wirklich jedes Wochenende im Hafen schiebt.

»Und du hast sie wirklich gefragt, ob sie in der Wohnung ihre Schuhe ausziehen kann?«, frage ich Carsten ungläubig.

Unsere Traumwohnung hat einen Wermutstropfen: Sie ist sehr hellhörig. Gelegentliche Gesprächsfetzen unserer Nachbarn sind nicht so das Problem. Aber über uns wohnt die Frau mit dem lautesten Gang der Welt, die noch dazu ein Faible für Stöckelschuhe hat ...

»Und wie hat sie reagiert?«

»Sie hat mich gefragt, warum. Da habe ich gesagt, dass es hier im Haus sehr hellhörig ist, ich ständig wechselnde Schichten habe und dass es sehr nett wäre, wenn sie etwas Rücksicht nehmen könnte.«

»Und was hat sie da gesagt?«

»Ja, mal sehen ...«

»Mehr nicht?«

»Nein. Das war alles.«

Mit einem ohnmächtigen Wutgefühl im Bauch tagträume ich Ally-McBeal-like, wie ich unsere Musikboxen umgekehrt an die Decke schraube, um Punkt drei Uhr in der Nacht Carstens »Best of Hardcore Metal«-Playlist in ohrenbetäubender Lautstärke zum Besten gebe und Madame »Mal sehen« mit elektrisiertem Haar aus dem Bett fällt.

Birthday Bliss

An meinem Geburtstag machen wir einen Ausflug an die Elbe. Als ich Carsten gestehe, dass ich noch nie hier war, lacht er.

Für meinen Geschmack und meine Schuhe laufen wir viel zu lange durch Gestrüpp und Sand. Ich habe mich ja schon daran gewöhnt, dass mein Freund jemand ist, der eine Wanderung durch die menschenleere Heide schöner findet als einen Brunch in einem schicken Café. Einer, der lieber, wie er es nennt, vernünftige Wanderstiefel für einen Ausflug anzieht als modische Schläppchen. Aber Funktionskleidung ist ein ganz anderes Kapitel. So weit sind wir noch lange nicht. Und werden wir auch nie sein.

Langsam werde ich wütend. Hätte ich gewusst, dass ich meinen Geburtstag damit verbringe, meine neuen Sandaletten zu ruinieren und schwitzend durch den Sand zu traben, hätte ich mich nicht auf das Elbe-Abenteuer eingelassen. Es wird später ewig dauern, bis wir wieder beim Auto sind.

»Jetzt sind wir da.« Carsten zeigt stolz auf eine kleine Ausbuchtung direkt am Wasser, die versteckt hinter Büschen liegt.

»Wow. Hier ist es wirklich total schön. Und so romantisch. Der Fußmarsch hat sich mehr als gelohnt«, flöte ich und bin wirklich begeistert.

Carsten breitet ein Handtuch auf dem Ministrand aus, und wir stoßen mit dem mitgebrachten, eisgekühlten Sekt auf meinen

Geburtstag an. Ich lege mich hin und fange an, mich zu entspannen.

Als ich gerade eingedöst bin, wache ich von einem seltsamen Summen auf. Zunächst kann ich das Geräusch nicht zuordnen, aber dann sehe ich eine Frau mit wallenden Gewändern und wallendem Haar, die sich auf einem Baumstamm nur einige Meter entfernt von uns niedergelassen hat. Und die sich anscheinend dazu entschlossen hat, ihre Umwelt mit ihrem leiernden und gleichzeitig pathetischen Gesang zu beglücken.

Carsten ist ebenfalls aufgewacht, und wir schauen uns ungläubig an. Nun sind wir so weit gelaufen, um einen Platz nur für uns zu finden, und sind jetzt doch gezwungen, entweder zu gehen oder den Gesängen einer leibhaftigen Druidin zu lauschen.

Wir packen unsere Sachen ein und finden einen Kilometer weiter eine andere schöne Stelle, an der wir uns ausbreiten. Hoffentlich dürfen wir hier ein bisschen für uns sein.

Die Sonne ist immer noch warm, und das angenehm schwappende Wellengeräusch der Elbe lullt mich ein. Arm in Arm schauen wir auf das Wasser.

All I ever wanted, all I ever needed is here in my arms.

Vor meinem Trip nach Australien hatten Wanderungen, Camping, Segeln und Sterne beobachten ganz und gar nicht zu meinem Leben gehört. Die Sommer verbrachte meine Familie immer auf Sylt, und wenn ich allein verreiste, konzentrierte ich mich auf Städtetrips mit Kulturprogramm. Erst in Down Under wurde mir die Kraft und Weite der Natur bewusst, und sie gefiel mir. Wohlgemerkt ohne Funktionskleidung! Ich habe mir nie vorstellen können, mit einem Naturburschen zusammen zu sein, aber jetzt gefällt mir auch das.

Langsam wird es Abend. Die Welt ist weich. Carsten entzündet ein Feuer.

»Darf man das hier überhaupt?«, frage ich ängstlich und denke, dass bestimmt gleich die Polizei kommt und uns verhaftet. Stattdessen kommen zwei betrunkene Landstreicher vorbei, die sich, ohne zu fragen, zu uns setzen und uns vollschwafeln.

Zum zweiten Mal an diesem Tag beschließen wir zu gehen. Und doch hinterlässt dieser so ganz andere Geburtstag in der Natur einen unauslöschlichen Eindruck bei mir.

Katrin ist schwanger. Sie sucht eine Vertretung für ihre Elternzeit. Im Vorübergehen fragt sie: »Hast du Lust?«, als würde es wieder um das Schreiben von Premiereneinladungen gehen.

»Äh. Jaha.«

Die Stelle wird aber auch extern ausgeschrieben. Ich muss mich also ganz normal in den Bewerbungsprozess einreihen.

Einige Tage später bekomme ich eine offizielle Mail mit einem Terminvorschlag für ein Vorstellungsgespräch mit meinem potenziellen Vorgesetzten und der Personalmanagerin.

Oh Gott, oh Gott, oh Gott. Ich bin ja jetzt schon völlig aufgeregt. Wie soll das erst bei diesem Gespräch werden?!

An besagtem Tag arbeite ich am Empfang. Ich habe anscheinend als Letzte mein Bewerbungsgespräch, denn ich muss erst einmal meine Konkurrentinnen begrüßen und bei der Personalabteilung anmelden. Am liebsten würde ich sie wieder wegschicken. Sie sehen alle älter aus als ich. Reifer. Erfahrener. Besser ausgebildet.

Ich versuche, mich nicht verrückt zu machen, und stelle konzentriert die Anrufe durch.

Dann bin ich dran. Meine Knie schlottern, als ich zum Konferenzraum laufe, in dem das Gespräch stattfindet.

»Es ist nur eine Unterhaltung. Nur eine Unterhaltung«, rede ich mir gut zu und versuche, den Kloß hinunterzuschlucken, der meinen Hals blockiert.

Als ich erst einmal sitze, geht alles besser. Ich stelle gute Fragen und antworte adäquat teils ernsthaft, teils humorvoll, was gut anzukommen scheint.

Dann ist das Gespräch schneller zu Ende, als ich dachte, und ich werde mit den Worten »Vielen Dank, Franziska. Wir melden uns« verabschiedet.

»Franziska?« Steffi aus der Personalabteilung ist am Telefon.

»Thomas hat sich für dich entschieden. Also, wenn du möchtest, wirst du ab dem 1. seine Assistentin sein.«

Was für eine Frage!

»Ja, ich möchte! Sehr gern sogar!«

Ich habe den Job!! Meinen allerersten, richtig gut bezahlten Job, und den auch noch in der Filmbranche!! Das muss gefeiert werden! Und in unserer »Bald sind wir reich«-Euphorie machen Carsten und ich bei Zehn-Grad-Hamburger-Nieselwetter eine Hafenrundfahrt, essen dabei tonnenweise Streuselkuchen mit Sahne und laden am Abend alle, die wir kennen, zu uns nach Hause ein, um in unserer unmöblierten Wohnung auf dem Fußboden sitzend eine Flasche Sekt nach der anderen zu köpfen.

»Christian! Christian – here! Please, Christian!«

Ich mache den Fehler, zu den schreienden Fotografen zu schauen, und blicke direkt in das Blitzlichtgewitter, das mich mehrere Sekunden erblinden lässt.

Christian Bale scheint das Problem nicht zu haben und lächelt freundlich in alle Richtungen. Ich finde allein schon die Scheinwerferbeleuchtung irre grell. Hunderte Fans und Schaulustige haben sich an der Absperrung zum roten Teppich versammelt. Die Geräuschkulisse ist ohrenbetäubend. Einige Meter weiter steht das Batmobil aus *Batman Begins,* der heute hier promotet wird.

Dass ich hier bin, ist völlig unwirklich. Meine erste Blockbuster-Premiere. Ich bin Adrenalin.

»Also, haben Sie jetzt ein Ticket für mich oder nicht?«

Ich mache beim Einlass den Trouble-Counter: Zu mir kommen die Gäste, die kein Ticket bekommen, die es verloren oder vergessen oder die sich noch auf den letzten Drücker überlegt haben, dass sie doch gern dabei sein würden, obwohl sie nicht zugesagt haben.

»Sie stehen gar nicht auf der Einladungsliste. Es tut mir leid, aber ich kann Sie leider nicht reinlassen.«

»Wissen Sie denn gar nicht, wer ich bin?« Die aufgebrezelte Lady, die da vor mir steht, will sich nicht so schnell abwimmeln lassen, und ich bekomme einen Schreck. Ist sie vielleicht doch wichtig?

»Doch, Sie haben mir ja Ihren Namen gesagt. Aber wir haben Sie gar nicht eingeladen. Sie stehen nicht auf der Liste.«

Das hört sich jetzt ja wirklich an wie im Film. Die Dame zieht beleidigt ab, und schon steht der nächste Gast vor mir. Er ist auf der Liste.

Nachdem alle Gäste im Kino sind, erlaube ich mir, durchzuatmen. Das erste Mal seit drei Tagen, so fühlt es sich zumindest an.

Ich konnte immer schon gut organisieren, aber hier den Überblick zu behalten ... das ist vielleicht doch eine Nummer zu groß für mich. Bis jetzt hat aber alles geklappt. Natürlich auch, weil die Eventagentur, mit der wir zusammenarbeiten, einfach toll ist. Nun folgt noch die Party, und wenn da auch alles wie am Schnürchen läuft, vor allem im VIP-Bereich, und die Schauspieler und die Führungsetage happy sind - dann bin ich es auch. Und erleichtert.

Vielleicht werde ich dann doch nicht gleich wieder gefeuert. Denn diese neue Angst begleitet mich, seit ich den Job angetreten habe, wie ein sehr treuer, aber nicht besonders netter Freund.

Meer oder Mehr

In der Lüneburger Heide angekommen, bin ich erstaunt, wie still es hier ist. Wochenende und kein Mensch weit und breit?! Das sähe rund um die Hamburger Alster um diese Uhrzeit ganz anders aus. Tut aber sehr gut nach dem ganzen Premierentrubel.

Nachdem wir eine Stunde vor uns hingelaufen sind, erkenne ich auch, warum so wenig los ist. Die Menschen, die hier gerade nicht sind, haben wahrscheinlich den Wetterbericht studiert. Der April macht ja bekanntlich, was er will. Und jetzt macht er, dass sintflutartiger Regen auf uns niederprasselt. Vorhin noch habe ich mich über Carstens Obsession, mit einem perfekt ausgestatteten Equipment-Rucksack auf einen kleinen Spaziergang zu gehen, lustig gemacht. Ja, ihn sogar verspottet, als er eine Stunde daran herumgepackt hat. Jetzt muss ich kleinlaut zugeben, dass ich sehr dankbar bin, weil er einen Regenponcho für mich parat hat.

»Schau. Da hinten ist ein kleiner Unterstand. Lass uns da doch den schlimmsten Guss abwarten.«

Es ist richtig gemütlich in der kleinen Hütte, und wir haben es trocken.

»Darf ich dir einen Kaffee anbieten?«

»Woher willst du den jetzt zaubern?«, frage ich verblüfft.

Carsten zieht einen kleinen Esbit-Kocher, einen Beutel mit Instantkaffee und einen weiteren mit Milchpulver aus seiner Jackentasche.

»Voilà!«

»Jetzt fehlt nur noch das Yes-Torty ...«

Stattdessen gibt es Prinzenrolle zum Kaffee, während der Regen auf das Dach des Shelters prasselt und wir unsere Zweisamkeit genießen.

Zurück in der Stadt spuckt der Kontoauszugdrucker einen Stapel Zettel aus. Hektisch blättere ich darin herum. Und da steht es. Schwarz auf Weiß. Ein leichter Schimmer scheint mein allererstes Gehalt zu umgeben. Die Summe glitzert mir entgegen und sagt: »Du hast mich verdient! Und jetzt lass uns Spaß zusammen haben!!«

Morgen habe ich frei, und ich werde: shoppen, shoppen, shoppen.

Meine schönen neuen Klamotten müssen dann natürlich auch ausgeführt werden. Carsten und ich gehen schick essen und stehen danach in der Bar 76 herum, trinken Wodka Tonic aus großen, schweren Gläsern und unterhalten uns. Ich fühle mich angekommen: toller Typ, Hammer-Wohnung, interessanter Job.

Statt über den Isemarkt zu laufen und zu versuchen, uns an den Leckereien nur sattzusehen, gehen wir jetzt dort einkaufen. Und das ist herrlich. Carsten kommt um acht Uhr morgens von der Nachtschicht nach Hause, und wir treffen uns an der S-Bahn-Haltestelle Hoheluft. Morgen Abend haben wir Tanja und Peter zu uns eingeladen. Tanja habe ich über die Arbeit kennengelernt, und ich bin froh, dass sich langsam ein Freundeskreis hier in Hamburg entwickelt, dass Carsten und ich gemeinsam neue Leute kennenlernen, mit denen wir gern Zeit verbringen. Denn ich vermisse meine Mädelsgang aus München, und jeden Dienstagabend, wenn Carrie Bradshaw sich in Zeitlupe von dem Bus wegdreht, der sie unerhörterweise nassspritzt, wird mir bewusst, wie sehr. Denn das war natürlich unser Ritual: Sich treffen, quatschen, kochen, *Sex and the City* gucken.

Ich drücke Carstens Arm ein bisschen fester, nehme mir vor, bald den nächsten Trip nach München zu planen und an diesem schönen Morgen kein Trauerkloß zu sein.

Wir kaufen Auberginen-, Zucchini- und Knoblauchdips, Oliven, Schafskäse und Fladenbrot für den Abend mit den beiden. Bei unserem Lieblings-Käsestand probieren wir verschiedene Sorten, bis wir uns entscheiden. Beim Franzosen besorgen wir für unser Frühstück buttrige Croissants und Baguette. Und zum Schluss Gemüse für ein Thai-Curry und noch ein paar Blumen, die ich auf den Fensterbrettern über den antiken Kassetten in Vasen platzieren werde.

Schweren Herzens verlasse ich später unsere Wohnung, um zur Arbeit zu fahren, während Carsten ins Bett geht und über ihm Madame Trampel wieder ihren Stöckel-Parcours absolviert.

Ich schwinge mich aufs Fahrrad und fahre in Gedanken versunken los. Wenn ich heute Abend nach Hause komme, wird sich Carsten gerade für seine Nachtschicht fertigmachen. In letzter Zeit sehen wir uns viel zu selten ...

Fast schon feierlich übergebe ich meiner Urlaubsvertretung einen Leitz-Ordner mit allen Informationen, die ich für relevant erachte.

Der Ordner heißt *The Book*. Manch einer würde sagen, ich sei hysterisch. Aber ich bin zwei Wochen weg. Mein erster Urlaub. Und ich möchte schließlich wiederkommen dürfen. Die ständige Panik, gefeuert zu werden, ist leider immer noch vorhanden. Aber auch die Freude, zwei Wochen ganz viel Zeit mit Carsten verbringen zu können – und dann auch noch in Griechenland –, ist riesengroß und verdrängt die Angst etwas.

In Athen angekommen, suchen wir uns am Hafen ein günstiges Hotel und setzen am nächsten Morgen mit der Fähre auf die Insel Milos über. Das Wetter ist himmlisch. Wir sitzen am Strand, essen Spinat-Blätterteig-Taschen und freuen uns darüber, dass wir hier ganz allein sind. Dieses Nur-wir-zwei-an-einem-Ort-Ding fängt an, mir zu gefallen. Es ist irgendwie so viel mehr Platz da.

»Wollen wir heute hier übernachten?«, schlägt Carsten vor.

»Hier? Am Strand? Das find ich schon ein bisschen gruselig, und außerdem dürfen wir das doch bestimmt nicht, oder?« Wieder mal die gute alte Kopf-Polizei.

»Uns wird schon keiner verhaften. Was meinst du?«

Die Idee finde ich schon gut. Wir haben ja schließlich auch Schlafsäcke und Isomatten dabei. Aber so in echt? Ich weiß nicht. Andererseits. Eigentlich will ich es schon.

»Okay. Einverstanden.«

Wir sitzen zusammen vor den Wellen und schauen dabei zu, wie die Sterne aufgehen und der Mond ihnen folgt. Sein Licht tanzt silbern auf dem Wasser. Wir trinken Wein und essen Oliven. Mein Mut ist durch den Wein gestärkt. Es war eine ganz famose Idee, einfach hierzubleiben.

Ich robbe in meinem Schlafsack ganz dicht an Carsten heran, stupse ihn in die Seite und sage: »Ich liebe dich und danke dir für diese famose Idee, hier zu übernachten.«

Am nächsten Morgen erzähle ich ihm nicht, dass ich einige Stunden lang wach lag und versucht habe, die Schatten zu verfolgen, die mein Gehirn sich um uns herum eingebildet hat. Mit dem ramponierten blauen Emaillebecher voller Kaffee in der Hand sind die Schrecken der letzten Nacht so gut wie vergessen. Ich bin stolz auf mich, dass ich mich getraut habe. Als Belohnung darf ich hier an diesem wunderschönen Strand sitzen mit dem Mann, den ich so liebe – und den ganzen Vormittag kommt kein einziger Mensch vorbei. Das ungute Angstgefühl der letzten Nacht ist einer angenehmen, tiefen Freude und Dankbarkeit gewichen. Wie schön wäre es, immer so einen Platz nur für uns zu haben.

Der Laden

»Wo habt ihr denn diesen wunderschönen Tisch gekauft?« Meine Freundin Monika zeigt auf unseren Couchtisch, einen Kubus aus weiß lackiertem MDF mit einer eingelassenen, von innen beleuchteten matten Glasplatte.

»Den hat Carsten gebaut. So wie die Sitzelemente und die Regale auch«, erwidere ich stolz.

»Mensch, das sieht alles wirklich toll aus. Habt Ihr euch schon einmal überlegt, solche Sachen auch zu verkaufen?«

Tatsächlich haben wir wirklich schon darüber nachgedacht. In letzter Zeit sogar ziemlich oft. Und besonders intensiv, seit ich eines Nachts erwachte und Carstens Bettdecke an den Beinen blutdurchtränkt war. Im ersten Moment dachte ich, ich würde träumen. Völlig aufgelöst schlug ich die Decke zurück. Sein Unterschenkel war mit einer dicken Bandage verbunden, die das Blut aber nicht richtig stoppen konnte.

Ich erschrak fürchterlich, rüttelte Carsten vorsichtig wach, bis er mir schlaftrunken berichten konnte, dass er auf einem Schiff in eine Luke gefallen war, die jemand nicht ordnungsgemäß verschlossen hatte. Dabei hatte sich ein Eisenstab in sein Schienbein gebohrt, aber, wie er sagte, glücklicherweise nicht durch den Knochen.

Ich war schockiert. Wir hatten schon öfter darüber gesprochen, etwas Eigenes auf die Beine zu stellen, aber mit diesem Unfall ist die Idee für mich ganz dringlich geworden. Ich will nicht, dass Carsten weiter diesen Gefahren im Hafen ausgesetzt ist.

Das alles erzähle ich Monika und schließe mit: »Also ja, wir haben schon einmal darüber nachgedacht, die Sachen auch zu verkaufen. Und zwar in einem eigenen Laden.«

Ein halbes Jahr später haben wir die Renovierungsarbeiten in unseren Geschäftsräumen endlich abgeschlossen. Die Möbel sind gebaut, die Wohnaccessoires, die Zeitschriften, CDs dazu gekauft, und wir können unseren Concept Store einrichten. Wird auch Zeit, denn in wenigen Tagen ist die Eröffnung geplant.

Mir geht es nicht gut. Ich bin noch nervöser als vor der größten Premiere, die ich bisher betreut habe. Wie konnte ich mich nur darauf einlassen. Ein Laden mit so vielen finanziellen und zeitlichen Verbindlichkeiten. Und die viele Arbeit neben meinem regulären Job, der mich schon sehr beansprucht und stresst.

Ich bin mir nicht mehr so sicher, ob das eine gute Idee war, und habe noch Caros mahnende Stimme in meinem Ohr: »Habt ihr euch das denn auch wirklich gut überlegt? So ein Laden, das ist ein ganz schöner Schritt.« Mit einem Schulterzucken hatte ich ihre Bedenken weggewischt, die mich jetzt wieder einholen.

»Meinst du wirklich, wir werden hiermit erfolgreich sein?«

Ich könnte es Carsten nicht verdenken, wenn er jetzt genervt wäre. Die Frage habe ich ihm in den letzten zwei Monaten schließlich schon hundertmal gestellt.

»Ich hab mir schon gedacht, dass du kurz vor der Eröffnung noch mal kalte Füße kriegst. Mach dir keine Sorgen. Das wird total super.«

Dieser unerschütterliche Optimismus macht mich manchmal – und besonders auch in diesem Moment – wahnsinnig. Er ist immer so. Immer. Für ihn ist immer alles »Sonnenschein«, und ich habe das Gefühl, der Miesepeter zu sein. Irgendwie ist das ungerecht. Wenn der eine immer nur positiv ist, muss der andere ja zwangsläufig die Rolle des Bedenkenträgers übernehmen. Ich bin genervt. Aber wenn ich ehrlich bin, eher von mir als von Carsten.

Meine kalten Füße sind wieder warm. Die Ladeneröffnung ist ein voller Erfolg. Wir verkaufen einen Couchtisch, bekommen zwei Aufträge für Wandlampen, und die schönen gepunkteten Schalen aus Frankreich werden uns aus den Händen gerissen. Mir ist schon klar, dass das nicht jeden Tag so sein wird, aber ich bin doch sehr erleichtert.

Kurz nach der Ladeneröffnung wird jedoch Schwamm in der Bausubstanz unseres Wohnhauses gefunden. Wenige Tage später beginnen die Bauarbeiten von nun an jeden Morgen um sieben Uhr. Wenn der Lärm der Maschinen endet, beginnen oben die Stöckelschuhe auf unseren Nerven herumzutänzeln, unter uns können wir das Fernsehprogramm mitverfolgen, und im Badezimmer hören wir die Gespräche der WG von nebenan.

Die permanente Geräuschkulisse, der Laden, die Arbeit - unsere Nerven liegen blank.

»Haben Sie denn eine Ahnung, wie lange das noch dauern wird?«

»Das kann ich Ihnen leider nicht sagen, aber ich fürchte, es wird eine längerfristige Geschichte.« Wenigstens ist unser Vermieter ehrlich.

Zurück auf dem Sofa schreit Carsten gegen den Lärm des Presslufthammers an: »Ich denke, wir sollten darüber nachdenken, umzuziehen.«

Carsten kann sich nicht vorstellen, unter diesen Umständen weiter hier zu wohnen. Und wenn ich ehrlich bin, ich auch nicht, obwohl ich sehr an unserem Zuhause hänge. Doch ich sehe ein, dass es keinen Sinn macht, weiter daran festzuhalten.

Dieses Mal ist es einfacher, etwas Passendes zu finden. In Winterhude haben wir Glück. Ein Loft direkt unterm Dach mit viel Licht. Ein riesiger, großzügiger Raum, ein extra Zimmer, Bad und Küche.

Kurz nach unserem Einzug komme ich von einer Woche Berlinale wieder nach Hause, und Carsten hat in Absprache mit dem Vermieter kurzerhand einen Durchbruch von der Küche zum Wohnraum gemacht. Eine Wahnsinnsüberraschung, und ich habe keine Ahnung, wann er das geschafft hat. Da, wo die Wand war, ist jetzt ein Tresen. Nun ist die Wohnung ganz und gar nach meinem Geschmack.

In der Ruhe liegt der Platz

»Hast du Lust, heute mit mir in den Auerwald zu fahren? Das wird uns bestimmt guttun!«

Das Wetter ist zugegebenermaßen genau richtig für einen Ausflug. Nicht zu warm, nicht zu kalt. Sonne-Wolken-Mix. An einem unserer raren freien Tage habe mich aber eigentlich mehr auf einen Bummel über den Flohmarkt und einen Kinobesuch am Nachmittag gefreut.

Carsten schaut mich erwartungsfroh an, und ich entscheide mich für die Natur.

Ich hake mich bei Carsten unter, und wir schlendern die Waldwege entlang. Die Sonne scheint durch die Blätter der Bäume, die Wipfel wiegen sich sanft im Wind. Wie friedlich hier alles ist. Automatisch atme ich tiefer ein und aus und beruhige mich. Der Stress der letzten Wochen fällt von mir ab. Der Umzug, der Laden, die vielen Premieren hintereinander, das Leben. Ich bin bei den Veranstaltungen immer noch so aufgeregt, dass ich fünf Tage vorher schon nicht mehr gut schlafen kann. In der Nacht vor der letzten Premiere habe ich dann so heftig mit den Zähnen geknirscht, dass Carsten davon aufgewacht ist. Um die tausend Gäste, A-List-Promis auf dem roten Teppich, Blitzlichtgewitter, Hugh Grant, der mir eine Anekdote ins Ohr schreit, weil die Band so laut ist. Und ich mittendrin. Surreal, aber schön. Natürlich. Aber eigentlich auch viel zu aufregend für mich. Ich habe jetzt noch Muskelkater in den Oberschenkeln vor lauter Anspannung.

»Schau mal. Da ist so eine Art Festplatz.« Carsten zeigt auf ein Gelände hinter einem Zaun am Wegesrand. Dort stehen tatsächlich ein paar Hütten herum. Es gibt eine Feuerstelle, und riesige Buchen beschatten den Platz.

»Hier könnte man toll eine Open-Air-Party feiern, was meinst du?« Ich sehe die Girlanden, Windlichter und unsere Freunde, die sich Würstchen grillen, schon vor mir.

Wir lassen den Festplatz hinter uns und entdecken ein paar Hundert Meter weiter einige hübsche alte Häuser mitten im Wald. Ich bin plötzlich ganz begeistert und höre mich sagen: »Stell dir mal vor, wir hätten so ein Haus fürs Wochenende. Das wär doch was, oder?«

Carsten schaut mich überrascht an: »Na klar! Und noch besser wäre so ein Haus, aber ohne Nachbarn ...«

Ich weiß auch nicht genau, wieso, aber plötzlich scheint es mir eine sehr vernünftige Idee zu sein, ein kleines Häuschen in Alleinlage zu suchen. Wir hätten einen Ort nur für uns. Kein Spaziergänger würde sich beim Picknick direkt neben uns setzen, keine Druidin für uns singen, kein Landstreicher uns Gesellschaft leisten, und es gäbe keine Nachbarn, die uns betrampeln oder beschallen. Einfach nur Stille, Platz für unsere Gedanken und einfach nur wir.

Zurück in unserer Wohnung verliere ich keine Zeit, setze mich an den Computer und erstelle einen Suchauftrag bei Immobilien-Scout: Hauskauf, Alleinlage, Schleswig-Holstein, Mecklenburg-Vorpommern, Brandenburg. Wahrscheinlich werden da nicht besonders viele Angebote eintrudeln, aber man kann ja mal schauen, was so kommt, und ein bisschen träumen.

Ich sehe mich schon im geblümten Kleid mit einem großen Sonnenhut meine Rosen schneiden, Tomaten und Salat aus dem Gemüsebeet ernten und in ein Körbchen legen, das an meinem Arm baumelt ...

Alle Wochenaufgaben bei der Arbeit zur Zufriedenheit erledigt. Nächste Premiere im Plan. So langsam habe ich meinen Job im Griff. Einen ertragreichen Samstag im Laden gehabt. Und heute haben wir frei. Wellness und Sport im Meridian Spa & Fitness und danach Essen bei unserem Italiener. Carsten lässt sich auch gern mal für ein schönes Stadtprogramm begeistern.

Nach unserem Spa-Aufenthalt sitzen wir glücklich im Restaurant. Es kommt mir so vor, als wäre der Prosecco heute besonders spritzig, das Licht besonders romantisch und wir besonders verliebt.

Und dann passiert alles wie in Zeitlupe. Carsten steht plötzlich auf und geht vor mir auf die Knie. In meinem Kopf reihen sich diverse Filmszenen aneinander, in denen im nächsten Moment der Mann einen Ring zückt. Kann das ein Antrag sein?

Meine Kniekehlen schwitzen, und ich ziehe meine Schultern hoch.

»Willst du meine Frau werden?«

Natürlich sage ich Ja, und im nächsten Moment bekomme ich einen Krampf in meinem Nacken, weil ich im Meridian zu viele Gewichte gestemmt habe. Ich lache und weine, bestaune den wunderschönen Ring an meinem Finger und halte mir dabei meinen Hals.

Zwei Wochen bin ich wie high und schwebe auf Wolke zehn. Ich bin verlobt, und bald werde ich heiraten.

Und ich weiß sogar schon, wo.

Italo-Pop

»Her name was Lola, she was a showgirl, with yellow lalala lalala be a star. Lalala bar.«

Ein Blick auf den Wecker sagt mir, dass es halb zwei Uhr nachts ist. Was ist hier los? Ich knipse das Licht meiner Nachttischlampe an und versuche, herauszuhören, woher plötzlich die laute Musik mit dem schrägen Männergesang kommt.

Carsten ist mit einem Freund unterwegs. Ich kann mir nicht vorstellen, dass er mir mit diesem Song Romeo-like ein Ständchen bringt.

Nein, unten auf der Straße ist niemand.

Ich öffne die Wohnungstür.

»At the Copa Copacabana. Music and passion were always the fashion at the Copaaa...« Und jetzt zur Männerstimme noch zwei Frauenstimmen: »... they fell in looove.«

Ganz klar kommt der Partylärm aus der Wohnung unter uns. Bis vor Kurzem stand die Wohnung leer.

Barfuß und im Nachthemd klopfe ich an die Tür unseres Nachbarn.

»Ciao bella. Was kanne isch fur disch tun?!«

Ein charmant dreinblickender dunkelhaariger Typ steht mir gegenüber. Hinter ihm zwei hübsche Frauen. Ich wünschte, ich hätte mir wenigstens etwas angezogen und nicht halbnackt an seine Tür geklopft.

Völlig aus dem Konzept gebracht stottere ich: »Äh. Schon gut. Ich wollte nur Hallo sagen. Wir sind ja Nachbarn. Und ich dachte, das wär ein guter Moment, um mich mal vorzustellen. Also: Hallo, Herr Nachbar.«

»Ciao, Nachbarin. Isch eiße Lorenzo. Kommste du rein, wir feiern Party! Mit ganz wunderbare vino!«

»Nein danke. Sehr lieb von dir. Ich ... ich geh dann mal wieder.«

Zwei Tage später ist schon wieder Karaoke-Party.

Am Morgen danach treffe ich Lorenzo im Café gegenüber.

»Hi.«

»Ciao bella. Come stai?«

»Gut. Und selbst?«

»Okay. Dicke Kopf, viel Party.« Er lacht.

Ich finde das nicht so witzig. »Ja, ich weiß. Darüber wollte ich auch mal mit dir reden ...«

»Ja, lasse uns rede. Hast du eigentlisch eine Freund?! Isch könnte deine Freund sein.«

Seine Nonchalance bringt mich schon wieder völlig aus dem Konzept, aber dieses Mal fällt mir wenigstens noch ein, was ich ihm eigentlich sagen wollte: »Nicht, dass das jetzt eine Rolle spielen würde, aber ich habe einen Freund. Und wir beide können wegen deiner ständigen Party nicht schlafen.«

»Dann musst ihr kommen, du und deine Freund, und mit mir vino trinke und singe die Karaoke. Isse besser als schlafe.« Lorenzo greift nach seinem Cappuccino to go, lässt mich offenen Mundes stehen, steigt in einen tiefergelegten Mercedes und braust davon.

Eine Besprechung über nachbarschaftliches Lärmmanagement hatte ich mir irgendwie anders vorgestellt.

Bei nächster Gelegenheit wird dann auch Carsten freundlich zur Karaoke-Night eingeladen ... Umziehen ist aber eigentlich gerade irgendwie keine gute Option. Wir haben so viel um die Ohren mit der Hochzeit und den ganzen anderen Dingen und müssen das also jetzt erst mal aushalten. Es ist ja nur jede zweite Nacht.

Eines Nachmittags im Laden, der ruhiger ist, als es unsere neue Wohnung nachts je sein wird, kommen Carsten und ich auf meinen ImmobilienScout-Suchauftrag zu sprechen. Ich habe mir kürzlich bei der Arbeit ein Angebot angeschaut, das für null Euro eingestellt worden ist und nur deshalb bei meinen Suchergebnissen angezeigt wurde. Es handelte sich um ein riesiges Anwesen mit einem hübschen Haus, diversen Nebengebäuden, einer Wahnsinnsaussicht auf die Felder, etwa 150 Kilometer von Hamburg entfernt. Es kostete natürlich nicht null Euro, sondern fünfhunderttausend, deshalb löschte ich das Angebot auch gleich wieder.

Carsten möchte das Anwesen aber gern sehen, um sich davon zu überzeugen, dass es solche Häuser und Grundstücke überhaupt gibt – und um ein bisschen zu träumen.

Ich setze mich also vor den Laptop und gehe jede einzelne Anzeige in Mecklenburg-Vorpommern durch. Eine halbe Stunde später habe ich es immer noch nicht gefunden und eigentlich keine Lust mehr. Na gut, noch die letzte Seite.

Was ist denn das? Auf einem sehr kleinen, verschwommenen Bild sehe ich Fachwerk und viele Bäume. Die Überschrift der Anzeige lautet: »Altes Forsthaus in Alleinlage zu verkaufen.«

Ich bin wie elektrisiert. Mir stehen die Haare auf meinen Armen zu Berge. Ich schreie hysterisch aus dem hinteren Büroraum in den Laden: »Carsten! Carsten!! Ich hab unser Haus gefunden!«

Carsten kommt mit fragendem Gesichtsausdruck ins Büro.

»Was ist los? Du hast gerade eine Kundin fast zu Tode erschreckt.«

Ich bin so aufgeregt. »Ich habe unser Haus gefunden! Das werden wir kaufen! Hör doch nur!«

Die Beschreibung des Hauses hört sich so an, als hätte jemand bei unseren Gesprächen über unser Traumhaus heimlich mitgehört: Alleinlage mitten im Wald, erst ein kleiner Teerweg, dann ein kleiner Sandweg, drei Kilometer durch den Wald. 2.400 Quadratmeter Grundstück, alter Baumbestand, Haus von 1860.

Ich bin mir sicher. Mein Gefühl ist das gleiche wie damals bei der Wohnung in der Ottersbekallee. Dieses Haus wird unser Haus werden. Dass wir unsere gesamten Ersparnisse in den Laden gesteckt und keine Mittel für einen Hauskauf haben, kommt mir gar nicht in den Sinn.

Sofort rufe ich die Maklerin an, die sich bereit erklärt, uns das Haus am kommenden Wochenende zu zeigen.

Ein Haus vor lauter Bäumen

An einem Sonntag im Mai brechen wir gegen zehn Uhr auf – weiße Wattewolken auf hellblauem Himmel begleiten uns. Die Wegbeschreibung der Maklerin ist sehr präzise. Wir fahren eine gute Stunde von Hamburg Richtung Berlin, bevor wir auf eine normale, dann auf eine kleinere Landstraße abbiegen. Über eine löchrige Teerstraße juckeln wir weiter, bevor wir auf eine noch kleinere Teerstraße abbiegen, die wiederum zu einem Sandweg führt, der im Wald verschwindet. Mein schwarzer Lupo ruckelt im Schneckentempo über die staubige Piste.

»Bist du dir sicher, dass wir hier richtig sind?«

Carsten nickt. Weitere drei Kilometer durch den Wald, und wir sind da.

Ein großer dunkelbrauner Hund rennt aufgeregt am Zaun entlang, bellt wie verrückt und schüchtert mich gehörig ein. Als Kind hätte ich gern einen Dackel gehabt, aber vor großen Hunden habe ich gehörigen Respekt, wenn nicht sogar Angst.

Als Nächstes fällt mir ein dunkelblauer Landrover Defender auf, der neben der Scheune steht. Ich weiß, dass dieses Modell Carstens absolutes Traumauto ist. Als kleiner Junge hatte er während einer Urlaubsreise den Landrover Defender in einem britischen Militärkonvoi zum ersten Mal gesehen und ist seither ganz vernarrt in dieses Gefährt.

Dann sehe ich das Haus. Gegenüber der Scheune steht der Bau mit flachem Satteldach. Das Obergeschoss besteht aus schönem Fachwerk. Das Erdgeschoss ist irgendwann grau verputzt worden. Links neben der Eingangstür steht eine provisorische Hundehütte. Um die Eingangstür herum ist eine Art Windfang mit vergilbten Scheiben angebracht, an den Fenstern hängen verwitterte braune Fensterläden. Hübsch ist das auf den ersten Blick eigentlich nicht, aber ich bin vollends begeistert und glaube, auch in Carstens glänzenden Augen die totale Euphorie zu erkennen.

Wir parken das Auto am Wegesrand und steigen aus. Ein aromatischer, honigsüßer Geruch steigt mir in die Nase. Um uns herum ist alles grün, und die Vögel übertreffen sich gegenseitig mit ihrem Getschilpe. Diese verwilderte Idylle wirkt fast schon surreal, und ich fühle mich von dem Haus magisch angezogen. Es ist, als ob ich seit langer Zeit wieder den ersten richtig tiefen Atemzug täte. Ich spüre, dass dieser Ort wirklich unsere Zuflucht werden könnte.

Wir gehen auf die windschiefe, mit Efeu bewachsene Holzpforte zu. Dort steht die Maklerin. Der braune Hund sitzt nun artig neben ihr.

»Guten Tag. Ja, da haben Sie es also gefunden. Dann wollen wir mal!«

Sie führt uns herum und redet dabei ohne Unterlass. Wahrscheinlich, um uns davon abzulenken, wie heruntergekommen das Haus wirklich ist.

Der Putz bröckelt von den Wänden, die Dielen sind morsch, die Fußbodenbalken liegen direkt auf dem sandigen Waldboden. Die Fenster sind uralt, teilweise eingeschlagen, und es zieht durch alle Ritzen. Es gibt zwar eine Toilette, aber das Haus hat keinen Wasseranschluss. Als Toilettenspülung bedient man eine wunderschöne alte Handpumpe und schüttet einen Eimer Wasser nach. Das Ganze landet dann in einer Sickergrube hinter dem Haus.

Mittels eines Kanonenofens im Wohnzimmer wird das Haus mit Holz beheizt. Eine andere Heizung ist nicht vorhanden. In der Küche gibt es einen ebenfalls mit Holz befeuerten Herd, auf dem man kochen kann. Elektrisches Licht ist zwar vorhanden, aber die Kabelverbindungen, die Carsten sich nun anschaut, sehen selbst für mich als Laiin sehr abenteuerlich aus. Das Obergeschoss erreichen wir über eine schmale, steile Treppe im Flur.

»Hier oben haben die Kinder der Vorbesitzer gewohnt, aber die Trennwände der Zimmer wurden schon entfernt«, lässt uns die Maklerin wissen.

Hier hat jemand gewohnt?

Oben gibt es einen offenen, staubigen Lehmboden, die Schalbretter des Daches sind sichtbar, und durch die Ritzen quillt das Bitumen, mit dem die Dachpappe außen draufgeklebt worden ist.

Durch eine Tür, die von oben bis unten mit Werbeaufklebern plakatiert ist, erreichen wir zwei weitere Räume. Die Maklerin lässt mir den Vortritt, und als ich die Tür öffne, flattert mir ein taubenähnlicher Vogel aufgeregt entgegen. Im ersten Moment erschrecke ich mich. Dann fangen Carsten und ich gleichzeitig an zu lachen. Er muss wohl auch an eine der ersten Szenen aus dem Film *Unter der Sonne der Toskana* gedacht haben. In dieser Szene macht Diane Lane der Besitzerin eines wunderschönen, heruntergekommenen

Hauses in der Toskana ein Angebot, um es zu kaufen. Die alte Frau ist erst einverstanden, als eine Taube aus dem Nichts auftaucht und sich auf Diane Lanes Kopf verewigt. Da ruft sie voller Freude: »Un segno di Dio!«

Der Vogel, der zwar keine Taube, sondern ein Kuckuck ist und auf uns kein »segno di Dio« hinterlässt, dafür aber einen großen Eindruck, fliegt durch das kaputte Fenster in den Garten.

»Und vielleicht wollen Sie jetzt auch den Garten sehen?«

Carsten und die Maklerin gehen hinunter. Doch ich bleibe noch einen Moment im kleinsten Zimmer des Hauses im Obergeschoss zurück. Hier könnten wir ein zweites, kleines Badezimmer mit einer ebenerdig begehbaren Dusche einrichten. Beim Duschen würden wir dann durchs Fenster in den Wald schauen. Nebenan könnte unser Schlafzimmer sein – so ganz gemütlich unterm Dach ...

Carsten unterbricht meine Träumereien: »Kommst du?«

Auf der Fahrt zurück nach Hamburg sind Carsten und ich erst sehr still. Ich sehe vor mir, wie wunderschön das Haus einmal aussehen könnte, und weiß genau, was ich will. Ich hoffe, Carsten will es auch.

Irgendwann frage ich: »Und? Was denkst du?«

»Ja, da kann man was richtig Tolles draus machen«, antwortet er gedankenverloren.

Vielleicht ist es ja genauso um ihn geschehen wie um mich, und auch er ist schon mittendrin in der Umgestaltung dieses Kleinods ...

Carsten hat während seiner Studienzeit oft auf dem Bau gearbeitet und gerade mit der Renovierung unseres Ladens bewiesen, was für ein begabter Handwerker er ist. Er ist sich sicher, dass wir die Herausforderungen, die bei der Renovierung dieses Hauses auf uns zukommen würden, ohne Probleme meistern könnten.

»In einem halben Jahr mache ich dir einen Palast daraus«, lautet seine Einschätzung.

Trotz meiner sonst eher vorsichtigen Art bin ich mir bei dieser Immobilie so sicher, dass mich diese Sicherheit schon wieder ein bisschen verunsichert. Wie kann ich so überzeugt sein, dass diese Bruchbude das Richtige für uns ist? Eine wirklich olle Ruine abseits der Zivilisation?!

Ich bin generell nicht dafür bekannt, eine schnelle Entscheiderin zu sein. Normalerweise tue ich mich schon schwer damit, beim Shoppen ein T-Shirt auszusuchen oder mich für eine Eissorte zu entscheiden. Und nun will ich unbedingt und einfach so ein Haus im Nirgendwo kaufen ... Das kommt selbst Carsten ein bisschen spanisch vor.

Ich merke, dass er die Idee total super findet, mich aber auf keinen Fall dazu überreden will. Er ist sehr zurückhaltend, wenn wir über das Haus sprechen. Aber er gesteht mir: »Bevor wir uns wiedergetroffen haben, hatte ich mit dem Gedanken gespielt, mich aus Hamburg abzusetzen ...«

»Was meinst du denn damit?«

»Na ja, allein und ganz simpel leben. Als Ziegenhirte, auf einer Alm oder als Hilfsarbeiter immer auf Wanderschaft.«

Ich muss noch eine ganze Weile über seine Worte nachdenken. Vor ein paar Monaten noch hätte ich im ersten Moment gar nicht gewusst, was er meint, und mich vielleicht sogar erschrocken. Ganz allein auf einer Alm? Was macht man denn da den ganzen Tag? Jetzt spüre ich die Sehnsucht hinter seinen Worten genauso wie er: die Sehnsucht nach Einfachheit, Ruhe und Natur.

Anders erklären kann ich mir nicht, warum mich dieses Haus mitten im Wald so magisch anzieht. Denn rein rational macht es überhaupt keinen Sinn, sich über den Kauf einer solchen Immobilie den Kopf zu zerbrechen: Ich, Miss Fashion, City und Travel, will ein Haus mitten im Off renovieren? Aber da ist nun mal dieses unumstößlich richtige Gefühl, das ich nicht ignorieren kann und will. Genauso, wie ich bei Carsten gespürt habe, dass er der richtige Mann für mich ist, spüre ich dieses Urvertrauen in meine Intuition auch heute wieder. Außerdem habe ich ja nicht vor, alle Zelte in der

Stadt abzubrechen. Unsere Wohnung, unser Laden, meine Arbeit, unsere Freunde – das alles soll ja so bleiben, wie es ist. Das Haus soll nur unsere Ruheoase fürs Wochenende sein, die wir nach und nach und ganz langfristig renovieren. Ein Ort, an dem wir ohne Lärm für uns sein können und unser ganz eigenes Abenteuer leben.

Weiß kommt von Wissen

Ein letzter Blick in den Spiegel, bevor ich in die Kutsche steige. Mein weißes Hippie-Brautkleid sitzt perfekt und sieht wirklich sehr romantisch aus. Ich drehe mich hin und her und wundere mich, wie es dazu kommen konnte, dass ich heirate. Ich hatte nie eine Braut sein wollen. Und nun stehe ich hier. Ganz in Weiß mit einem Blumenstrauß. Wicken natürlich. Bevor ich Carsten wiedertraf, habe ich mir einfach nicht vorstellen können, mich ein Leben lang an jemanden zu binden. Das Konzept der Ehe hat theoretisch bei mir schon Beklemmungen ausgelöst. Und jetzt? Jetzt ist alles anders. Mir war wohl nicht klar, wie stark wahre Liebe sein kann. Ich kann es kaum erwarten, dass wir Mann und Frau sind. Dass wir uns versprechen, für immer füreinander da zu sein. In guten wie in schlechten Zeiten. Auf einem kleinen Zettel habe ich das und noch viel mehr für mein Eheversprechen formuliert.

Mein Schleier endet mit dem Saum des Kleides unterhalb der Knie und ist am Hinterkopf befestigt, wo sich die beiden seitlich von den Schläfen weg geflochtenen Zöpfe treffen. Meine weißen Flip-Flops haben einen kleinen Absatz, sind aber sehr bequem, sodass ich ohne Schwierigkeiten in den glänzenden schwarzen Einspänner steigen kann. Mein Vater hat schon auf mich gewartet.

Wir fahren vom Hotel über eine Landstraße und dann in den Wald hinein. Der Förster vom Auerwald hat uns erlaubt, den Festplatz für unsere Hochzeit zu nutzen. Und anscheinend haben wir das perfekte Datum gewählt. Das Wetter könnte nicht schöner sein. Die Vögel geben ihr Bestes und begleiten unsere Fahrt. Als wir schon fast angekommen sind, wird ihr Gesang von den jazzigen Klängen des Saxofon-Keyboard-Duos abgelöst, das in den Auerwald gekommen ist, um an unserem Hochzeitstag für uns zu spielen.

Die Kutsche fährt auf die Wiese neben dem Festplatz und hält vor einem roten Teppich, neben dem unsere Freunde sitzen. Und ganz vorn steht er. Mein Mann. Ich kann meinen Blick nicht von ihm abwenden. Muss ich auch gar nicht, denn mein Vater führt mich mit sicherer Hand zu unserem improvisierten Altar. Caro kommt dazu. Nachdem uns die Standesbeamtin gestern offiziell getraut hat, wird Caro hier und heute noch einmal unsere Geschichte erzählen und unser Eheversprechen mit einer kleinen Zeremonie besiegeln: »Und dann hat Carsten nach seiner Trennung einige Zeit bei mir gewohnt. Ich fragte ihn, wie denn seine Traumfrau aussehen und wie sie sein müsste. Er war ziemlich verlegen, und nach einigem Hin und Her gab er zu, dass sie so aussehen müsste wie Franzi. Aber dass sie nicht so eine Modetussi sein sollte, sondern eher eine Frau, die allein mit dem Rucksack durch – zum Beispiel – Australien reisen würde. Da musste ich kurz lachen und sagte ihm: ›Das ist ja ein lustiger Zufall! Franzi ist zwar immer noch eine Modetussi, aber in zwei Wochen kommt sie von ihrer Backpacker-Tour aus Australien zurück.‹«

Wir sind beide ohne Ende gerührt, und als wir unsere Eheversprechen vorlesen, bleibt kein Auge trocken.

Wir stecken uns unsere Ringe an die Finger und küssen uns. Nun sind wir wirklich Mann und Frau.

Wir feiern bis in die Nacht auf dem festlich geschmückten Platz mitten im Wald. Der erste Regentropfen fällt erst vom Himmel, als ich Carsten ins Ohr flüstere, dass es Zeit ist zu gehen.

Napoleon

Völlig verschwitzt und verdreckt hetzen wir zum Check-in-Counter der Lufthansa.

»Zweimal nach Bordeaux, bitte.«

»Sie sind aber spät dran. Sie müssen mit Ihrem Gepäck durch die Security. Wir können die Taschen nicht mehr regulär verladen. Gehen Sie bitte an der Warteschlange vorbei, und melden Sie sich direkt beim Personal. Jemand soll Sie dann schnellstmöglich zum Gate begleiten.«

Ich bin ganz zittrig und nicht sicher, ob wir noch an Bord gelassen werden. Wenn ich mit dem Flugzeug irgendwo hinfliege, bin ich normalerweise drei Stunden vor Abflug am Flughafen. Das hat heute nicht geklappt. Es wäre aber wirklich schade, wenn wir unsere Flitterwochen in Hamburg verbringen müssten.

Doch wir kommen noch an Bord. Mit einem erleichterten »Uff« lassen wir uns in die Sitze der hintersten Reihe fallen.

»Da haben Sie jetzt aber Glück gehabt. Eine Minute später, und wir wären weg gewesen.«

»Das ist unsere Hochzeitsreise«, bringe ich, immer noch atemlos, hervor.

Die Stewardess runzelt die Stirn. Kein Wunder, denn wir sehen wirklich nicht danach aus. Mein T-Shirt hat vom Bierbänke-zum-Transporter-Schleppen vorne am Bauch einen langen Riss, die Haare kleben an meinem Kopf, der immer noch glutrot ist, und meine Hände sind ganz schmutzig.

Carsten sieht nicht besser aus. Seine linke Wange ist zerkratzt, und seine Klamotten sind von verschiedenfarbigen Flecken übersät. Wir haben die letzten zwei Tage damit verbracht, Kühlschränke, Biertische und -bänke, die Musikanlage, die Kabel, die Lichtmaschine, die Deko, den roten Teppich, das Geschirr und den Müll mit einem gemieteten Transporter wieder aus dem Auerwald zu schaffen, und bis zu unserem Abflug in die Flitterwochen einfach nicht genug Zeit eingeplant.

»Wenn Sie es sagen!« Die Stewardess hat anscheinend schon viele andere Honeymooner in ihren Traumurlaub begleitet. Als wir über den Wolken sind, bringt sie uns aber doch einen Piccolo aufs Haus.

Zwei Wochen Frankreich. Caro hat uns zur Hochzeit ihre Zeit als Ladenvertretung geschenkt. Wieder ohne Reservierung fahren wir einfach von Bordeaux mit einem Mietauto ein Stück die Atlantikküste hoch.

Wie so oft in letzter Zeit denke ich auch jetzt wieder an das Haus im Wald. Hoffentlich hält die Maklerin ihr Versprechen, sich zu melden, sollten sich noch andere Leute für die Immobilie interessieren. So waren wir mit ihr verblieben. Ich bin mir so sicher, dass wir das Haus kaufen sollten, ja müssen. Mir kommt es manchmal selbst richtig seltsam vor. Es ist wie eine absolute Wahrheit, die niemand mit Bedenken oder Zweifeln anfechten kann. Für mich ist das unser Haus. Jetzt müssen wir nur noch schauen, wie wir das Geld auftreiben, um unsere Vision von unserem Heim im Wald Wirklichkeit werden zu lassen.

Vor unserer Hochzeit waren wir noch zweimal dort. Einmal mit Carstens Bruder Cord und einmal mit meinen Eltern. Cord ist Zimmermann und hat der Maklerin einen großen Schrecken eingejagt, als er mit fachmännischem Blick auf die Balken an der Fassade meinte: »Gammelig ... gammelig ... gammelig ... und der da ist auch gammelig.« Aber im Großen und Ganzen befand er die Substanz für gut – vor allem der Zustand des Dachs war uns sehr wichtig.

Meine Eltern waren sehr überrascht von meiner plötzlichen Idee, ein Haus mitten im Wald zu kaufen. Mein Vater hat das Haus eine Bruchbude und meinen Wunsch, es zu kaufen, eine Schnapsidee genannt. Und meine Mutter konnte nicht glauben, dass ihre Tochter ein Haus im Wald als Zukunftsperspektive ansehen konnte. Ich versuchte, ihr klarzumachen, welche Gefühle dieses Grundstück in mir auslöst, und ging mit ihr durch den Garten. Auf der Hollywoodschaukel, die versteckt in einer Tannenreihe im hinteren Teil des Grundstücks verborgen liegt, setzten wir uns und schaukelten ein bisschen. Ich hakte mich bei meiner Mutter unter und legte meinen Kopf auf ihre Schulter. Direkt vor uns setzte sich in diesem Moment ein Rotkehlchen auf den Zweig eines Baumes und schien uns zu beobachten.

»Hier werde ich glücklich sein. Da bin ich mir sicher!«, meinte ich zu ihr.

»Wirklich? Ich kann mir das so gar nicht vorstellen für dich. Hier mitten im Nirgendwo. Du liebst doch die Stadt und das Reisen. Du liebst Menschen und Mode. Ihr habt einen Laden in der Stadt. Was willst du denn hier den ganzen Tag machen, und wann wollt ihr überhaupt hier sein?«

»Ich werde die Stadt und das Reisen ja nicht aufgeben. Aber ich spüre einfach, dass das hier der richtige Ort für mich ist. Eine Art Extraplatz, an dem Carsten und ich hin und wieder in Ruhe *sein* können. Ich kann es nicht anders erklären.«

Meine Mutter akzeptierte das.

Mein Vater allerdings sagte: »Ich werde alles in meiner Macht Stehende tun, um euch diesen Unsinn auszureden ...«

Wieder gehe ich in meinem Kopf unsere Möglichkeiten durch: Unsere Ersparnisse haben wir in unseren Laden gesteckt. Und welche Bank würde uns für dieses Projekt einen Kredit geben? Keiner unserer Freunde hat annähernd genug Geld, um uns zu helfen. Und meine Eltern machen nicht den Eindruck, als ob sie uns das Geld leihen würden.

Carsten füllt mein Glas nach und zerstreut so meine ewig gleichen Gedanken.

»Chambres d'Hôtes« steht in hübschen Lettern auf einem Schild an der Straße. Da wir die letzten zwei Tage im Auto geschlafen haben und durchaus mal wieder eine Dusche vertragen könnten, beschließen wir, uns die Pension anzuschauen.

Der Inhaber sieht aus wie Napoleon und gibt uns nach kurzer Einweisung die Schlüssel zu einem von zwei uralten süßen Häuschen, die auf seinem Grundstück stehen. Die Häuser inspirieren mich dazu, mir vorzustellen, wie hübsch unser Haus eines Tages sein wird. Vielleicht würden wir es auch mit diesen Tonschindeln decken, die Fensterbänke mit verschiedenen Blümchen bepflanzen und einen geschwungenen Weg zur Eingangstür pflastern.

Carsten fühlt sich hier genauso wohl wie ich. Das sehe ich ihm an.

Das Frühstück wird in Napoleons Esszimmer serviert. Er erklärt uns, welche Marmelade und welche Rillette er selbst gemacht hat, und wir lassen uns dazu hinreißen, ihm von unserem Haus im Wald zu erzählen. Überraschenderweise ist er der Erste, der völlig von den Socken und total begeistert ist.

»Il faut le faire. Il faut le faire!« Immer wieder beschwört er uns, dass wir das unbedingt machen sollen. Wir müssen fast schon lachen, weil er so insistiert. Also – il faut le faire.

Am Abend sitzen wir an einem kilometerlangen Sandstrand, trinken Rotwein, während die Sonne untergeht, und versprechen uns, dass wir den Traum von unserem Haus in Alleinlage in die Realität umsetzen werden.

Champagner für alle!

»Hallo, Papi. Ja, wir hatten eine super Zeit in Frankreich. Danke! Du – auch wenn jetzt schon einige Zeit vergangen ist, denke ich immer noch an das Haus. Ja, genau. Die Bruchbude mitten im Wald.«

Ich sammle mich, um möglichst elegant und zielführend meine vorbereiteten Argumente vorzubringen. Aber heraus kommt: »Ich liebe es, und ich glaube ganz fest daran, dass es eine gute Entscheidung ist! Kannst du uns bitte helfen?«

Und zu meiner Überraschung sagt er: »Ja, ich helfe euch. Aber ich bin nach wie vor dagegen. Das ist keine werthaltige Immobilie, und in zwei Jahren seid ihr den Wald leid und könnt das Ding nicht wieder loswerden.«

Ich hingegen höre nur: »Ich helfe euch!« Mein Kreischen ist so laut, dass es den Nachbarshund im Erdgeschoss zum Jaulen bringt. Ich habe keine Ahnung, was meinen Vater dazu bewegt hat, seine Meinung zu ändern, aber das ist mir in diesem Moment auch völlig egal. Wir kaufen das Haus! Wir kaufen das Haus! Wir kaufen das Haus!

Unser Ikea-Trip war erfolgreich. Caro und ich haben natürlich zu viele Servietten und unzählige Kerzen gekauft, aber auch eine riesige Pflanze, die als Deko für den Laden gedacht ist. Allerdings passt sie nur auf dem Beifahrersitz ins Auto, und das auch nur, wenn das Faltdach offen ist. Caro sitzt hinten.

»Wir werden das Haus kaufen ...« Im Rückspiegel sehe ich ihr schockiertes Gesicht. Sie beißt sich auf die Lippe.

»Ich will ja kein Spielverderber sein, aber wollt ihr euch das wirklich antun? Ihr habt doch schon so viel Stress mit dem Laden, und das Geld ist immer knapp. Meinst du echt, dass das eine gute Idee ist? Ich hab jetzt schon Sorge, dass du bald einen Burn-out bekommst.«

Im Gegensatz zu damals, als sie ihre Bedenken zum Laden geäußert hat, fühle ich mich dieses Mal nicht angegriffen und habe auch nicht das Bedürfnis, sie unbedingt davon zu überzeugen, dass es sich natürlich um eine gute Idee handelt. Das bedeutet wohl, dass es wirklich die richtige Entscheidung ist.

Der Notar hat den Vertrag vorgelesen. Niemand erhob irgendwo Einspruch oder trug Einwände vor. Nun ist es gleich so weit. Er reicht mir einen Stift, und ich schaffe es gerade so, meine Unterschrift auf die Linie zu setzen, bevor mir die Freudentränen die Wangen hinunterlaufen.

Voller Vorfreude habe ich eine Flasche Rotwein, einige Käsesorten und ein knackiges Baguette für unser Fest-Picknick eingekauft. Carsten hat schon Isomatten, Schlafsäcke, Klamotten und natürlich meine alte Bialetti und eine Dose Espressopulver ins Auto gepackt.

Heute werden wir endlich den Schlüssel zu unserem Haus in den Händen halten und in unserem Paradies unser Lager aufschlagen.

»War der Weg das letzte Mal auch schon so weit?« Ich kann es nicht erwarten, endlich im Wald bei unserem – ja *unserem* – Haus anzukommen.

Als wir endlich vor der Pforte halten, bekommt meine Freude einen Dämpfer. Anstatt mit einem »Hallo« begrüßt uns die Maklerin mit einem betroffenen Gesicht: »Es tut mir unglaublich leid, aber ich habe Ihre Hausschlüssel in meinem Büro vergessen. Ich muss jetzt leider noch einmal losfahren und sie holen. Früher als in zwei Stunden werde ich aber nicht wieder hier sein.«

So hatte ich mir unsere Hausübergabe nicht vorgestellt. Ich bin ärgerlich und enttäuscht, aber mir leuchtet schon ein, dass es keinen Sinn macht, jetzt aus der Haut zu fahren.

Als die Maklerin vom Hof gefahren ist, sagt Carsten zu mir: »Die Generalprobe kann nie glatt über die Bühne gehen. Du kennst das doch. Dafür wird die Premiere dann umso besser.«

Auch wenn eine schnaubende Ungeduld in meiner Brust noch furiosen Tango tanzt, weiß ich, dass er recht hat. Und als wir uns auf die kleine Hollywoodschaukel hinten im Garten setzen und schaukelnd in die Bäume schauen, bekommen wir einen Vorgeschmack auf das, was uns hier erwartet: Stille und Frieden.

Die zwei Stunden gehen wie im Flug vorbei. Genau wie die Hausübergabe, die innerhalb weniger Minuten erledigt ist.

Dann halten wir endlich den Schlüssel in den Händen und sind – allein.

Mittlerweile ist es stockduster. Ich habe nicht gewusst, wie dunkel es nachts sein kann.

Im Haus entzündet Carsten ein Feuer im Ofen, ich entrolle unsere Isomatten und breite die Schafsäcke aus. Einen kleinen Tisch und zwei zerfledderte, durchgesessene Sessel im Fünfzigerjahre-Stil hat der Vorbesitzer nicht mitnehmen wollen.

Auf dem Tisch breiten wir unser Picknick aus, und als ich den Rotwein einschenken will, sagt Carsten: »Rotwein ist kein angemessenes Getränk für diesen Anlass!« Er zückt eine eisgekühlte Flasche Moët & Chandon, deren Korken vielversprechend laut knallt. All mein Ärger ist längst verflogen, und wir lachen schon über diese seltsame Hausübergabe, die wir bestimmt nie vergessen werden.

Was gibt es Besseres, als vom Duft frischen Kaffees zu erwachen?

Carsten hat schon den Küchenherd angefeuert. Jetzt brodelt die Bialetti munter vor sich hin und verströmt genau das richtige Aroma, um mich aus dem Schlafsack zu locken, obwohl es sehr kalt ist. Schnell anziehen und raus in die Sonne.

Obwohl sie noch im Schatten liegt, zieht mich die Hollywoodschaukel magisch an. Ich erinnere mich daran, wie meine Mutter und ich hier gesessen haben und ich mir so sicher war, hier mein Glück zu finden. Und jetzt haben wir gerade unsere erste Nacht in unserem neuen alten Haus verbracht und dürfen einfach hierbleiben. Na ja, also zumindest, bis wir wieder nach Hamburg müssen.

Wir sind verheiratet und haben ein Haus: Das ist doch verrückt! Oder ist es vielleicht im Leben einfach so, dass man immer das bekommt, was man am wenigsten erwartet?

Ich jedenfalls hätte nicht gedacht, mit 27 Jahren verheiratet zu sein und ein Haus im Wald zu besitzen.

Carsten gesellt sich zu mir, und wir wärmen uns die Hände an unseren Kaffeebechern.

»Willst du ein Spiegelei? Jetzt ist der Herd noch heiß.«

Ich nicke.

»Mal schauen, ob ich das hinbekomme.«

Den Herd richtig zu befeuern, um ein paar Eier zu braten, ist nicht ganz so einfach, wie den Kaffee zuzubereiten. Nach einer Stunde bekomme ich schließlich auf einer Decke in der Sonne zwei Spiegeleier serviert, die besser schmecken als je ein Spiegelei zuvor.

Den restlichen Tag rennen wir wie ausgelassene Kinder durch Garten und Haus. Wir sprudeln nur so über vor Ideen.

»Die Zimmerdecke sollten wir auf jeden Fall herausnehmen. Bist du immer noch dafür? Und neue Fenster müssen unbedingt rein. Aber vielleicht etwas höher?«

»Und was ist mit der Wand, soll die vielleicht auch weg? Und wollen wir die Treppe versetzen?«

»Hier könnten wir statt des Fensters eine Terrassentür einsetzen.«

»Oh ja. Und im Gästezimmer könnten wir einen Durchbruch zu dem Zimmer machen, das momentan nur von außen begehbar ist.«

»Ach ja, und das Gestrüpp da an der Seite im Garten. Würdest du das auch wegmachen?«

Ich fühle mich pudelwohl, und wenn ich mir Carsten so anschaue, sieht auch er ziemlich glücklich aus.

Spät nachts liegen wir nebeneinander in unseren Schlafsäcken, wie damals Caro und ich in Carstens Wohnung. Ich schmiege mich an ihn und flüstere ihm ins Ohr: »Ich wäre schon mit viel weniger zufrieden gewesen.«

»Ja. Eine kleine Bretterbude hätte uns schon gereicht. Und jetzt haben wir einen Palast.«

»Einen Fast-Palast.«

Arm in Arm und erfüllt von Glück, Plänen und Visionen schlafen wir ein.

Nachts erwache ich von einem komischen Geräusch. Ein schepperndes Kratzen neben meinem Kopf hat mich aus dem Schlaf schrecken lassen. Ich rüttle Carsten wach und taste gleichzeitig nach der Taschenlampe, die er neben meine Isomatte gelegt hat.

Eine kleine graue Maus hat unsere Reste vom Abendessen entdeckt und kommt nun nicht mehr aus dem Topf heraus, den wir neben unserem Lager haben stehen lassen. Wie von Sinnen versucht sie, einen Ausweg zu finden, aber die Wände sind zu steil und glatt für sie. Wir taufen sie Alfred, freuen uns über die Begrüßung und unser erstes Kennenlernen mit einem Waldbewohner und geleiten sie freundlich hinaus …

Am nächsten Morgen können wir uns von diesem Ort mitten im Wald nur schweren Herzens losreißen. Mit Blick auf unser Haus sage ich: »Der Wald hat mich mitten ins Herz getroffen. Ich möchte gar nicht wieder in die Stadt fahren.«

»Mir geht es genauso«, bestätigt mir Carsten.

Als wir gerade ins Auto steigen wollen, hören wir plötzlich lautes Geraschel im Wald vor unserem Grundstück. Es folgt ein lustig anmutendes Geräusch. Ich schleiche mich vorsichtig an den Zaun heran und versuche zu erkennen, was da im Unterholz so einen Lärm macht. Da sehe ich es.

»Psst. Carsten. Ein Eichhörnchen.«

Wie ein Berserker raschelt es jetzt in den Blättern herum. Als es merkt, dass es beobachtet wird, richtet es sich auf, schaut mich direkt an und keckert lautstark drauflos. Ich meine, seine Vorwürfe zu hören, dass es eine Unverschämtheit von mir sei, dass ich es bei seiner anstrengenden Arbeit störe, und es sich das ja wohl nicht bieten lassen müsse. Dann verschwindet es auf den nächsten Baum.

»Peterle. Es soll Peterle heißen.«

Nach Alfred haben wir nun schon den zweiten Waldbewohner kennengelernt und auch gleich getauft.

Und noch bevor ich ins Auto steige, habe ich schon Heimweh nach unserem neuen Zuhause.

TEIL II

MIT EINEM FUSS IM WALD

Starstruck Starlight

Ein Traum wird wahr: Warner Bros. bringt den *Sex and the City*-Film auf die Leinwand, wir richten in Deutschland tatsächlich eine Premiere aus und Carrie und Co. sind wirklich gekommen.

Die Party findet im Quartier 206 statt. Dort sitzen die vier Ladys in ihren unglaublichen Outfits im V.I.P.-Bereich auf einem Sofa, das etwa fünf Meter entfernt von mir steht. Normalerweise interessiere ich mich nur dafür, ob auf der Party alles läuft. Aber dieses Mal. Nun ja, ich muss zugeben: Ich bin starstruck. Ich könnte ja meine Kollegin aus der Presseabteilung bitten, mich vorzustellen. Aber das ist mir dann doch zu unangenehm, und so genieße ich den Moment, diese vier Frauen, die mich eine ganze Weile begleitet haben in meinem Leben, nun einfach für ein paar Minuten zu beobachten und zu hoffen, dass ein bisschen von Sarah Jessica Parkers Style auf mich abfärbt, weil ich quasi neben ihr stehe.

Am nächsten Morgen fahre ich direkt von Berlin aus in den Wald. Wie das klingt!

Carsten holt mich vom Bahnhof ab. Zu Hause angekommen, drehe ich als Erstes eine Runde durch den Garten.

»Du bist ja noch ganz schön aufgedreht«, bemerkt Carsten. Und er hat recht.

Diese Energie nutze ich dann gleich. Wir machen direkt da weiter, wo wir letztes Wochenende aufgehört haben: Putz abschlagen und Tapetenreste ablösen. Und langsam löst sich auch meine Anspannung.

»Vor ein paar Stunden stand ich noch in Marc Jacobs neben Carrie, Samantha, Charlotte und Miranda, stell dir vor!«

Ich kann es selbst noch kaum glauben, dass ich das erleben durfte. Es kommt mir jetzt so vor, als wäre das bereits Ewigkeiten her.

»Und war es schön?« Carsten drischt mit dem Hammer auf die Wand ein.

»Ja. Total schön und aufregend zugleich, aber ich hätte dieses Erlebnis sofort dafür hergegeben, hier zu sein.«

Das hört sich verrückt an. Lieber auf einer staubigen Baustelle an Tapetenresten zerren als in einem Viersternehotel wohnen und das Who's Who von Hollywood vor der Nase zu haben. Aber während ich diese Worte ausspreche, fühle ich, wie wahr sie sind.

Im Gegensatz zu den letzten Tagen und zur Stadt generell geht hier im Wald alles herrlich langsam vonstatten. All die Kleinigkeiten, die sonst in unserem Leben so selbstverständlich waren und die es in der Stadt auch noch sind, haben hier Event-Charakter. Selbst das Nachspülen der Toilette ist ein besonderes Ereignis, denn dafür muss ich jedes Mal erst einmal einen Eimer Wasser aus der alten Handpumpe zapfen. Wenn wir es warm haben wollen, muss einer von uns den Ofen entzünden und vorher Holz holen. Wenn wir kochen wollen, muss das Holz für den Herd mit dem Beil in die richtige Größe zerteilt und der Herd mindestens eine halbe Stunde vorher angeheizt werden. Wenn wir etwas zu essen einkaufen wollen, müssen wir etwa eineinhalb Stunden einplanen, um es zu besorgen.

Wenn wir von der Arbeit pausieren, sitzen wir im Garten in den Liegestühlen, in denen wir bei unserer Hochzeit Caros Rede gelauscht haben, genießen die letzten herbstlichen Sonnenstrahlen und hören das Rauschen der Blätter in den Bäumen. Was wir nicht hören, sind Autotüren, Fernseher, Stöckelschuhe auf Parkett über unseren Köpfen, Opernarien, Karaoke und die Stadt.

Abends werkeln wir bis spät in die Nacht hier und da im Haus herum, ohne dass wir Sorge haben müssen, jemanden zu stören. Das Glück, diesen Platz gefunden zu haben, ist immer präsent zwischen Carsten und mir. Manchmal lache ich fast hysterisch laut auf, weil mir bewusst wird, dass ich unverhofft den zweiten Sechser im Lotto meines Lebens gelandet habe. Ich habe Platz. Wir haben Platz. Platz für uns und Platz zwischen unseren Gedanken. Oft fühle ich mich wie ein Kind, das von zu Hause abgehauen ist, sich mit seinem besten Freund in einem kleinen Haus im Wald versteckt und sich dort sein Leben einrichtet. Ein federleichtes Abenteuer. Frei von allen Zwängen. Hier kann ich einfach sein.

Draußen ist es stockdunkel. Ein eiskalter Wind pfeift unheimlich ums Haus. Das letzte Holzscheit habe ich gerade in den Ofen geworfen. Da wir vergessen haben, Milch zu kaufen, ist Carsten noch einmal losgefahren. Er wird frühestens in einer Stunde wieder zurück sein. Wenn ich es bis dahin warm haben will, muss ich wohl selbst rausgehen, um Nachschub zu holen. Also rein in Schuhe und Jacke, Weidenkorb unter den Arm und ab vor die Tür.

Wie angewurzelt stehe ich da. Drinnen habe ich mich sicher gefühlt, aber hier draußen? Rechts neben mir ist ein Knacken zu hören, links über mir ein Fiepen, der Wind bläst die letzten trockenen Blätter von den Bäumen – überall raschelt es. Da vorn bewegt sich etwas. Ich sehe es ganz genau. Über Angst hatte ich kein einziges Mal nachgedacht, als wir das Haus gekauft haben, und nun ist sie unvermittelt da.

Mein Hals ist plötzlich ganz trocken. Ich versuche, mich zu beruhigen, aber mir ist mulmig zumute. Was würde ich jetzt für eine von diesen Stirnlampen geben, über die ich mich in unserem Griechenlandurlaub bei einem anderen Touristenpärchen immer lustig gemacht habe.

»Die Scheune ist keine zehn Meter vom Haus entfernt. Du gehst da jetzt einfach hin und holst Holz, verdammt!«

Puh. Eigentlich ist mir eher danach, schnell wieder ins Haus zu flitzen und mir die Bettdecke über den Kopf zu ziehen.

Ich lasse die Haustür auf und knipse die Flurlampe an, sodass sie mir den Weg weisen kann. Noch ein Knacken im Gebüsch, das mir das Blut in den Adern gefrieren lässt. Hurtig laufe ich zur Scheune, schmeiße die Scheite in den Korb und renne mit dem viel zu voll beladenen Weidenkorb wieder zum Eingang. Da kracht es, und der Henkel des Korbs reißt. Die Scheite kullern mir vor die Füße. Wieder fegt der Wind mit einer gehörigen Böe durch die alte Kastanie vor unserem Haus, und hinter mir rummst es.

Bestimmt nur ein Ast, bestimmt nur ein Ast, versuche ich mich wieder zu beruhigen, während ich die Scheite aufklaube und in den Korb lege. Dann ziehe ich den Korb ins Haus, schließe die Tür und lasse mich völlig fertig von innen dagegensinken. Was für ein Abenteuer! Ich war ja noch nie in der Dunkelheit allein in der Natur. Was für eine Geräuschkulisse. Ob ich mich wohl jemals, ohne bei dem kleinsten Geräusch gleich aus der Haut zu fahren, im Dunklen vor unsere Haustür begeben werde?

»Und, wie ist es dir ergangen?«

Zwei Stunden später ist Carsten wieder zu Hause, und ich muss gestehen, dass ich mich gleich sicherer fühle. Zugeben möchte ich das aber nicht. Ich bin schließlich eine erwachsene Frau, die selbst auf sich aufpassen kann. Ich war ja immerhin schon allein in Harlem spazieren. Aber Carsten kennt mich ganz genau. Er blickt auf den Korb, den abgerissenen Griff und fragt: »Wie war es denn für dich, im Dunklen Holz zu holen?«

»Nicht so gut.« Und kleinlaut füge ich hinzu: »Es wäre toll, wenn wir eine Stirnlampe anschaffen würden.«

Carsten wäre nicht Carsten, wenn er jetzt triumphierend sagen würde: »Hab ich dir nicht gesagt, dass Stirnlampen großartig sind?!« Stattdessen meint er ernst: »Na klar.« Und: »Realistisch gesehen ist es hier viel sicherer als in der Stadt. Hier ist ja niemand. Und in der Stadt fürchtest du dich doch auch nicht. Also musst du es hier ebenfalls nicht.«

Ich wünschte, es wäre so einfach, diese einleuchtenden Fakten auch im Innersten zu fühlen.

Über Nacht hat es in Strömen geregnet. Welche Schuhe soll ich bloß anziehen? Meine hellblauen Chucks kann ich in der Stadt sowieso nicht mehr tragen. Die habe ich mir hier im Wald schon gründlich versaut. Meine anderen Schuhe haben alle Absätze und sind einfach zu gut. Ich sehe schon ein, dass es ganz praktisch wäre,

Wanderstiefel in Betracht zu ziehen. Aber ich kann einfach nicht. Es geht nicht. Meinem Anspruch an Style werden diese Klamotten so gar nicht gerecht. Lieber habe ich nasse Füße, als so klobige Wanderstiefel zu tragen oder in einer unförmigen, plastikartigen Funktionsjacke gesehen zu werden. Wobei, wer soll mich hier schon sehen? Trotzdem, so weit wird es nicht kommen. Wald hin oder her.

Hunter-Gummistiefel könnten eine Option sein. Die hat schließlich schon Kate Moss auf so manch matschigem Festival getragen. Ich glaube, meine Mutter hat noch solche, die sie aber nie trägt. Hier und jetzt hilft mir das allerdings auch nicht.

Die Chucks müssen für diesen Spaziergang also wieder herhalten. Carsten hat kein Schuhproblem. Er trägt seine wasserdichten Meindl-Wanderstiefel mit Stolz.

»Schau mal, wie die Sonne in den Spinnenweben glitzert.« Ich bin total begeistert von den unzähligen symmetrischen Netzen, die die verschiedensten Spinnen zwischen den Bäumen gespannt haben. Einige Regentropfen sind in den Netzen hängen geblieben und funkeln darin wie kleine Diamanten.

Da entdecke ich mehrere Rehe, die etwa fünfzig Meter entfernt von uns stehen und uns beobachten. »Guck mal da!«

»Wo?«

»Na da.« Und dann sieht Carsten sie gerade noch, als sie sich aus dem Staub machen.

Meine Füße sind natürlich total nass, aber ich sage kein Wort, sonst muss ich mir wieder einen Wanderstiefel-Vortrag anhören.

»Das sind doch alles Kiefern hier, oder?« Da meine letzte Biologiestunde schon einige Jahre her ist und mich Baumbestimmung bisher nie interessiert hat, bin ich mir nicht sicher.

»Ja, ich denke schon. Aber wir können ja mal so ein Buch besorgen, wo man das nachschlagen kann.«

Das klingt nach einer guten Idee. Zwischen den Nadelbäumen stehen hin und wieder einige Laubbäume. Komisch, dass es gar keine kleinen Bäume gibt.

»Du musst unbedingt noch einmal mit rauskommen!« Carsten war nur kurz draußen, um Holz für den Ofen zu holen. Da kann doch jetzt nicht so etwas Aufregendes passiert sein. Mit dem langen Flanellnachthemd, das mir meine Oma vermacht hat, als sie hörte, dass wir ein Haus im Wald kaufen, liege ich schon unter meiner dicken und warmen Daunendecke in unserem provisorischen Bett, das Carsten aus Palettenholz gebaut hat. Das muss jetzt also schon etwas richtig Tolles sein, um mich aus diesem warmen Kokon zu locken.

»Muss das wirklich sein?«

»Ja, muss es!«

Ich schlüpfe in meine Uggs, ziehe mir die Winterjacke über, die griffbereit neben unserem Bett liegt, und fröstle. Heute Morgen war das Wasser in meiner Trinkflasche gefroren!

Carsten zieht mich ungeduldig in die Kälte und durch die Dunkelheit weg vom Haus in den hinteren Teil des Gartens.

»Schau nach oben«, lautet seine Aufforderung.

Ich schaue, und ich sehe, und ich staune – und ich schweige. Denn so einen Sternenhimmel habe ich noch nie in meinem Leben gesehen. Selbst in Australien nicht. Und just in dem Moment taucht eine goldene Sternschnuppe an diesem Nachthimmel auf. Ganz ohne Mühe fliegt sie mit ihrem Schweif vor den anderen Sternen vorbei, und dann verglüht sie.

Wir haben sie beide gesehen, behalten unsere Wünsche für uns und sind sehr berührt von diesem magischen Moment.

In anderen Augen

Die letzten Kilometer können wir die Hand vor Augen nicht erkennen. Wir fahren durch dichten Nebel.

Der November ist noch nie mein Lieblingsmonat gewesen. Regen, Nebel, in die Knochen kriechende, feuchte Kälte. In der Stadt rennt jeder mit gesenktem Kopf und hochgeschlagenem Kragen durch die Straßen, und der Wind pfeift um die Ecken.

Endlich im Wald angekommen, steigen meine Freundin Sally und ich aus dem Auto. Und hoch über unseren Köpfen in der nebligen Dämmerung höre ich ein schnarrendes Schnattern.

Ich schaue Sally verdutzt an, sehen kann ich nichts. Ein zweiter Schnatterschwall ertönt. Ich erinnere mich, dieses Geräusch in meiner Kindheit schon einmal gehört zu haben, und frage mich jetzt, wieso es mir in all den vielen Jahren nie wieder aufgefallen ist.

Es sind Gänse, die in ihr Winterquartier ziehen.

»Ich kann es gar nicht erwarten, endlich das Haus von innen zu sehen.« Sally ist schon ganz gespannt. Langsam gewöhnen sich unsere Freunde daran, dass wir ein Haus im Wald gekauft haben, und kommen nach und nach zu Besuch. Ihnen bleibt ja auch nichts anderes übrig, wenn sie uns sehen wollen. Wir sind im Laden, bei der Arbeit, und jede weitere freie Minute verbringen wir im Wald.

Der Ofen bullert, und einige Teelichte leuchten auf dem Sims der Holzpaneele vor sich hin. Carsten hat es uns gemütlich gemacht. Während ich Sally durch die Räume führe, erzähle ich ihr euphorisch, was wir hier alles planen. Ihre Augen werden größer und größer. Ich hatte ihr schon berichtet, dass das Haus ziemlich heruntergekommen ist, aber wahrscheinlich hat sie es sich doch nicht ganz so schlimm vorgestellt.

Das Dach ist nach der ersten größeren Bauphase nun zwar gedämmt, aber unten zieht es nach wie vor durch die Fenster und das Mauerwerk. Nur wenn wir nah am Ofen stehen, ist es wirklich warm. In den anderen Räumen hat es drinnen wie draußen um die null Grad. Die Dämmarbeiten und das Abschlagen des Putzes von den Wänden haben dazu geführt, dass eine dicke Staubschicht die meisten Oberflächen des Hauses überzieht. Das sehr eisenhaltige und damit auch bräunliche, geruchsintensive Wasser kommt nach wie vor nur aus der Handpumpe im Bad. An den Wänden hängen Tapetenreste, die sich mit dem nackten Mauerwerk abwechseln. In den Augen normaler Menschen handelt es sich hierbei wahrscheinlich um eine abrissreife Ruine und nicht um ein bewohnbares Haus.

Sally öffnet den Mund ein kleines bisschen und starrt uns eine Weile ungläubig an.

»Hier wollen wir heute schlafen?«

Nach einer Stunde am Ofen hat Sally sich an den Zustand ihres Wochenend-Domizils gewöhnt und fühlt sich genauso wohl wie ich. Ich freue mich, dass auch sie zu spüren scheint, dass dies ein guter Ort ist.

Ich kann erklären, warum ich mich Hals über Kopf in dieses Abenteuer gestürzt habe und wieso mir die Widrigkeiten überhaupt nichts ausmachen: Ich nehme die Kälte, den Staub, das eiskalte Stinke-Wasser aus der Pumpe und die Arbeit gern in Kauf, denn ich sehe vor meinem inneren Auge ganz genau, wie es hier einmal aussehen wird.

Sally packt mit an. Tapfer schlägt sie mit dem Hammer auf den Putz ein, der nur widerwillig von den Wänden bröckelt.

Trotz Minustemperaturen sind wir nach ein paar Stunden schweißgebadet, staubbedeckt und haben jeder doch nur einen Quadratmeter Wand gesäubert.

»Duschen wäre jetzt nicht schlecht.« Sally weiß noch nicht, was jetzt auf sie zukommt.

Ich deute auf den Wasserkessel auf dem Ofen.

»Also, es läuft folgendermaßen: Ich steige draußen mit der Gießkanne auf die Leiter. Du ziehst dich aus, kommst rausgerannt, und ich übergieße dich intervallweise mit dem Wasser, sodass du dich zwischendurch einseifen kannst. Keine Sorge. Das Wasser ist warm.«

»Oh Gott, ist das kalt!« Sally kommt bibbernd in den Vorgarten gerannt.

»Wenn jetzt jemand vorbeikommt!« Wir lachen beide.

Hätte mir jemand vor einem Jahr gesagt, dass ich bald schon in meinem eigenen Garten mitten im Wald meine Freundin mit einer Gießkanne abduschen würde, hätte ich diese Person für komplett verrückt erklärt.

Nach Sally ist Carsten dran, und dann bin ich an der Reihe. Mir ergeht es ähnlich. Die Gänsehaut tut schon fast weh. Aber nach der erfrischenden Dusche ist es vor dem Ofen umso gemütlicher. Carsten hat den Ofen mittlerweile fast zum Glühen gebracht, und uns erscheint das Wohnzimmer nun mollig warm.

Weiße Wanderer

Endlich Feierabend und noch dazu Wochenende. Ich habe Sehnsucht nach Carsten, der schon einige Tage im Wald ist, und nach der Natur.

Ich bin froh, als ich mich in den Lupo schwinge und aus der Stadt düse. Es ist schon dunkel. Der Winter naht. Und auch Weihnachten ist nicht mehr lang hin. Ich überwinde meine Müdigkeit durch die Gedanken daran, bald in Carstens Armen zu liegen und vor dem warmen Ofen zu sitzen.

Auf der Autobahn kurble ich das Fenster herunter, und die eisige Luft weckt meine Lebensgeister. Nur noch wenige Kilometer bis zur Abfahrt.

Kaum bin ich auf die Landstraße abgebogen, fällt mir auf, dass ich das erste Mal allein zu unserem Haus fahre. Huch. Und gleich durch den Wald. Ähm. Wenn Carsten schon im Wald ist und ich das Auto habe, ist es ja klar, dass ich mit dem Auto *allein* im Dunklen durch den Wald fahren muss. Aber bis zu diesem Zeitpunkt ist mir noch nie der Gedanke gekommen, dass ich diese drei Kilometer irgendwann mal allein zurücklegen müsste.

Heute ist es anscheinend so weit. Das fahle Licht des Halbmonds beleuchtet die hubbelige Teerstraße, und das Fernlicht meiner Scheinwerfer streift die abgeernteten Felder, an denen ich jetzt vorbeifahre.

Ich sehe ein Paar Augen und verlangsame mein Tempo. Ist das eine Katze? Oder ein Waschbär? Bin ich hier überhaupt noch richtig? Ah ja. Da hinten kommt das Stoppelfeld, hinter dem ich in den sandigen Waldweg einbiegen muss. Ich atme tief ein und aus und versuche, ruhig zu bleiben. Zur Sicherheit drücke ich die Verriegelungsknöpfe an meiner und der Beifahrertür runter. Fernlicht lieber an oder aus? An – dann sehe ich zu viel. Aus – dann sehe ich zu wenig. Ein flaues Gefühl macht sich in meiner Magengegend breit.

Ich taste nach meinem Handy, ohne die Augen vom Weg und dem Drumherum zu lassen. Was soll schon passieren? Sei doch nicht albern! Aber meine Fantasie ist nicht zu stoppen: Ein Serienmörder mit blutverschmiertem Gesicht und einer Axt in der Hand, eine Horde vampirbezahnter Geister, ein kopfloses Kind, ein wild gewordener Bär, eine Gruppe verhaltensgestörter Riesen, lebendige, wütende Bäume, die mein Auto durch die Gegend schmeißen, weiße Wanderer, die mich für ihre Zombiearmee rekrutieren ... Es wird immer verrückter. Das Einzige, was mir dazu einfällt, ist, das Gaspedal des armen Lupo durchzutreten und mit fünfzig Sachen über den Waldweg zu brettern. Der Sand staubt nur so durch die Gegend.

Das einzige kopflose Kind, das hier gerade sein Unwesen treibt, bin ich. Aber das sehe ich natürlich überhaupt nicht so. Hier geht Schlimmes vor sich. Hier im Wald. Da bin ich mir sicher. Hinter jedem Baum lauert die nächste Gefahr. War der Weg immer schon so weit? Ich bin doch mindestens schon fünf Kilometer durch die Dunkelheit gefahren.

Der Lupo wehrt sich gegen die walduntaugliche Geschwindigkeit und setzt laut auf einem von mir übersehenen Buckel im Boden auf. Ich drossle das Tempo, greife nach dem Handy und wähle Speed-Dial 1.

»Ja?«

»Jaaa?! Du bist gut! Ich fahre hier allein durch den Wald, kotze gleich, weil ich so schlimme Angst hab, und alles, was dir einfällt, ist: Ja?«

»Wo bist du denn? Hast du dich verfahren?«

»Keine Ahnung. Ich glaube nicht. Oh Gott. Ich hoffe, dass ich mich nicht verfahren habe. Ich kann unmöglich den Weg wieder zurückfahren und noch einmal diese Tortur durchstehen.«

»Was ist denn bloß passiert? Wieso bist du so aufgebracht?«

»Aufgebracht? Oh Gott. Da vorne ist ein Licht. Ich glaube, da kommt jemand. Kannst du bitte dranbleiben?«

Carsten atmet laut aus. »Wahrscheinlich ist das unser Außenlicht.«

Ich erkenne einen Zaun. Unseren Zaun!

»Machst du mir das Tor auf?«, bitte ich kleinlaut.

»Ist schon auf.«

Ich steige aus und merke, dass ich am ganzen Körper zittere. Carsten nimmt mich in seine Arme und reicht mir ein großes Glas Rotwein. Ich atme die würzige Waldluft ein, schaue in den Himmel. Da ist nicht mehr das fahle Mondlicht, sondern mein zweiter überwältigender Waldsternenhimmel. Wieso habe ich mich eben gerade noch so gefürchtet, wenn doch jetzt alles am rechten Fleck zu sein scheint?

Weihnachten ohne Baum. Das geht doch nicht. In unserem Renovierungs-Laden-Arbeits-Stress haben wir ganz vergessen, einen Weihnachtsbaum zu besorgen. Das ist doch immer so ein wichtiges Ritual für uns gewesen. Dass wir uns so in unserem Leben verloren haben, dass wir nicht mal mehr an unseren Weihnachtsbaum denken, das darf nicht sein.

»Du kriegst deinen Baum.« Mit einer Säge bewaffnet stiefelt Carsten in den Garten und sägt kurzerhand eine halb abgestorbene Tanne um, die wir sowieso nicht mehr im Garten haben wollten. Nun steht dieser räudige, krumme Baum in unserer Wohnzimmerecke. Die vergangenen Jahre hatten wir meterhohe, gerade, buschige, perfekte und sehr teure Nordmanntannen. Dieses Exemplar hingegen ist das hässliche Entlein unter den Weihnachtsbäumen. Aber natürlich liebe ich diesen krumpeligen, kleinen Weihnachtsbaum, denn er ist der allererste in unserem eigenen Haus. Wir schmücken ihn gemeinsam mit roten Kugeln und echten roten Kerzen, die wir feierlich entzünden, als die Dämmerung einsetzt.

Die abgewetzten Sessel, in die wir uns jetzt niederlassen, haben wir vor unseren lustig-krummen Weihnachtsbaum gerückt. Das Holz im Ofen knistert in unserem Rücken vor sich hin, während wir den Kerzen beim Herunterbrennen zusehen und gemütlich eine Flasche Rotwein leeren. Später gibt es Brot und Käse wie an unserem ersten Abend im Wald. Bei der Erinnerung daran wird mir warm ums Herz, und ich danke dem Geist der Weihnacht, dass wir ihn hier und auf diese Weise feiern dürfen.

New York, Rio, Tokio

Die Umsätze im Laden sind stabil. Carsten und ich beugen uns über die Zahlen. Zwar sind sie nicht herausragend, aber auch nicht schlecht. Mittelmaß. Vom Laden leben können wir beide aber nicht. Dazu müssten wir noch mal kräftig investieren und einen Kredit aufnehmen. Das will ich nicht. Und Carsten auch nicht.

Wir haben uns im Restaurant nebenan ein paar Tapas geholt und sitzen im hinteren Ladenraum zusammen – eine Flasche Wein zwischen uns.

»Ich muss dir was sagen.« Er macht eine Pause.

Mein Herz rutscht mir in die Hose. Hat er mich etwa betrogen? Nun haben wir gerade das Haus gekauft ...

»Was denn? Nun sag schon! Los!«

»Ich glaube, ich bin kein Ladenmensch. Ich denke die ganze Zeit nur, was ich alles machen und schaffen könnte im Wald oder in der Werkstatt, während ich hier auf Kundschaft warte. Das tut mir nicht gut.«

Okay. Mir fällt ein Stein vom Herzen. Er hat mich also nicht betrogen.

Ich habe auch schon darüber nachgedacht. Wir verbringen so viel Zeit im Laden mit Warten. Klar, es ist toll, wenn jemand kommt, unsere Sachen mag und etwas kauft, aber das ewige Warten macht mir genauso wenig Spaß wie Carsten. Und wir müssen auch realistisch sein. Der Plan war, etwas auf die Beine zu stellen, damit wir beide zusammenarbeiten können. Und das hat bisher nicht ausreichend funktioniert.

Mein Ego fühlt sich deshalb ein bisschen gebeutelt. Eine Niederlage will ich mir nicht gern eingestehen.

Carsten scheint meine Gedanken zu lesen: »Es ist ja nicht so, dass unsere Idee nicht erfolgversprechend ist. Dass ein so ambitionierter Laden sich schon nach gut eineinhalb Jahren trägt, ist schon was Besonderes. Lass es doch erst einmal sacken. Und wir sprechen noch mal drüber, wenn du weißt, wie du dich damit fühlst.«

Aber ich weiß schon, wie ich mich damit fühle. Er hat recht. Wir sollten den Mietvertrag nicht auf weitere fünf Jahre verlängern. Das würde zwar bedeuten, dass wir dieses gemeinsame Zukunftsprojekt begraben müssen, aber mein Herz hängt jetzt schon mehr an unserem Haus im Wald, als es je an unserem Laden gehangen hat.

Wenig später ist der Laden Geschichte.

Wir müssen nur noch einen Teil unserer Sachen aus der Wohnung in Winterhude in den Wald bringen. Der andere Teil kommt in unsere kleine, neue, viel günstigere Wohnung im Heußweg.

Umziehen kann für manche Menschen ja auch ein Hobby sein. Mir macht es jedoch keinen großen Spaß. Ich hieve den letzten Karton mit den übrig gebliebenen Punktetassen in den gemieteten Transporter und schlage die Tür zu. Auf dem Bordstein vor dem Laden schaue ich noch ein letztes Mal durch das große Ladenfenster ins Innere.

»Tschüss, Laden. Du hast uns viel beigebracht.«

Ich werde aber vor allem Carsten vermissen, denn der Entschluss steht fest, dass er jetzt hauptberuflich unser Haus renovieren wird. Und das bedeutet, dass wir uns unter der Woche nicht sehen.

Der Plan, das Haus langfristig herzurichten, ist damit genauso Geschichte wie der Laden. Wir haben uns entschieden: Das Haus im Wald ist unser Place to be.

Wie wir das anstellen werden, immer dort leben zu können? Ich habe keine Ahnung. »Der Weg ist das Ziel« – nicht mein Lieblingsspruch … Carsten startet den Motor und lässt mich in Hamburg zurück. Wahrscheinlich nicht das letzte Mal.

»Heute habe ich entdeckt, dass der verdorrte Busch, den du im Herbst rausreißen wolltest, ganz hübsch blüht.«

Ich habe Carsten am Ohr, der mir von seinem Tag berichtet. Mich überkommt ein schreckliches Heimweh. Dieses Gefühl habe ich früher nicht gekannt.

»Hast du eine Ahnung, was es ist?«

»Ja, ich habe schon in unserem Bestimmungsbuch nachgeschaut. Es ist Flieder. Das Buch sagt, dass man den nicht so heftig beschneiden soll. Der erholt sich nur ganz langsam von einem starken Rückschnitt.«

Ups. Bei meinem allerersten Besuch ever in einem Baumarkt hatte ich eine riesige Astschere erstanden und dem Strauch eine Radikalkur verpasst. Vielleicht sollte ich mich das nächste Mal vorher informieren, bevor ich irgendetwas abschneide.

Da fällt mir das dornige, verholzte Gestrüpp an einer Ecke des Hauses ein. In dem hatte ich auch ganz schön herumgefuhrwerkt. Hoffentlich ist das nicht auch etwas so Schönes gewesen.

Im Hintergrund höre ich die Vögel zwitschern. Carsten scheint zu merken, dass ich mich nach dem Wald sehne.

»Nur noch zweimal schlafen, dann bist du ja auch wieder hier, und wir können den Garten gemeinsam inspizieren.«

Und dann ist plötzlich der Frühling da, und zwar laut. Morgens um fünf legen die Vögel mit voller Lautstärke los. In der Stadt ist mir das nie so aufgefallen. Hier höre ich viele unterschiedliche, fröhliche Gesänge und will wissen, wer was zu sagen hat. Zwei knallgelbe Schmetterlinge toben durch die Lüfte. Überall grünt es, und an jeder Ecke im Garten gibt es etwas Neues zu entdecken.

In New York hatte ich einen Yoga-Kurs besucht, und auch im Meridian habe ich immer fleißig meine Matte ausgerollt. Meine Mitgliedschaft habe ich gerade gekündigt. Ich gehe sowieso nicht mehr hin. Besser als jedes Work-out sind Renovierungsarbeiten am eigenen Haus. Mein Körper tut deshalb an allen Stellen weh, und da ist Yoga die beste Medizin.

Meine Matte lege ich dieses Mal direkt auf die Wiese in unserem Garten. Die Sonne scheint mir beim »herabschauenden Hund« auf den Rücken, beim »Kamel« entdecke ich einen großen Vogel am Himmel, und einer der gelben Schmetterlinge setzt sich bei der »Vorwärtsbeuge« auf meinen großen Zeh. Das gefällt mir, nur der unebene Boden ist etwas unbequem.

Während ich mich verbiege, donnert im Haus wieder der Presslufthammer. Die Fensteröffnungen werden um drei Backsteinreihen nach oben versetzt. Bei dieser Arbeit hilft uns ein liebenswerter, tatkräftiger Maurer aus der Gegend.

Zwischen zwei Presslufthammerintervallen höre ich plötzlich ein Geräusch. Ist das etwa ein Miauen? Wird gerade mein geheimer Wunsch nach einem Haustier erhört? Yoga und Presslufthammer müssen jetzt warten. Hoffentlich kommt das Geräusch gleich noch einmal.

Und da ist es. Es ist wirklich ein leises Miauen. Eine Katze. Ich versuche, herauszufinden, wo sie sich versteckt.

Das Miauen wird lauter, als ich in Richtung Scheune gehe. Hinter einem an die Wand gelehnten Brett, inmitten von Moos und Sägespänen, liegen drei kleine, aneinandergekuschelte Babykätzchen.

»Oh nein, wie süß!« Eins ist schwarz-weiß geringelt, eines rotweiß, und das letzte ist grau getigert.

Ich laufe so schnell ich kann ins Haus und hole Carsten.

»Wenn sie keine Mutter mehr haben, dann muss ich mich ja um sie kümmern! Dann gebe ich ihnen Milch, und sie bleiben bei uns! Ich würde sie so gern streicheln!«

Da mischt sich der Maurer ein: »Lieber nicht anfassen. Wenn es die Mutter noch gibt, dann wird sie sich nicht mehr um sie kümmern, wenn du sie angefasst hast.«

Das ist jetzt natürlich starker Tobak für mich. *So* süße Kätzchen, und ich darf sie nicht anfassen. Aber gut. Ich werde mich zusammenreißen.

Nach mehreren vorsichtigen Besuchen beim Katzenlager taucht am Abend die Mutter wieder auf. Sie faucht mich böse an, obwohl ich ihr einen großen Napf mit Katzenfutter hinstelle. Ich taufe die Kleinen New York, Rio und Tokio und die Mutter Clint, weil sie so unnahbar und cool ist.

Zwei Wochenenden bleibt sie mit ihren Jungen bei uns. Als ich am dritten Freitag in den Wald komme, ist die Katzenfamilie verschwunden. Nachdem sie ihren Nachwuchs aus dem Gröbsten raushatte, wird Clint es vorgezogen haben, an einen ungestörteren Ort umzuziehen. Wie gut ich sie verstehen kann.

Kuhfuß

Zu unserem ersten Hochzeitstag machen wir eine Party. Eine große Party. Unsere Gästeliste steht und zählt 120 Leute. Die Einladungen sind verschickt. Eckard, ein hiesiger Jäger, hat sich bereit erklärt, über einem Buchenfeuer ein ganzes Wildschwein zu grillen. Wir haben im Getränkemarkt 250 Liter Bier und eine Zapfanlage bestellt. Ich nähe seit Wochen Wimpelketten für die Deko und bin sehr damit beschäftigt, alle möglichen To-do-Listen zu erstellen. Unsere Freunde bringen Beilagen, Kuchen und Brot mit, und meine Mutter arrangiert die Blumendeko.

Bevor die Sause losgehen kann, soll aber im Haus noch einiges passieren. »Einiges« bedeutet in diesem Fall das Entfernen der Zwischendecke, die den Wohn- und Essbereich vom Obergeschoss trennt. Durch die Maßnahme würde ein großzügiger, hoher, loftartiger Raum entstehen. So hatten wir uns das vorgestellt, und wir können es kaum erwarten, ob unsere Vision dem Haus so gut steht, wie wir es vermuten.

»Für den Deckendurchbruch muss ich eigentlich nur noch einen Kuhfuß besorgen.«

»Ihhh. Wieso brauchen wir denn den Fuß einer Kuh, um die Decke herunterzureißen. Ist das eine Art Aberglaube?«

Carsten lacht. »Nein, das ist ein Werkzeug. Ich zeig es dir später.«

Als Carsten mit dem riesigen Kuhfuß das erste Loch in den Lehmputz der Decke reißt, kommt uns ein Haufen feiner, pulvriger Staub entgegen. Wenn unter dem weiß angestrichenen Putz jetzt überall dieser Staub ist, dann können wir uns einsargen lassen.

»Na, das wird doch nicht überall so sein?«, frage ich in der Hoffnung, dass Carsten verneint.

Stattdessen runzelt er die Stirn und legt den Kuhfuß erneut an. Mit einem Krachen kommt uns ein Stück Decke entgegen und offenbart, was uns nun erwartet. Unter dem Putz und einem Drahtgeflecht, das den Putz an der Decke stabilisiert hat, sind lange Bretter von unten an die Deckenbalken genagelt worden. Carsten zerrt an einem Brett, und zum Vorschein kommen weitere mit Stroh und Lehm umwickelte Bretter, die zwischen den Deckenbalken eingeschoben sind. Oben drauf, das wussten wir ja schon, liegt tonnenweise Lehm.

»Sollen wir es vielleicht doch lieber nicht machen und das Loch wieder kitten?« Die Frage steht im Raum, aber wir wissen beide, dass das keine Option ist.

Na, dann also los.

Der Staub ist überall. Ich kann die Hand vor meinen Augen nicht mehr sehen. Die Arbeit über Kopf ist unglaublich anstrengend. Wir setzen uns Helme auf, damit wir uns nicht verletzen.

Draht, Geröll, kiloweise Lehm, Bretter. Alles prasselt unvorhersehbar auf uns nieder, wenn Carsten mit dem Kuhfuß loslegt. Und dieses ganze Zeug muss ja auch noch irgendwo hin. Da Lehm ein natürliches Material ist, beschließen wir, hinten im Garten einen Hügel anzulegen. Ich schaufle den Lehm in die Schubkarre, fahre quer durch den Garten und entleere sie wieder. Unzählige Male. Immer und immer wieder. Der Staub sitzt in der Nase, in den Augen, die nun ständig tränen. Wir finden im Schutt einige Knochen, Knöpfe, alte Munition und einen Brief, dessen Zeilen leider so verwischt sind, dass wir ihn nicht mehr lesen können.

Montagfrüh bin ich fast ein bisschen froh, dass ich wieder nach Hamburg muss. Wir haben draußen im Zelt geschlafen, mir tut alles weh von der harten körperlichen Arbeit, und jede Mahlzeit hat beim Kauen geknirscht und nach Sand geschmeckt. Diese ganze Aktion – Nightmare with no return.

Als ich Freitag wieder in den Wald fahren will, fragt mich Sally: »Soll ich mitkommen? Ich kann euch ja helfen.«

Und wie gern ich sie mitnehme, ist wohl jedem klar.

»Von draußen sieht es ja ganz normal aus«, scherzt sie.

In dem Moment macht es drinnen einen lauten Rumms. Was war denn das? Carsten hat mir doch gesagt, dass er mit dem Entfernen der Zwischendecke fertig geworden ist. Ist vielleicht mit der Statik etwas nicht in Ordnung? Fällt jetzt unser ganzes Haus zusammen?

Vorsichtig treten wir ein. Und da steht mein Mann mit einem Vorschlaghammer bewaffnet. Er holt aus und drischt auf das letzte Stück Mauer ein, das von der Wand zwischen Ess- und Wohnzimmer übrig geblieben ist. Erschrocken halten wir uns die Ohren zu, während die Steine durch die Gegend fliegen. Mir bleibt das Herz stehen. Der größte Teil des Hauses besteht jetzt wirklich nur noch aus den Außenmauern und dem Dach.

»Ich habe euch noch gar nicht erwartet.« Das ist alles, was ihm dazu einfällt.

Durch eines der Giebelfenster, die ich nun vom Erdgeschoss aus sehen kann, scheint ein einsamer, breiter Sonnenstrahl auf nackte, unverputzte Backsteinwände, Lehm, Stroh, Geröll und

Tausende von Backsteinen, die mal eine Wand gewesen sind. Anscheinend bis gerade eben noch.

Mir fehlen wirklich alle Worte, und auch Sally ist ziemlich still.

Wir hatten ja besprochen, dass neben der Zwischendecke auch irgendwann die Wand weichen sollte, aber jetzt schon? Eine Woche vor unserem Sommerfest? Wie sollen wir das denn bis dahin aufräumen?

»Ich habe mir vorhin zum tausendsten Mal den Kopf an der viel zu niedrigen Tür gestoßen, und da dachte ich: Jetzt bist du fällig. Und es sieht doch super aus. Oder etwa nicht?«

Ich brauche jetzt erst einmal ein Bier – oder besser einen Schnaps.

Carsten reicht Sally und mir einen Wodka, und nach dem ersten Schluck geht es mir ein bisschen besser. Jetzt bin ich in der Lage, mir meine Visionsbrille wieder aufzusetzen, und kann erkennen, dass es genau so werden wird, wie wir es uns vorgestellt haben. Unsere Idee, im Inneren dieses hutzeligen Waldhauses ein großzügiges Loft entstehen zu lassen, ist Wirklichkeit geworden. Der Schock weicht Vorfreude und Elan. Wir schaffen das!

»Das kann doch nur verboten sein«, krähe ich.

Carsten will in unserem Garten ein Feuer machen. Unser erstes Lagerfeuer. Gleich wird sie hier sein: meine gute alte Polizei. Nein, dieses Mal ja erst die Feuerwehr und im Schlepptau die Polizei. Und dann kommen wir ins Gefängnis. Ganz sicher.

»Meinst du wirklich, dass wir hier einfach so ein Feuer entzünden dürfen?«

»Ja. Meine ich. Das ist unser Grundstück, und Feuermachen ist nicht verboten. Außerdem besteht bei dieser Witterung keine Waldbrandgefahr, und es gibt auch keine Nachbarn, die der Rauch stören könnte. Ganz sicher!«

Die Dämmerung hat eingesetzt. Mir ist das Ganze nicht geheuer. Aber kurz nachdem Carsten das Feuer entzündet hat und die

Flammen an den Hölzern lecken, hat es mich auch schon in seinen Bann gezogen. Meine Bedenken zerstreuen sich, und ich starre gedankenfrei in die Glut. So sitzen wir da und sprechen nur hin und wieder ein Wort. Mir tun alle Knochen weh von der anstrengenden Arbeit des Tages. Wahrscheinlich werde ich im Traum noch Schubkarre um Schubkarre mit Schutt beladen. Ich will mich einfach nur hier hinlegen und für immer schlafen. Und da es im Zelt sowieso zu warm ist, beschließen wir spontan, genau das zu tun.

Ein gellender Schrei weckt uns alle drei gleichzeitig mitten in der Nacht auf. Jetzt sind wir dran, denke ich. Das Geräusch wiederholt sich und klingt nun eher wie ein schreiendes Bellen. Was ist das bloß? Wir drei sind vom Schlaf noch ziemlich benommen, aber Sally hat eine Idee: »Vielleicht ist das ein Fuchs. Die bellen manchmal so.«

»Ganz ehrlich. Ich hoffe für uns, dass es nur ein Fuchs ist ...«

Wildschwein-Party

Ich renne von einer Ecke des Hauses zur anderen Ecke des Gartens, drücke Caro einen Besen in die Hand, vergesse, dass ich Cord sagen wollte, dass er die Bänke bauen soll, gebe meiner Mutter einen Topf in die Hand statt der Vasen, in die sie die Blumendeko stecken will. Ich helfe Carsten beim Spannen der Regenplane, obwohl ich die Wimpelketten aufhängen wollte, zerre an zum Sitzen gedachten Strohballen, die auf dem Weg zum Lagerfeuer einfach auseinanderfallen, und greife in einen rostigen Nagel, als ich das letzte Brett von der Zwischendecke aus dem Haus tragen will.

Dann regnet es. Doll. Heuballen, Kissen, Wimpelketten, Tische – alles nass. Ich bin fertig mit den Nerven, und es ist gerade mal zehn. In drei Stunden kommen unsere Partygäste.

Carsten ist wieder die Entspanntheit in Person. Gibt es eigentlich irgendetwas, das diesen Mann aus der Ruhe bringen kann?

Und als hätte er es gewusst, fügt sich alles irgendwie. Alle, die schon da sind, packen mit an, und als die weiteren Gäste kommen, steht alles so weit. Nur das Wetter will uns nicht helfen. Immer wieder heftigste Regengüsse, gefolgt von strahlendem Sonnenschein. Der Weg zu unserem Haus ist eine einzige Schlammpiste.

»Ja, genau. Die Sandpiste hinter dem Feld, auf dem die Heuballen liegen. Da musst du reinfahren. Wieso? Du bist mit deinem alten Mini Cooper unterwegs. Mmh. Das wird auf jeden Fall ein Abenteuer.«

Die anderen Anrufer sind verzweifelte Freunde, die nicht auf unsere Wegbeschreibung, sondern auf ihr Navi gehört haben und jetzt überall verstreut in unserem Wald herumfahren. Zwei haben sich schon getroffen und suchen seit einer halben Stunde gemeinsam unser Haus. Wenigstens ist das Handynetz heute trotz des Wetters einigermaßen stabil, sonst würden einige unserer Gäste wohl nie ankommen.

Eins haben alle gemeinsam: Sie sind bei ihrer Ankunft überrascht, wenn nicht schockiert.

»Ihr hättet es hier mal vor einer Woche sehen sollen – da hatte Carsten gerade die Wand weggeschlagen ...«

Die Blicke sprechen Bände. Keiner kann sich vorstellen, dass es vor einer Woche noch schlimmer ausgesehen haben soll.

»Das ist aber noch ganz schön viel Arbeit«, höre ich mehr als einmal. Ich bin empört. Richtig viel Arbeit. Na klar, aber wir haben doch schon so viel geschafft: das Dach gedämmt, Putz entfernt – zumindest in ein paar Zimmern –, Decke raus, Wand raus, hier sieht es doch schon super aus!

Als Carsten und ich auf unser Fest anstoßen, flüstere ich ihm zu: »Du, ich glaube, die halten uns alle für wahnsinnig.«

Carsten nickt. »Ja, aber das sagen sie nicht. Sie sagen immer nur: Das ist ja noch ganz schön viel Arbeit.«

Ihm muss es beim Begrüßen seiner Freunde also ähnlich gegangen sein.

»Habt ihr denn eigentlich gar keinen Festnetzanschluss?«, fragt eine Kollegin. Als ich verneine, bekommt sie große Augen. »Das heißt, ihr habt *kein Internet?*«

»Nein, wir haben hier kein Internet, und das ist auch so gewollt.«

»Habt ihr denn wenigstens Fernsehen?«

»Auch das nicht.«

»Wow. Das könnte ich ja nicht. So ganz ohne alles. Wird euch denn nie langweilig?«

Langweilig? Wie könnte mir denn hier jemals langweilig werden? Mir fallen all die Dinge ein, die wir im Haus und im Garten umsetzen wollen, alle Extras, die uns noch dazu immer wieder neu einfallen, und dann die Natur, die ich stundenlang beobachten könnte, wenn ich nicht so viel zu tun hätte. Aber wie kann ich das erklären. Ich entscheide mich für: »Nein, uns ist nie langweilig. Ist ja auch noch ganz schön viel Arbeit.«

Der Regen will unbedingt auch mitfeiern. Immer wieder gibt es sintflutartige Intervallschauer, aber die Party kommt trotzdem in Gang. Am frühen Abend zeigt sich wieder die Sonne und bleibt dieses Mal. Gerade rechtzeitig zum Anschneiden des Wildschweins. Es wird vom Feuer genommen und auf einem Zerlegetisch deponiert. So ein ganzes Tier braun geröstet hier vor mir. Und das soll ich jetzt anschneiden? Carsten und ich greifen beherzt jeder eine Keule und schneiden es gemeinsam an wie eine Hochzeitstorte. Ich probiere das Fleisch, obwohl mir eigentlich nicht danach ist. Und es ist das beste Fleisch, das ich je gegessen habe. Unsere Freunde und die Familie sind begeistert. Alle greifen kräftig zu. Bei Wildschwein und Bier.

Bis spät in die Nacht sitzen wir mit dem hart gesottenen Kern am Lagerfeuer, sind betrunken und sehr glücklich über dieses Fest der ganz besonderen Art.

Am nächsten Morgen scheint die Sonne vom Himmel, als hätte dieser nie davon gehört, dass er auch Regen von sich geben kann. Ich bin ein bisschen beleidigt. Das hätte doch gestern schon so sein können. Caros Dackel Purzel läuft an mir vorbei. Im Maul hat er einen riesigen Knochen vom Wildschwein, der fast so groß ist wie er selbst. Durch das Gewicht des Knochens hat er beim Laufen einen leichten Rechtsdrall und sieht aus, als hätte auch er ein bisschen zu tief ins Glas geschaut.

Unsere Hood

Nach einem herrlichen Hochsommer mit viel Arbeit verbringen wir dieses Jahr unseren Herbsturlaub im Wald. Das Handy bleibt aus. Mein Drang, ständig zu kommunizieren, nimmt immer mehr ab. Zwischendurch vergesse ich sogar, dass ich ein Telefon habe.

Mittlerweile ist die Terrassentür eingesetzt worden, und der große Wohnraum ist verputzt. Wir nutzen die ersten freien Tage, um die Wände weiß anzumalen. Carsten hat, inspiriert von einer Strandtaverne in Griechenland, vor dem Verputzen in mühevoller Handarbeit mit Hammer und Meißel fünf kleine Nischen in das Mauerwerk geschlagen. Diese bestücken wir mit weißen Windlichtern, sobald wir unsere Malerarbeiten beendet haben.

Ein Jahr ist es her, dass wir endlich den Schlüssel für unser Haus in den Händen hielten. Die Deckenbalken sind immer noch voller Nägel, Löcher und Lehm, der Dielenboden liegt nach wie vor direkt auf dem Sand des Waldbodens. Bad, Flur und Küche sind noch nicht gefliest. Die Mäuse gehen nach wie vor ein und aus, und einige Zimmer sind noch nicht mal ansatzweise entkernt. Aber wir haben weiße Wände im größten Raum des Hauses. Und sündhaft teure, aber wunderschöne runde schwarze Steckdosen und Lichtschalter im klassischen Bauhausstil von Berker. Darum ist nun erst einmal kein Geld mehr für die Fliesen übrig.

Wir setzen uns auf den Boden und betrachten unser Werk. Die Windlichter in den Nischen haben wir entzündet. Es sieht genauso aus, wie wir es uns vorgestellt haben. Der Loft-Charakter, den wir durch den Deckendurchbruch erreichen wollten, tritt durch die weißen Wände noch viel besser zutage. Der Kontrast zu den grünen und herbstlich bunten Blättern draußen lässt das Weiß der Wände noch strahlender und heller erscheinen.

Es ist ein traumhafter Altweibersommer. Wir unternehmen lange Fahrradtouren und erkunden die Gegend. Am Wegesrand entdecke ich Sträucher, an denen kleine dunkelrote Beeren hängen.

»Das müssen Fliederbeeren sein.« In meiner Kindheit klingelte im Herbst immer eine Frau an unserer Tür, die aus ihrem Fahrradkorb heraus Fliederbeersaft verkaufte.

»Meine Großmutter hat die auch immer zu Saft verarbeitet«, erinnert sich Carsten.

Das können wir auch. Mit Messern, Scheren, Eimern und Plastiktüten bewaffnet fahren wir erneut los und greifen beherzt zu. Zurück zu Hause baut Carsten vor dem Haus einen Tisch und eine Bank auf. Stundenlang streifen wir die lilafarbenen Fruchtperlen von den Rispen und lassen uns dabei von der Sonne wärmen. So müsste es immer sein.

Wir kochen die Fliederbeeren und pressen sie mit viel Kraft und großer Sauerei durch ein Baumwolltuch. Am Ende halte ich zwei Fläschchen Saft, einen knappen Liter, in meinen Händen. Der Saft schmeckt ungesüßt furchtbar. Aber heiß und mit der richtigen Menge Honig ist er sehr lecker und wärmt uns am Abend.

»Au. Was war das denn? Das tut ja total weh.«

Gerade habe ich Alfred zum wiederholten Mal aus der Mäusefalle nach draußen begleitet, da trifft mich etwas Hartes an der Schulter. Neben mir liegt eine Quitte. Ein Windstoß hat die reife Frucht wohl dazu bewegt, sich vom Ast des Baumes vor unserem Haus zu lösen. Das ist ja lebensgefährlich! Mir war nicht klar, wie hart diese Früchte sind. Wie Steine. Roh sind die Dinger nicht zu genießen. Wozu sind die überhaupt nütze? Meine Recherchen ergeben: Chutney, Kompott und Saucen. So richtig schmackhaft sind meine ersten Versuche nicht. Und es kostet sehr viel Kraft, diese

Früchte zu verarbeiten. Ich gebe auf, und weil ich nicht will, dass die restlichen Früchte vergammeln, bringen wir sie zu einer Bäuerin im nächsten Dorf.

»Ihr müsst Gelee daraus machen«, erklärt uns die Bäuerin.

Aha. Und wie kriegt man für das Gelee den Saft aus diesen Steinen?

»Natürlich müsst ihr euch einen Entsafter anschaffen. Alles andere macht ja gar keinen Sinn.«

Ach so. Na ja, wenn das so ist.

Trotz des Quittendebakels geht uns die Idee, Lebensmittel aus eigener Ernte haltbar zu machen, nicht mehr aus dem Kopf.

»Ein Gemüsegarten. Das wäre doch toll. Und ein Keller mit lauter guten Vorräten für den Winter.« Mein Gott, das ist total romantisch. Dann sind wir eingeschneit und haben keinen Strom mehr, aber können uns von Sauerkraut und Honiggurken ernähren.

»Meine Oma hat hin und wieder auch Soßen eingeweckt oder wie das heißt. Deine auch?«

Carsten nickt.

Zwei Bücher gehören zur Basic-Literatur für Selbstversorger: *Der Biogarten* von Marie-Luise Kreuter und *Das neue Buch vom Leben auf dem Lande* von John Seymour. Wir bestellen sie in der hiesigen Buchhandlung und verschlingen im Garten liegend ein Kapitel nach dem anderen. Was man nicht alles so machen kann, wundere ich mich. Ein Komposthaufen muss auf jeden Fall sofort her.

»Guck mal, da fährt schon wieder dieses Auto vorbei. Und dann in diesem Schneckentempo. Was das wohl soll?« Misstrauisch schaue ich zum Waldweg vor unserem Haus, wo ein Wagen langsam dahinkriecht. Ich habe dieses verdächtige Auto schon ein paarmal an uns vorbeischleichen sehen. Bin ich schon wie eine dieser alten Damen, die neugierig durch die Gardinen linsend ihre Nachbarn beobachten?

Dieses Mal hält der Fahrer auf einmal an, lässt die Scheibe herunter und ruft: »Hallo! Schon inne Pilze gewesen?«

Ich verstehe nur Bahnhof. »Guten Tag! Bitte wo?«

»Na, inne Pilze!«

»Entschuldigung, aber ich weiß gar nicht, wo Innepilze ist.«

Der Mann guckt mich irritiert an.

»Wo soll das denn sein, Innepilze? Hier in der Nähe? Also, falls Sie eine Wegbeschreibung haben möchten, kann ich Ihnen die leider nicht geben.«

Er räuspert sich: »Waren Sie schon Pilze sammeln?«

Was für Pilze denn? »Nein, wieso?«

Jetzt schaut mich der Mann an, als wäre ich völlig verrückt geworden.

»Na ja, immerhin wohnen Sie im Wald, und wer im Wald wohnt, der geht normalerweise auch inne Pilze und weiß, wo gute und viele Pilze wachsen, und eben danach habe ich Sie gefragt.«

Nun fällt der Groschen bei mir. »Innepilze« heißt »in die Pilze«, und das wiederum heißt hier in der Gegend wohl »Pilze sammeln gehen«.

»Nein, tut mir leid. Ich habe keine Ahnung. Ich habe hier noch nie Pilze gesehen.«

Kopfschüttelnd hebt der Mann die Hand zum Gruß, lässt die Scheibe wieder hoch und fährt weiter.

Nun fällt mir auch ein, warum er so langsam fährt. Wahrscheinlich hält er beim Fahren Ausschau nach den Champignons.

»Aber die kann ich auch umtauschen, oder?« Einen Tag später habe ich Geburtstag – und freue mich nicht über mein Geschenk. Denn es ist etwas, das ich nicht haben wollte: Carsten hat mir doch tatsächlich Wanderstiefel geschenkt.

Da er mit meiner Reaktion gerechnet hat, ist er wenigstens nicht sauer: »Jetzt probier sie doch erst einmal an.«

Ich murre und maule, ziehe die Stiefel aber an und laufe ein paarmal auf und ab: ungewohnt, so einen festen Sitz in einem Schuh zu haben, aber nicht unangenehm. Sogar ziemlich angenehm, wenn nicht sogar bequem. Und so von oben betrachtet sehen die Dinger gar nicht mehr so klobig aus. Mmh.

»Die sind wasserdicht!«

Er weiß also, dass ich nach dem Spazierengehen immer nasse Füße habe. Ich schmunzle in mich hinein. Vielleicht behalte ich die Stiefel ja doch …

Dann bekomme ich noch ein Geschenk: eine wunderschöne lange schwarze Strickjacke, in die ich mich vor ein paar Wochen beim Bummeln in Hamburg verliebt habe. Anscheinend weiß er nicht nur, dass ich nach dem Spazierengehen nasse Füße habe, sondern auch, welches Kleidungsstück unbedingt in meinen Kleiderschrank gehört.

Der aufregendste Urlaub meines bisherigen Lebens geht kurz nach meinem Geburtstag zu Ende. Erst am Morgen meines ersten Arbeitstags kann ich mich von unserem Zuhause trennen. Ich fahre mit dem Zug in die Stadt.

Nach diesem längeren Aufenthalt im Wald bin ich fast schon großstadtentfremdet. Die Menschenmassen am Hauptbahnhof überfordern mich völlig. Die Gerüche, der Lärm, die hektischen Menschen, die an mir vorbeihasten. Auf dem Bahnsteig rempelt mich ein Typ an. Ich schwanke. Er rast weiter und entschuldigt sich noch nicht einmal.

Die letzten beiden Wochen gab es nur die Natur und uns. Ich habe ganz vergessen, dass es auch noch eine andere, eine schnellere Welt gibt.

Ich bleibe kurz stehen und halte die Luft an. Dann reihe ich mich in den Menschenstrom ein, bewege mich in der unanrempelbaren Angepasstheit als Teil der Masse schnell in die vorgegebene Richtung und erreiche ohne weitere Zusammenstöße mein Büro.

Nach einigen Stunden habe ich mich schon wieder an die rasante Geschwindigkeit und den Büroalltag gewöhnt, aber meine Sehnsucht nach der Ruhe und Gemütlichkeit des Waldes ist größer denn je.

Kurzer Prozess

Auf Zehenspitzen schaue ich in den provisorischen Spiegel, der viel zu hoch an der Wand des Zimmers hängt, das mal ein Bad war und irgendwann wohl auch wieder eins werden soll. Im Moment sieht es hier aber so aus, als hätte ein Tornado alle Annehmlichkeiten, die ein Badezimmer ausmachen, mit sich gerissen. Geblieben sind nackte Backsteinwände und loser Sandboden. Eine Toilettenschüssel steht in der Mitte des Raumes, und aus einem Loch in der Decke quillt Dämmwolle. Womit wir bei meinen Haaren wären oder bei dem, was daraus geworden ist.

Meine Haare sind eigentlich lang, dick, gesund und glänzen kastanienbraun. Wenn ich sie nach dem Waschen nicht ganz trocken geföhnt in einem Dutt zusammenbinde und diesen dann einige Stunden später wieder öffne, fallen sie mir in sanften Wellen über die Schultern. Ich liebe meine langen Haare. Eigentlich. Von sanften Wellen über Schultern kann nun aber schon länger keine Rede mehr sein. Denn über meiner Stirn türmt sich eine vogelnestartige, wirre Konstruktion auf. Meine Kopfhaut juckt, aber meine Finger finden kein Durchkommen durch dieses verfilzte Durcheinander. Kratzen fällt aus.

Gestern erst habe ich meine Haare gewaschen. Und zwar auf die Wald-Art: Feuer machen im Küchenherd, zwei große Töpfe mit Wasser aus dem Brunnen erhitzen, Haare über Kopf in den ersten Topf, Staunen über die braune Farbe des Wassers im Topf, Haare schamponieren, Kopf mit nassen Haaren über die Wanne halten und mit Wasser aus dem zweiten Topf von Carsten übergießen lassen. Danach bürstete ich eine halbe Stunde an mir herum, bis alle Knoten in Längen und Spitzen verschwunden waren. Was für ein schönes Gefühl!

Nur wenige Stunden auf unserer Dauerbaustelle »Traumhaus im Wald« haben meine zweistündige Prozedur vom vorherigen Abend allerdings schon wieder zunichtegemacht. Dem Lehmstaub kann ich nicht entkommen. Er ist auf meiner Haut, lässt meine

Augen tränen, setzt sich in meiner Nase und sämtlichen anderen Körperöffnungen und -ritzen fest und verdreadlockt meine Haare quasi über Nacht.

Den Deckendurchbruch haben meine Haare und ich ja noch ausgehalten, aber jetzt sind wir fertig miteinander. Eine andere Lösung muss her.

Dirk kenne ich, seit ich zwölf bin, und so lange schneidet er auch schon meine Haare. Vor ein paar Tagen habe ich beherzt zum Telefon gegriffen und seine Nummer gewählt, um einen Termin in seinem Hamburger Salon zu vereinbaren.

Dieses Mal wird es nicht beim Schneiden der Spitzen bleiben. Jetzt, so im Plastikumhang, vor dem großen Spiegel sitzend, wird mir dann doch etwas mulmig zumute. Wie werde ich wohl aussehen, was wird Carsten zu meinem neuen Look sagen, und wie passt die Frisur dann zu meinen Klamotten? Ich zögere. Aber die mutige Franzi in mir sagt: »Ein Haus mitten in der Pampa kaufen und jetzt nicht den Schneid haben, Haare zu lassen? Ich glaub, du spinnst!«

»Und was machen wir?«, fragt mich mein Friseur. Ich betrachte meine lange dunkle Mähne im Spiegel.

»Abschneiden!«

Ich beschreibe noch kurz, wie ich auszusehen gedenke, und Dirk legt los.

Ich schließe meine Augen, höre die Schere klappern und sehe die langen Strähnen im Geiste zu Boden fallen.

»Hör doch mal auf, so rumzuzappeln«, ermahnt mich Dirk. Aber mir fällt es schwerer und schwerer, still zu sitzen. Ich schwitze, und meine Beine kleben an dem Ledersessel.

Vorsichtig öffne ich die Augen. »Oh nein!«

Aus dem Spiegel schaut mir Mireille Mathieu entgegen. Dirk stoppt die Schnippelei, stützt einen Ellbogen auf seiner Hüfte ab und hält die Schere in die Luft. »Haben wir uns etwa falsch verstanden?«

Das haben wir. Ich wollte einen Bob, aber nicht mit Pony. Carsten fällt mir ein, der schon oft behauptet hat, bei meinen viel zu knappen Erklärungen müsse man sich immer die Hälfte selbst dazudenken. Ohgottohgottohgott! So kann das nicht bleiben.

»Das geht so nicht«, stammle ich mehr zu mir selbst als zu Dirk. Am liebsten würde ich in einem Loch im Erdboden verschwinden und so lange da bleiben, bis meine Haare wieder ihre ursprüngliche Länge haben – und unser Haus endlich fertig ist. Schnell jedoch wird mir klar: Solche magischen Erdbodenlöcher gibt es nicht, und deshalb muss sofort eine Lösung her. Außer bei Hauskäufen und der Auswahl des Ehemannes bin ich ja keine Frau der schnellen Entscheidungen.

»Und? Was machen wir nun? Ankleben geht ja schlecht.« Dirk ist verständnisvoll mitverzweifelt. Er schlägt vor, die Haare richtig kurz zu schneiden. Wir schauen gemeinsam in eine seiner Fachzeitschriften. Die Frau mit dem Kurzhaarschnitt, die mir dann aus der Zeitschrift entgegenblickt, sieht so aus, als wäre sie eine selbstbewusste, kluge Person, die dazu in der Lage ist, ihrem Friseur das richtige Briefing für ihre Wunschfrisur zu geben. Am Hinterkopf misst ihr Haar raspelkurze ein bis zwei Zentimeter. Sie hat einen Undercut an den Seiten, auf dem Kopf ist das Deckhaar etwas länger, mit einem Seitenscheitel und einem angedeuteten Pony vorne.

Ich tippe auf das Foto. Wenig später fasse ich mir ungläubig an den Hinterkopf, den Dirk mit einem Rasierer bearbeitet hat. Krass, wie groß mein Gesicht ist. Gruselig. Aber irgendwie auch cool. Ich weiß noch nicht so recht, was ich von mir halten soll. Und Carsten? Was wird Carsten von mir halten? Irgendwann hatten wir mal darüber gesprochen, ob er auch kurze Haare an Frauen gut finden würde. Und er sagte ganz süß: »Dir steht sowieso alles.« Glücklicherweise fällt mir das jetzt wieder ein, aber ein komisches Gefühl bleibt trotzdem. Am besten, ich kauf mir noch ein paar Klamotten zu meinen neuen Haaren, damit der Look auch rund ist, wenn ich meinem Gatten gegenübertrete.

Hoffentlich findet er nicht, dass ich aussehe wie ein Junge. Hoffentlich findet er mich noch sexy. Hoffentlich höre ich bald auf, mir so bekloppte Gedanken zu machen! Meine Güte, ich bin eine erwachsene Frau, die jetzt eben eine Kurzhaarfrisur trägt. Das ist doch wirklich keine große Sache.

Aber was, wenn er mich verlässt?

So, Schluss jetzt! Ich zahle und begebe mich in den Klamottenladen meines Vertrauens. Dort finde ich eine graue Baggy-Pants und einen schlichten schwarzen Rollkragenpullover. Eigentlich bin ich ja mehr der Kleider-Typ, aber mit den kurzen Haaren mag ich mich darin plötzlich nicht mehr leiden.

Das neue Outfit passt. Ich fange an, mich in meiner Kurzhaar-Haut wohlzufühlen. Bevor ich in den Lupo steige, um zurück in den Wald zu fahren, setze ich mich in ein Café und bestelle einen Cappuccino. Noch kurz zur Toilette, dann kann es losgehen. Auf dem Weg dahin nehme ich aus dem Augenwinkel wahr, dass mir eine Frau folgt. Ich drehe mich um, aber da ist niemand. Ich gehe ein paar Schritte zurück, und da stehe ich vor einer verspiegelten Wand und sehe, na ja, nun: mich.

Auf der Fahrt in den Wald kann ich nicht umhin, mir immer wieder in meine Haare zu fassen und in den Rückspiegel zu schauen.

Als ich zu Hause ankomme und den Motor abstelle, wird mir doch wieder etwas mulmig zumute. Ich bleibe noch einen Moment im Auto sitzen und atme tief durch. Dann öffne ich die Tür.

Carsten kommt mir entgegen. Er schaut überrascht und lächelt. »Wow. Damit habe ich jetzt nicht gerechnet, aber du siehst super aus.«

»Denkst du das wirklich?«

»Ja, die kurzen Haare stehen dir richtig gut. Du siehst viel selbstbewusster und sehr strahlend aus.«

Wie es scheint, hat Carsten mich nicht nur wegen meiner Haare geheiratet.

Waschmaschinen-Blues

Die Bauarbeiten schreiten voran, aber mir geht es immer noch viel zu langsam. Ich bin ungeduldig. Ich will, dass jetzt sofort alles fertig ist. Nur leider ist der Kredit, den wir aufgenommen haben, aufgebraucht.

Und was machen wir nun? Den Kredit aufzustocken, kommt für mich nicht infrage. Ich finde es jetzt schon schrecklich, mit dieser ja noch relativ überschaubaren Summe verschuldet zu sein. Mehr geht nicht. Ich muss also lernen, mich zu gedulden. Und mich mit dem zufriedenzugeben, was wir so schaffen. One step at a time.

Mir kommt eine Idee: »Was hältst du davon, wenn wir die Wohnung im Heußweg kündigen, und ich nehme mir ein Zimmer zur Untermiete. Damit würden wir bestimmt vierhundert Euro sparen.«

»Ich weiß nicht. Das ist bestimmt nicht schön für dich.«

»Ich wäre ja sowieso fast nie da. Und zwischendurch kann ich bestimmt auch mal bei Sally, Caro oder den anderen übernachten. Und vierhundert Euro ist doch echt ein Wort.«

Nun – etwa zweieinhalb Jahre nachdem wir den Schlüssel für unser Traumhaus ausgehändigt bekamen – sind also all unsere Sachen im Wald.

Sogar unsere Waschmaschine. Sie steht im Badezimmer schon an der richtigen Stelle. Später, wenn das Haus einmal fertig ist, wird sie mit einem von Carsten gebauten Schrank verkleidet sein. Dieser Schrank wird Lamellentüren haben, antike Porzellangriffe, und oben drauf wird eine dicke weiße Holzplatte liegen, auf der ich meine Wäsche direkt zusammenlegen kann.

Der Schleudergang der Waschmaschine reißt mich aus meinen Träumen. Oh, schon halb zwölf? Dann stelle ich die Maschine lieber ... Ach nein. Hier stört es ja niemanden, wenn die Maschine noch um Mitternacht durch die Gegend rumpelt. Komisch, dass der erste Schleudergang im Wald so ein starkes Zu-Hause-sein-Gefühl bei mir auslöst.

In dem kleinen WG-Zimmer im Souterrain eines schönen Wohnhauses in Winterhude heule ich mir dann später die Augen aus dem Kopf. Wieder in diesem Viertel, aber dieses Mal ohne Carsten. Und ohne Waschmaschine. Selbst die ist jetzt im Wald. Nur ich nicht. Was soll ich denn hier?

Mein Verstand antwortet prompt: »Na, du musst arbeiten und Geld verdienen, deshalb bist du hier!« Damit bin ich nicht einverstanden. So hatte ich mir das zwar ausgedacht, aber nicht damit gerechnet, wie ätzend sich das anfühlt.

Die Jobangebote in der näheren Umgebung unseres Waldes, die zu mir passen, sind jedoch nicht annähernd so gut bezahlt wie mein jetziger Job. Und weniger Geld verdienen ist im Moment einfach nicht drin. Es ist schwer, die Situation so zu akzeptieren, wie sie jetzt eben ist, aber was bleibt mir anderes übrig?

Jeden Montagmorgen, bevor Carsten mich in aller Herrgottsfrühe zum Zug bringt, mit dem ich deutlich schneller in Hamburg bin als mit dem Lupo, begebe ich mich für meinen Kaffee auf die Hollywoodschaukel und nehme schweren Herzens Abschied für die Woche.

Herbst

»Hast du das auch gehört?«

Carsten nickt, und wir lauschen in den Wald hinein. Es hört sich an, als würden zwei hölzerne Stöcke aneinandergeschlagen. Langsam habe ich mich zwar an das Geschrecke, Gebelle und Geraschel des Waldes gewöhnt und fahre nicht mehr jedes Mal aus der Haut, wenn ein Reh seine Artgenossen warnt, Peterle durchs Unterholz wuselt oder ein Fuchs heiser nach seiner Füchsin bellt. Aber dieses Geräusch ist mir neu.

»Was ist das? Vielleicht der Lärm eines Fantasy-Rollenspiels, bei dem mit Holzschwertern gekämpft wird?«

Wir können es uns nicht erklären.

Am nächsten Abend geht der Spaß von vorne los. Sollen wir nachschauen gehen? Im Dunklen? Carsten hat schon die Mag-Lite gezückt.

»Lass uns das lieber lassen. Wer weiß, was da los ist«, werfe ich ein. Ich bin nicht darauf erpicht, im Dunklen durch den Wald zu tappen, um einen Schwertkampf zu stören.

Und eigentlich haben wir ja auch gerade ganz andere Sorgen: Wer keine Heizung hat, der braucht Holz für seinen Ofen. Trockenes Holz. So einfach ist das. Trockenes Holz aber ist Holz, das mindestens ein Jahr lang vor Regen geschützt gelagert wurde. Das haben wir diesen Winter nicht.

Dumm gelaufen: Letztes Jahr war alles so neu, und wir hatten so viel zu tun, dass wir überhaupt nicht daran dachten, uns um neues Holz zu kümmern.

Eckard, der Jäger, der für unsere Party das leckerste Wildschwein der Welt gegrillt hat, weiß dann zum Glück schließlich Rat oder, besser gesagt, eine Lösung: Er hat einen Holzbetrieb und verkauft uns einen großen Hänger voll mit trockenem Buchenholz zu einem guten Preis.

Tags darauf schüttet er schon die Scheite vor unsere Scheune – nicht ohne ein bisschen zu spotten: »Mitten im Wald wohnen, aber kein Holz für den Ofen haben ...«

»Wir haben noch nicht einmal eine Kettensäge!«, rufe ich. Das sollte eine Entschuldigung sein, aber ich glaube, Eckard hält uns für irre. Kopfschüttelnd und mit einem Schmunzeln steigt er auf seinen Trecker. Und wir haben den ganzen Nachmittag damit zu tun, das Holz aufzustapeln.

Carsten hat ein Ständerwerk an der Scheune errichtet. Vier große Fächer, in die wir das Holz hineinlegen können. Eine Heidenarbeit. »Was könnten wir jetzt alles machen, wenn wir nicht das Holz stapeln müssten.«

Nun schüttelt Carsten den Kopf. »Watt mutt, datt mutt.«

Wenigstens sind wir in diesem Herbst mit Blick auf das kommende Jahr schon ein bisschen schlauer. Carsten hat sich mit einem Bekannten zusammengetan. Die beiden gehen an den Wochenenden los, sägen vom Sturm gefällte Bäume klein, laden die Klötze auf den Hänger und teilen die Ernte später untereinander auf. »Holz machen« heißt das Ganze. Holz machen! Dass ich mal wissen würde, was das bedeutet, finde ich schon lustig.

Merkwürdigerweise macht mir die Stapelei nach einiger Zeit Spaß. Wie befriedigend es ist, den ordentlichen Holzstapel wachsen zu sehen!

Drei Stunden später schmerzt mein Rücken, aber wir sind fertig.

Mit dem letzten Rest heißen Fliederbeersaftes, dieses Mal gleich richtig gesüßt, stoßen wir auf unser Werk an. Dabei sitzen wir auf den schönen Hockern, die ich zusammen mit einem kleinen Tisch zur Ottersbekallee-Zeit für unsere damalige Küche gekauft habe. Das rustikale Ensemble passt viel besser hierher, in den Wald.

Wir betrachten die Scheunenwand mit dem trockenen Holz und freuen uns darüber, dass wir im Winter nicht frieren müssen. »Holz heizt dreimal«, so heißt es. Einmal beim Kleinmachen, einmal beim Stapeln und einmal, wenn man es schließlich verheizt. Und ich sage: So ein fertiger hübscher Stapel wärmt auch noch ein viertes Mal – nämlich das Herz.

»Ist dir eigentlich klar, was es bedeutet, dass wir unser Haus nur mit Holz beheizen?«, fragt mich Carsten.

»Ich denke schon, aber du kannst es mir gern noch einmal erklären.«

»Wir heizen klimaneutral. Wir sind unabhängig von Öl, Gas und Strom, was unser Heizen angeht. Und wir wohnen im Wald, wo sich im Notfall immer auch etwas Holz finden lassen wird.«

Das Holz, das wir in einem der unteren Fächer an der Scheune aufgestapelt haben, ist umgefallen. Die ganze Arbeit umsonst. Wie konnte das passieren?

Ich betrachte den zweiten unteren Stapel. Er neigt sich leicht nach vorne. Oh je. Der wird als Nächstes umkippen. Carsten und ich drücken die Scheite gegen die Scheunenwand und lernen, dass sie, während sie trocknen, unerwartet stark schrumpfen. Der Stapel sackt deshalb in sich zusammen, und wenn man diesen Umstand beim Stapeln nicht bereits berücksichtigt, wird er instabil und fällt um. Das Holz sollte also so aufgeschichtet werden, dass es sich eher nach hinten neigt, damit es von der Scheunenwand gestützt wird.

Hätten wir das mal vorher gewusst. Nun müssen wir das ganze Holz von Neuem aufstapeln.

Mitten im Wald wohnen und nie Zeit zum Spazierengehen haben. Jetzt spotte ich selbst über uns. Wir renovieren und renovieren. Aber wo bleibt der Spaß? Okay, Lagerfeuerromantik hat schon was. Aber tagsüber mal wieder die Gegend erkunden, das wäre auch ganz nett. Gesagt, getan.

Heute machen wir einen ganz langen Spaziergang mit Picknick. Das Wetter ist super, und es wäre ein Frevel, diesen Tag damit zu verbringen, Steine durch die Gegend zu schleppen.

Wieder einmal freue ich mich über meine Wanderstiefel. Sie sitzen perfekt, sind unglaublich bequem, und ich habe immer trockene Füße. Ein Leben ohne sie könnte ich mir mittlerweile nicht mehr vorstellen.

Gedankenversunken laufen wir nebeneinander durch den schönen bunten Herbstwald.

Bis plötzlich unweit von uns jemand durch die Bäume brüllt. Ich zucke zusammen und schaue in alle Richtungen.

»Siehst du jemanden?«

Carsten schüttelt den Kopf. Das Unterholz knackt. Dieses Geräusch sagt uns, das gleich ein Reh auftauchen wird. Aber stattdessen steht ein paar Hundert Meter vor uns ein riesiger Hirsch. Hirsch ist natürlich falsch, Schaufler muss es heißen, weil es sich nicht um Rot-, sondern um Damwild handelt. Aber da ich mir nicht merken kann (und will), wie welches Tier nun genau heißt, bleibe ich einfach bei Hirsch.

Er reißt seine Schnauze auf, und heraus kommt das rüpelhafte Grölen, das wir eben schon gehört haben.

Aha. Soso. Wir sollen also abhauen.

Der Hirsch macht mit breiter Brust ein paar machohafte Imponierschritte auf uns zu, dann überlegt er es sich jedoch anders und verschwindet so schnell, wie er aufgetaucht ist, wieder zwischen den Bäumen. In sicherer Entfernung bleibt er stehen, dreht sich zu uns um und beobachtet uns.

»Vielleicht ist gerade Brunftzeit?« Ich erinnere mich an eine Tiersendung, die ich letztens gesehen habe. »Das würde auch das Geräusch der aneinanderschlagenden Stöcke erklären, das wir nachts hörten. Das könnten die Geweihe sein, mit denen sie kämpfen.«

Endlich weiß ich, was da in der Dunkelheit vor sich geht, und bin beruhigt, dass ich vermutlich nicht so bald auf verkleidete Fantasy-Rollenspiel-Fans in unserer Gegend treffen werde.

Als wir nach unserem Ausflug gerade die Gartenpforte hinter uns schließen, fällt ein Schuss.

»Das war aber jetzt ziemlich nah, oder?«, frage ich leise.

Carsten nickt.

Wir schweigen.

Und der Wald schweigt auch.

Leitungswasser!

Die Haare sind ab, und das Badezimmer nimmt Formen an. Gerade rechtzeitig *nach* meiner Radikalhaarkur kommen die Brunnenbauer.

Ein Bagger, ein überdimensionierter Riesenbohrer, ein Lastwagen und drei Männer stehen eines Morgens vor unserer Haustür. Das alles ist also nötig, damit ein zwanzig Meter tiefer Brunnen gebohrt und fließendes Wasser im Haus installiert werden kann.

Dies und ein totales Chaos im Vorgarten, welches durch das Aufreißen des Bodens für die Rohre und Kabel entsteht.

Hauptsache, die Wurzeln der Quitte werden nicht beschädigt. Witzig, dass mir das jetzt gerade wichtiger ist, als endlich fließendes Wasser im Haus zu haben. Besorgt springe ich um die Brunnenleute herum und mahne ununterbrochen zur Vorsicht.

Carsten hat in der Küche schon einen Durchlauferhitzer angebracht. Und dann passiert ein Wunder. Aus dem Wasserhahn kommt – einfach so – warmes Wasser. Mit ein bisschen Spülmittel wird die schmutzige Tasse innerhalb von Sekunden sauber.

»Die Gießkanne können wir an den Nagel hängen.« Mit einem Glas Cremant in der Hand dreht Carsten die Standarmatur auf, die neben der freistehenden alten Badewanne aus dem Boden kommt.

Für diesen Augenblick habe ich aus der Stadt eine besondere Badeessenz mit Lavendel mitgebracht, die ich nun feierlich in die Wanne gebe. Mehrmals fahre ich mit dem Finger unter dem Wasserstrahl hin und her. Warmes Wasser aus einem Hahn, das in eine Badewanne fließt! Was für ein Luxus! Hier mitten im Wald!

Die Gläser klirren, und als die Wanne voll ist, lasse ich mich hineingleiten. So lange haben wir keine Badewanne mehr gehabt. Und nun liege ich in dieser hier. Zwar ist die Decke weder gespachtelt noch gestrichen, die Wände sind noch grau statt weiß, der Fußboden noch nicht gefliest, und dort, wo das Fenster sein soll, steckt momentan eine Spanplatte, aber ich liege in einem Schaumbad in einer freistehenden Wanne in meinem Badezimmer in meinem Haus auf meinem Grundstück, trinke dabei Cremant – und stelle mir die Frage aller Fragen: Soll ich mir die Haare wieder wachsen lassen?

Carsten setzt sich zu mir ins Bad auf die zugeklappte Toilette und fragt: »Ist dir eigentlich klar, was es bedeutet, dass wir unsere alte Wasserhandpumpe noch haben?«

Hat er mir so eine Frage vor Kurzem nicht schon einmal gestellt? »Ich denke schon, aber du kannst es mir gern noch mal erklären.«

»Das bedeutet, dass wir immer an Wasser kommen werden, auch wenn der Strom ausfällt. Das macht uns unabhängig. Genau wie das Heizen mit Holz.«

»Ganz ehrlich? Gerade in diesem sehr wichtigen Moment habe ich anderes im Kopf als Autarkie. Ich genieße mein allererstes Schaumbad hier im Wald!«

»Du hast recht. Dabei sollten wir nicht darüber reden, was ist, wenn die elektrische Pumpe mal nicht funktioniert ...«

Er lässt mich allein, nachdem er mir noch eine Platte von Madeleine Peyroux aufgelegt hat. Ich höre sie singen und ihn draußen die Spuren der Bauarbeiten beseitigen, während ich so richtig entspanne.

PS: Aber so schön die Wanne auch ist, die Gießkannendusche wird mir doch ein klein wenig fehlen.

Flexen

Das 150 Jahre währende Dasein in einem Lehmboden hat den Deckenbalken sichtlich zugesetzt.

Zuerst müssen die unzähligen Nägel entfernt werden, die sie durchlöchern, dann müssen sie mit einer Flex mit Fächerschleifscheibe bearbeitet werden, damit der Schmutz verschwindet. Danach müssen die besonders schlimmen Stellen gespachtelt werden. Und erst dann können wir sie dunkelbraun ölen, damit sie unser Zuhause mit ihrem neuen Look verschönern.

Wann wir die Ölung vornehmen, steht noch in den Sternen. Die Vorarbeit ist so zäh und langwierig, dass wir voraussichtlich den ganzen Sommer brauchen werden.

Die Flex ist nicht mein Lieblingsgerät, aber damit es schneller geht, nehme ich mich ihrer an, während Carsten die Nägel aus den Balken zieht. Ich steige auf die Leiter und hoble vorsichtig an den Balken herum. Das Gerät ist schwer. Ich strenge mich an, und schon wieder ist überall Staub. Reste vom Lehmputz und Holzsplitter noch dazu. Eine super Mischung. Besonders für die Augen. Eine Schutzbrille ist ein absolutes Muss, und ich bin froh, dass ich immer noch kurze Haare habe.

Damit ich die Leiter nicht gleich wieder umstellen muss, lehne ich mich weit nach rechts, um auch noch an die Stelle ganz außen am Balken dranzukommen. Die Maschine geht aus. Was ist denn nun los? Ah. Stecker raus. Ich habe zu stark am Kabel gezogen.

Ich klettere von der Leiter. Weil der Stecker schwergängig in die Steckdose geht und ich beide Hände dafür brauche, klemme ich mir die Maschine zwischen die Beine.

»Auuu!« Ich lasse alles los, springe zwei Meter zurück, die Flex fliegt durch die Gegend. Dass Carsten herbeieilt und den Stecker zieht, bemerke ich gar nicht. Meine Hose ist am rechten Oberschenkel zerrissen, und dort, wo einmal Hose war, klafft eine halbmondförmige Wunde. Dann kommen das Blut und der Schmerz.

»Ist es tief? Ist es tief?« Carsten ist ganz außer sich.

»Ich weiß nicht.« Mir wird schwarz vor Augen, und ich lasse mich zu Boden sinken. Aber ich merke schnell, dass das nur am Anblick des Blutes liegt.

Es ist weniger schlimm, als ich dachte und im ersten Moment fühlte.

Carsten verarztet mich.

»Wie konnte das passieren?«

»Der Stecker war raus. Und dann habe ich nicht daran gedacht, die Maschine auszustellen, bevor ich ihn wieder in die Steckdose gesteckt habe.« Ich komme mir unendlich dumm vor.

Aber Carsten tröstet mich: »So was ist mir auch schon passiert. Deshalb predige ich ja immer Arbeitssicherheit!«

Ich habe die Maschine gerade noch rechtzeitig losgelassen. Sonst hätte das Ganze schlimm ausgehen können. Zwar tut es höllisch weh, aber es ist nur eine Fleischwunde. Zum Glück legt Carsten großen Wert darauf, dass wir hier draußen mit allem ausgerüstet sind, was man für die Versorgung von Wunden aller Art braucht. Fachmännisch reinigt er den klaffenden Spalt in meinem Oberschenkel.

»Ist zum Glück nicht allzu tief, aber du wirst noch eine ganze Weile was davon haben.«

»Wenigstens habe ich mir keinen Finger abgesägt«, scherze ich tapfer.

Aber Carsten guckt mich ernst an. »Wäre die Flex noch mit der Trennscheibe bestückt gewesen, hättest du dir mit Sicherheit die Oberschenkelarterie durchtrennt. Und so weit oben hätte ich die Blutung kaum stoppen können. Nach ein paar Minuten wär's das dann gewesen.«

Das jagt mir jetzt doch einen Schrecken ein. Um ein bisschen runterzukommen, beschließe ich, noch einmal einen kleinen Spaziergang durch den Wald zu machen. Spazierhumpeln trifft es wohl eher.

Unweit unseres Hauses höre ich ein ungewohntes Geräusch. Eine Art krächziges Blöken. Ich schaue mich um, und da zwischen den Farnen entdecke ich ein kleines Rehkitz. Über und über mit Fliegen bedeckt.

Dieser Tag hält ja einiges für mich bereit! Jetzt auch noch ein verletztes Reh. Wenn ich schon bei meinem eigenen Blut ohnmächtig werde, wie soll ich denn dann einem verletzten Baby-Reh gerecht werden?

Cool bleiben ist das erste Gebot.

Ich kann keine Verletzung an dem Tier erkennen.

Natürlich habe ich ausgerechnet heute kein Telefon mitgenommen. Ich humple also so schnell es geht nach Hause. Mit mehreren Kartons bewaffnet kehren Carsten und ich zur Fundstelle zurück. Wir verscheuchen die Fliegen und bugsieren das kleine kraftlose Geschöpf in eine passende Kiste. Zu Hause rufen wir den Tierarzt an, den wir auf einer Feier im Ort kennengelernt haben. Glücklicherweise hat er Zeit und ist zehn Minuten später da.

»Es tut mir leid, aber der Kleine hat ein gebrochenes Rückgrat und ist schon zu stark entkräftet. Es macht keinen Sinn.« Er nimmt das Reh mit zu sich, um es einzuschläfern.

Ich bin so traurig wie lange nicht. Meine Tränen könnten Flüsse füllen. Hätte ich es doch nur früher gefunden.

Die kleine Schmiddie

»Braucht ihr nicht einen Hund da draußen? Also, einen großen Hund? Unsere Hexe hat gerade geworfen. Kommt doch mal vorbei und guckt euch die kleinen Biester an.« Daniela und Lutz wohnen im nächsten Dorf.

Eigentlich brauchen wir schon einen Wachhund. Aber oh, die Verantwortung. Ich habe großen Respekt vor der Verantwortung und der Arbeit und dem Schmutz und der Erziehung.

Carsten ist da, wie könnte es auch anders sein, ganz entspannt. »Das kriegen wir schon hin.«

Ich weiß nicht. Kriegen wir das wirklich hin? Vielleicht ist es ein böser Hund, den wir aussuchen, der uns dann eines Tages anfällt und uns auffrisst, und niemand wird es mitbekommen, weil – jaha, genau – wir im Wald wohnen. Oder es ist ein ganz lieber Hund, der immer nur herumliegt und niemals richtig wachhundet.

»Okay. Wir können sie uns ja mal anschauen. Damit ist ja noch nichts entschieden.«

Warum Daniela und Lutz sich in diesem Moment wissend anlächeln, weiß ich erst, nachdem ich die kleinen Biester gesehen habe. Denn wer zum Welpen-Anschauen kommt, geht nicht ohne Welpen nach Hause. Das ist die Wahrheit.

Wir fahren also zu den beiden ins Dorf.

Daniela pfeift nach Hexe. Eine Berner-Sennen-Appenzeller-Mischlingshündin, die so groß ist wie ein kleines Pony, kommt prompt unter einem Trecker hervor und trottet gemächlich auf Daniela zu. Im Schlepptau hat sie zehn kleine Wollknäuel. Eines süßer als das andere. Manche haben lockig-lange Haare, ein paar ein kurzes Fell. Manche sind ganz schwarz, wieder andere auch ein bisschen braun. Ein Welpe hat weiße Pfoten und eine weiße

Schwanzspitze, und einer hat die typische Berner-Sennen-Zeichnung auf der Brust, allerdings mit kurzem Fell.

Eine Welle der spontanen, freudigen Liebe überkommt mich, als die kleinen Dinger um meine Beine herumwuseln und die Nähe zu ihrer Mutter suchen. Ich bin Welpen-high und will nie wieder hier weg.

»Ihr könnt euch einen aussuchen. Also, egal welchen, außer den einen da mit dem kurzen Fell und der Berner-Sennen-Zeichnung. Der ist schon vergeben.«

Ich sitze inmitten der Welpen, die auf mir herumturnen, an meinen Fingern knabbern und tollpatschig durch die Gegend tollen.

Einen habe ich gleich ins Herz geschlossen. Den schwarzen mit den weißen Pfoten und der weißen Schwanzspitze. Es ist ein Mädchen, und Carsten wäre mit dieser Wahl auch einverstanden.

Aber dann schaltet sich mein risikoscheuer Verstand wieder ein. »Ich muss noch mal überlegen.«

»Dann überleg noch mal. Aber wenn sie weg ist, ist sie weg.«

Ojemine. Aber ich brauche die Zeit. Ich will mir einfach ganz sicher sein.

Bevor wir wieder nach Hause fahren, zeigen Daniela und Lutz uns noch ihren riesigen Gemüsegarten, ihr Gewächshaus, in dem einige der Tomatenpflanzen schon Früchte tragen, ihre Schafe mit den kleinen Frühlingslämmern, ihre Hühner und ihre Enten. Lutz erzählt, dass er auf die Jagd geht, und bietet uns selbst gemachte Wildschweinsalami an. Ich habe noch nie bessere gegessen! Dazu noch eine Cherrytomate, die von der Sonne ganz warm ist und auf der Zunge zergeht und ganz ohne Salz so nach Tomate schmeckt, wie ich es nur aus meiner Kindheit kenne.

Das alles will ich auch. Mir ist allerdings schon klar, dass es eine Weile dauern wird, bis wir so weit sind wie die beiden. Aber mit Tomaten können wir doch vielleicht schon einmal anfangen.

Auf dem Weg nach Hause sind die Tomaten Nebensache, denn nun muss ich ja erst einmal überlegen, ob wir uns einen Hund anschaffen sollen oder nicht.

Sollen wir? Sollen wir nicht? Pro und kontra stundenlang.

Nach einigen Tagen ist Carsten mit dem Thema Hund schon fast für immer durch, weil ich mich einfach nicht entscheiden kann. Da sage ich plötzlich: »Okay. Lass es uns wagen.«

»Das war ja eine schwierigere Entscheidung als der Kauf des Hauses.«

»Ja klar, das ist doch auch ein Lebewesen, das dann bei uns einzieht. Das ist fast so schwerwiegend wie die Entscheidung, ein Kind zu bekommen.«

»Der schwarz-weiße ist weg«, eröffnet mir Lutz am Telefon.

»Oh.«

»Aber dafür ist der andere mit dem kurzen Fell und der Berner-Sennen-Zeichnung wieder zu haben.«

»Den muss ich mir dann noch einmal anschauen.«

»Klar. Kein Problem. Kommt einfach vorbei.«

Wir düsen gleich los, und nach einem kurzen Blick auf das süße Hundemädchen vor Ort ist die Sache dann klar. Wir werden stolze Hundebesitzer sein.

»Wie soll sie denn heißen?«, fragt Daniela neugierig.

»Schmiddie«, sagen Carsten und ich wie aus einem Mund. Weder Carsten noch ich können uns daran erinnern, wie die Idee für diesen Namen entstanden ist, aber dass unser erster Hund einmal so heißen sollte, steht seit Jahren fest.

Liebevoll betrachten wir dieses kleine Etwas, mit den proportional unpassenden, riesigen Pfötchen, das sich gerade vom Rudel absondert, um ungestört Pipi zu machen.

Ja, das ist unser Hund.

Daniela hat mir ein paar Tomatensamen mitgegeben. »Du kannst noch aussäen. Es ist noch nicht zu spät. Einfach ein bisschen gute Erde in ein paar Töpfe geben und die Samen drüberstreuen, ganz leicht mit Erde bedecken, an einen warmen Platz stellen, feucht halten. Das ist alles.«

Und siehe da. Als ich eine Woche später wieder im Wald bin, zeigen sich dort die ersten zarten Triebe.

Carsten ist auch ganz perplex, dass das jetzt so einfach geklappt hat. Zwar gehen wir bei der Renovierung des Hauses immer noch mit Elan ans Werk, aber manchmal ist es einfach so unglaublich nervig, dass alles zehnmal so lange dauert und fünfmal so teuer ist wie geplant. Im Gegensatz dazu ist der Tomatenanbau ja ein reines Kinderspiel. Die Natur macht es eigentlich ganz von allein.

Was die Natur aber nicht von allein macht, ist die Hundeerziehung. Meine Internetrecherche bei der Arbeit ergibt Millionen Treffer. Hunderte Ratgeber. Ich bestelle eine Auswahl an Büchern, die mir geeignet erscheinen, und melde uns bei einer Hundeschule an.

Die Inhalte der Bücher sind mehr als verwirrend: Auf *gar* keinen Fall zu streng sein, denn der Hund könnte traumatisiert werden! Seien Sie der Freund des Hundes, dann respektiert er Sie auch! Auf *jeden* Fall streng sein, sonst macht der Hund mit Ihnen, was er will! Mit Leckerli erziehen! Nein, lieber ohne! Bestrafen – vielleicht sogar mit einem Klaps, wenn der Hund weggelaufen ist und wiederkommt! Auf *gar* keinen Fall bestrafen, wenn er wiederkommt, sondern loben, sonst kommt er beim nächsten Mal überhaupt nicht wieder! Auf *jeden* Fall Rangelspiele mit dem Welpen in den Tagesablauf mit einbinden, damit der Hund lernt, seine Kräfte einzuschätzen! Auf *gar* keinen Fall Rangelspiele mit dem Hund machen, der sonst aggressiv und bissig wird! Auf *jeden* Fall den Welpen sich austoben lassen – nur ein müder Welpe ist ein guter Welpe! Auf *gar* keinen Fall zu viel mit dem Welpen toben, sonst leidet sein noch wachsendes Skelett …

Nach der Lektüre bin ich genauso schlau wie vorher. Carsten hat auch noch nie einen Hund erzogen.

Wir hoffen auf die Hundeschule.

Vier Wochen später holt Carsten die kleine Schmiddie zu uns nach Hause. Ich bin in Hamburg und traurig, dass ich nicht dabei sein kann, wenn das kleine Geschöpf bei uns einzieht. Wir haben uns darauf geeinigt, dass sie zwar im Haus schlafen, aber sich nur im Flur aufhalten darf. Dort ist auch ihr Bettchen. Schließlich sollen ja nicht überall Tierhaare herumfliegen. Sie ist und bleibt ein Hund und macht ja auch Dreck.

»Ich habe bei ihr im Flur geschlafen«, verkündet mir Carsten am nächsten Tag.

»Hat sie denn gejault und ihre Mama vermisst?«

»Ich glaube nicht. Sie hat nur ein paarmal gepienzt, aber da musste sie mal. Dann habe ich sie gleich rausgelassen.«

Auch die nächsten Nächte schläft Carsten in Schmiddies Nähe, sodass sie von Anfang an stubenrein ist.

Ende der Woche bin ich so gespannt auf das kleine Ungeheuer, dass sich jeder Kilometer, den ich mit dem Lupo von Hamburg aus zurücklege, anfühlt wie zehn. Als ich aus dem Auto aussteige, öffnet sich die Haustür, und heraus kommen Carsten und ein kleiner, unglaublich süßer, Steifftier-artiger Welpe, dessen Ohren vom Galoppwind durch die Luft fliegen.

»Die Schmiddie!« Und schon kommt der Wirbelwind auf mich zugerannt. Wie ein aufgezogener Brummkreisel flitzt sie um Carstens und meine Beine herum und wird gar nicht müde, uns anzuspringen.

Meine Sehnsucht nach Mann, Hund, Wald und den Tomaten ist so groß, dass es wehtut. Was würde es denn eigentlich kosten, wenn ich täglich pendeln würde, und wie lange wäre ich dann unterwegs?

Meine Recherche ergibt, dass das Zimmer genauso viel kostet wie das Pendeln und dass ich von Tür zu Tür mindestens vier Stunden am Tag unterwegs wäre. Das ist lang. Aber ich wäre jeden Abend zu Hause, könnte Carsten küssen, die Fortschritte am Haus täglich miterleben und abends vielleicht auch noch mit Hand anlegen, mit Schmiddie spielen, die Tomaten gießen und die Waldluft atmen.

Hunde, die bellen, schwimmen nicht

Hundeschule. Welpengruppe. Die kleinen Hunde sind so unglaublich süß und machen nur Quatsch. Sie zerren und kauen an den Leinen, sie bellen, sie schmeißen sich hin, sie knabbern an Hosenbeinen und Schnürsenkeln, verbreiten Unruhe, und einer pinkelt sogar sein Herrchen an. Schmiddie setzt sich zwar auf Carstens Kommando, aber so weit weg von ihm, dass die Leine gespannt ist und am Halsband zieht. Wir haben uns einen kleinen Sturkopf ins Haus geholt.

Der Hundetrainer bellt die Anweisungen in die Gruppe. Die Hundehalter sind schweißgebadet und peinlich berührt, wenn die kleine Bella, Pfiffi oder Marco nicht das machen, was sie sollen. Wir eingeschlossen. Klein-Schmiddie hat überhaupt keine Lust auf den Drill, dem sie sich hier unterwerfen soll: fünf Minuten sitzen, ganz dicht an einem anderen Welpen vorbeilaufen, ohne an der Leine zu ziehen. Über eine Wippe laufen. No way. Klein-Schmiddie macht das alles nicht.

Und ich frage mich, ob sich das so gehört. Der Hundetrainer scheint die Hunde nicht besonders zu mögen, und die Hunde mögen ihn auch nicht. Ich kann es ihnen nicht verdenken und flüstere Carsten zu: »Ich glaube, wir müssen uns eine andere Schule suchen.«

»Das war wirklich furchtbar. Ich finde, wir sollten jetzt nicht nach Hause fahren, sondern einen schönen Ausflug machen. Vielleicht ans Wasser. Dann kann Schmiddie das auch gleich mal kennenlernen. Nicht dass wir uns nachher einen wasserscheuen Hund heranziehen«, schlägt Carsten vor.

»Ja, lass uns doch an den See fahren.«

»Einverstanden.«

Die Wolken am Himmel sind verschwunden, als wir am See ankommen. Ein herrlich warmer Nachmittag erwartet uns. Schwimmsachen haben wir zwar keine eingepackt, aber man kann ja auch mal in Unterwäsche baden gehen.

Ich springe gleich vom Steg ins Wasser. Schmiddie gefällt das gar nicht. Sie bellt, was Carsten ihr sofort untersagt. Wenigstens das funktioniert. Dann fiept sie.

»Na komm. Du kannst auch reinkommen.«

Aufgeregt läuft sie auf dem Steg hin und her. Hineinspringen ist ihr nicht geheuer. Aber sie ist so schlau, vom Steg zum Ufer zu laufen, und findet dort einen für sich passenden Einstieg. Sie läuft ein ganzes Stück ins Wasser, ohne mich aus den Augen zu lassen.

»Na komm, kleine Schmiddie. Komm.« Und so, als hätte sie nie etwas anderes getan, fängt sie an, auf mich zuzuschwimmen. Dabei schaut sie etwas bedröppelt zwischen Carsten und mir hin und her.

Wir ermutigen sie beide, sich in diesem für sie neuen Element zurechtzufinden. Aber als sie anfängt, stärker zu fiepen, schwimme ich auf sie zu und begleite sie aus dem Wasser heraus. Sie schüttelt sich und legt sich sofort völlig erschöpft neben Carsten auf den Steg. Das muss eine aufregende Erfahrung für sie gewesen sein. Und mir geht ein Licht auf: Solche Herausforderungen erschöpfen unseren jungen Hund viel mehr als stundenlange Spaziergänge im Wald. Ich werde sie zukünftig mental richtig fordern, indem ich ihr ein paar Tricks beibringe.

Zurück zu Hause hänge ich unsere nassen Sachen im Garten auf. Die Wäsche bewegt sich fröhlich im Wind hin und her. Und ich habe das Gefühl, als würde ich meinen Körper verlassen und mich von oben betrachten: Da stehe ich in einer dreckigen Sommerhose, die ihre modische Halbwertszeit schon ein paar Saisonen überschritten hat, und in einem durchlöcherten T-Shirt und hänge meine Unterwäsche, in der ich gerade baden war, in meinem Garten auf. So vieles, das mir früher wichtig war, ist es heute nicht mehr. Meine Prioritäten scheinen sich schneller zu verändern, als Schmiddie wachsen kann. City-Life habe ich gegen Waldleben getauscht. Ausgehen gegen Einsamkeit. Klamotten shoppen gegen Baumaterial kaufen. Reisen gegen renovieren. Am Strand liegen gegen Schmiddie auspowern. Take-away und Restaurantbesuche gegen konsequentes Selberkochen.

Ich fühle mich ganz wohl in der Haut der Frau da unten, aber so richtig weiß ich noch nicht, wer sie ist.

»Au.« Schneller als erwartet bin ich wieder in meinem Körper. Irgendetwas hat mich gebissen. An der schmerzenden Stelle ist ein roter Fleck, der blutet und bereits anschwillt. Eine Biene kann das jedenfalls nicht gewesen sein. Die beißen einen ja nicht. Aber was war es dann?

Verwaldschratung

Um fünf Uhr dreißig klingelt der Wecker. Schon wieder Morgen? Ich bin doch gerade erst ins Bett gegangen.

Das zweite Glas Wein hätte ich nicht trinken sollen. Da meldet sich die erste Stimme in meinem Kopf: Bleib einfach liegen, ist doch gerade so schön. Schlaf einfach weiter.

Die zweite Stimme jedoch meint sanft, aber bestimmt: Nein! Das Kaffeeritual braucht Zeit. Schwing dein Popöchen aus dem Bett. Außerdem musst du zur Arbeit!

Langsam schäle ich mich aus der Decke, obwohl mein Körper sich an Carsten kuscheln und weiterschlafen möchte.

Da schaltet sich Numero drei mit schneidender Stimme ein: Soll das nun für immer so weitergehen? Du bist immerzu müde und verschwendest deine Zeit mit Zugfahren. Nie entspannst du dich. Schleppst Umzugskartons von einem staubigen Raum zum anderen in diesem Chaos von Haus. Nie kannst du was unternehmen, dir was Neues zum Anziehen kaufen oder wenigstens mal zur Pediküre, weil ihr das ganze Geld im Haus versenkt.

Und was habt ihr bisher geschafft? Viel zu wenig. Es ist doch immer noch eine Baustelle, und wo ist das ganze Geld hin?

Nummer zwei schreitet ein: So ein Quatsch! Die beiden haben schon sehr viel geschafft! Es ist toll, wie sie ihre Visionen verfolgen und am Ball bleiben, auch wenn das eine oder andere Mal etwas länger dauert. Die beiden können außerdem stolz darauf sein, dass sie trotz dieser Dauerbaustelle immer noch eine funktionierende Beziehung miteinander haben.

Darauf geht Nummer drei gar nicht erst ein, sondern hat gleich die nächste Idee in petto: Dir wird bestimmt bald gekündigt!

Nummer eins meint nun: Ja, das wäre schön. Dann könnten wir alle einfach in Ruhe weiterschlafen.

Nummer drei fuchtelt mit ihrem knöcherigen Zeigefinger in der Luft herum: Dann können wir nicht mehr schlafen, weil ich mir dann den ganzen Tag und die ganze Nacht Sorgen machen muss! Vielen Dank auch!

Nummer zwei: Also, jetzt mach mal halblang. Niemandem wird gekündigt. Es ist alles gut so, wie es ist, und es wird bestimmt bald noch besser werden. Hab doch mal ein bisschen Vertrauen in das Leben.

Als ich leicht benommen aufstehe und die ersten Schritte in den Tag mache, verstummen die Stimmen.

Seit auch ich die ganze Zeit im Wald wohne, haben wir ein günstiges Induktionskochfeld in der Küche installiert. Für den Kaffee um vier Uhr morgens aufzustehen und den Herd anzuheizen, war mir dann doch ein bisschen zu doll.

Auf der Hollywoodschaukel denke ich über Vertrauen nach. Kann ich wirklich darauf vertrauen, dass das Leben besser wird? Nicht schlechter? Kann ich den Wunsch nach einer Arbeit, die ich von hier aus machen kann, einfach loslassen und daran glauben, dass es vielleicht irgendwann tatsächlich so kommen wird? Ich würde alles machen, wenn ich es nur von hier aus machen könnte und die Bezahlung stimmen würde. Laut sage ich: »Egal, was – Hauptsache, ich kann es von hier aus machen.« Dann schließe ich die Augen und lasse los.

Die Bahnfahrt in die Stadt kommt mir heute besonders lang vor. Wenigstens kann ich Musik hören und etwas Sinnvolles tun. Mittlerweile bin ich ziemlich flink mit den Stricknadeln, und mein pink-lila gestreifter Schal nimmt Form an.

Irgendwie seltsam, dass ich für eine Arbeit Geld bekomme, bei der ich gar kein sichtbares Ergebnis erziele. Ich bearbeite Mails, schicke Informationen hin und her, und am Ende des Tages ist nichts Echtes entstanden. Ganz im Gegensatz zu meinem Schal hier oder dem Din-A4 großen Stück der Küchentür, das ich gestern Nachmittag mit einem Heißluftföhn und einem Spachtel vier Stunden lang entlackt habe.

»Mmh. Du riechst nach Lagerfeuer.« Vor dem Büro laufe ich meiner Kollegin Sabine in die Arme. Wir lösen uns aus unserer Umarmung und gehen zusammen hinein.

»Hat es bei euch gestern Abend nicht geregnet?«

»Doch, aber Carsten hat ein wasserdichtes Tarp über der Terrasse gespannt. Da drunter haben wir am Feuer gesessen und uns ein Käse-Sandwich gegrillt.«

»Und was habt ihr noch so gemacht am Wochenende?«

»Ich war ewig mit Schmiddie spazieren, aber sie wird und wird nicht müde – egal, wie lang wir unterwegs sind. Bei einer unserer Runden habe ich das erste Mal einen Fuchs gesehen. Er ging gerade ganz entspannt den Weg entlang und war ziemlich verdutzt, als Schmiddie und ich plötzlich hinter ihm auftauchten. Erst hat er sich gar nicht bewegt, dann ist er ganz schnell weggelaufen. Durch den Regen konnte ich seine Spuren im Sand dann genauer studieren. Jetzt weiß ich endlich, wie Fuchsspuren aussehen. Ich hatte sie mit Dachsspuren verwechselt, die ich am Tag vorher ganz nah bei unserer Pforte gefunden hatte. Und jetzt macht die Größe der Losung neben unserer Pforte auch mehr Sinn. Rehspuren habe ich natürlich sowieso jede Menge gesehen und Rehe auch.

Was habe ich noch gemacht? Ach ja. Ich habe versucht, drei Schichten Lack von der Küchentür zu entfernen, und am Samstag habe ich endlich die Balken fertig geölt. Wir haben eine Hornisse entdeckt, die irgendwo an der Scheune ihr Nest hat und hoffentlich ganz viele Wespen auffrisst, die immer wieder unter dem Dachüberstand ihre Nester bauen wollen. Apropos Insekten. Wurdest du schon einmal von einer Bremse gebissen? Nein? Das tut furchtbar weh. Anscheinend sind diese Viecher im Sommer total aktiv im Wald, wenn es heiß ist. Eine Reiterin hat mir beim Vorbeireiten erzählt, dass sie bald nicht mehr durch den Wald reiten wird, weil die Bremsen sie jetzt schon richtig heftig und in Schwärmen attackieren. Und da ich ja letztens gebissen wurde von irgendetwas, habe ich eins und eins zusammengezählt: Das muss eine Bremse gewesen sein!

Und was noch? Ach so, ja. Wir haben uns noch einen leckeren Nudelauflauf gebacken und dazu Tomatensoße gekocht, und das haben wir drei Tage lang gegessen. Bis auf gestern. Da gab es ja das Grillsandwich am Feuer unter dem Regentarp. Und du so?«

»Ich war Kaffee trinken und im Kino. Warte. Du hast da was in deinen Haaren.« Kurz ziept es, und Sabine hält einen kleinen Zweig in der Hand. Habe ich mir weder gestern Abend noch heute Morgen die Haare gekämmt? Und habe ich Sabine, die dem Landleben so gar nichts abgewinnen kann, gerade einen Zehn-Minuten-Monolog über Tierspuren und Kot gehalten? Ich werde wohl allmählich zum Waldschrat.

Abends um sieben bin ich back in Waldschrat-Ville, und Schmiddie will noch spazieren gehen. Schön, dass es noch so lange hell ist. Also los.

»Neeein!« Zu spät. Schmiddie hat vergessen, dass da noch jemand am anderen Ende der Leine ist. Sie sprintet hinter dem Reh her, das vor uns ins Gebüsch geflohen ist. Und obwohl der Bizeps meines Leinen-Arms schon doppelt so dick ist wie der andere, falle ich einfach auf die Schnauze und werde von ihr noch ein Stück mitgeschleift. Meine Knie tun mir weh. Meine aufgeschürfte, rechte Handfläche brennt. Ich bin stinksauer und brülle: »Verdammt noch mal!«

Mein Hund kommt wieder zu Sinnen. Sie schleckt mir unbeholfen einmal kräftig durchs Gesicht, so als wolle sie sich entschuldigen.

»Das macht es jetzt auch nicht wieder gut. Ich bin stinksauer!«

Wie soll das bloß erst werden, wenn sie ausgewachsen ist. Jetzt wiegt sie 25 Kilogramm. Die Tierärztin sagt, sie wird so groß wie ein Schaf. Ich dachte, das sei ein Witz! Aber war es vielleicht gar keiner? Wie soll ich sie bloß bändigen, ohne zum Bodybuilder zu werden?

Frei laufen lassen kann ich Schmiddie nicht. Zu groß ist die Angst, dass sie von einem Jäger erschossen wird. Denn sie sprintet jedem Reh und jeder Spur hinterher, und den Jägern ist es erlaubt, Hunde zu erschießen, die Wild hetzen. Ich habe keinen blassen Schimmer, wie ich ihr das abgewöhnen soll, und habe mich schweren Herzens an den Leinenspaziergang gewöhnt.

Wir haben uns anscheinend als unseren ersten Hund gleich den agilsten und dabei am schwersten erziehbaren, dickköpfigsten Tunichtgut mit überhöhtem Selbstbewusstsein ausgesucht. Sie hat dem Wein am Haus eine Radikalkur verpasst, indem sie alle Äste abgebissen hat, sie hat den Garten umgegraben, die ersten noch grünen Tomaten gepflückt und zerkaut, unsere Terrassen- und die Autotür eines Waldarbeiters zerkratzt, ist auf den Gartentisch gesprungen und hat dabei eine Vase zerdeppert, ist über den Zaun gehechtet, weil ihr langweilig war, ist im Wald verschwunden und erst nach einer Viertelstunde wiedergekommen, hat sich in Wildschweinkot gewälzt, zieht permanent an der Leine, springt mich an, hört nicht, wenn ich sie rufe, und ist generell schwer zu handlen. Dazu ist sie auch noch superschlau. Die Tricks, die ich ihr beigebracht habe, hat sie im Handumdrehen begriffen. Sie kann Türen öffnen und schließen, Lichtschalter bedienen, Bälle in Körbe fallen lassen, auf Leitern steigen, über Wippen und Schwebebalken laufen, schaukeln, Pfötchen geben, rückwärtsgehen, durch Reifen springen, unter Brettern durchrobben und eine Rolle machen. Außerdem findet sie jeden noch so gut versteckten Ball in Nullkommanichts. Und sie ist nach einem zweistündigen Spaziergang, nach Hunderten von Carsten geworfenen Bällen und dem Trickprogramm immer noch fit wie ein Turnschuh.

Ich bin ein bisschen verzweifelt. Ich habe schon so viel versucht. Aber meine Erziehungsmethoden haben anscheinend nicht funktioniert.

Torte

Meine Mutter hat Lust, ihren Geburtstag bei uns im Wald zu verbringen. Und weil wir gerade mit der Bearbeitung der Balken fertig geworden sind, können wir meinen Eltern sogar zumuten, bei uns zu übernachten. Mein Vater fragt: »Wollen wir denn irgendwo bei euch in der Gegend zum Essen gehen?«

»Da müssten wir aber ganz schön weit fahren. Ich überleg mir etwas.«

»Wie wäre es denn, wenn wir Fisch grillen?«, wirft Carsten ein.

Meine Eltern sind einverstanden.

Und vielleicht traue ich mich mal, eine Torte zu backen. Das wären dann zwei Premieren an einem Tag. Fisch grillen und eine Torte. Beides habe ich noch nie gemacht. Schwarzwälderkirsch frisch zubereitet aus der kleinen Konditorei im Wald hört sich doch gut an!

Wir haben eine Art Kindergitter in die Küchentür gebaut, sodass Schmiddie zwar nicht durchkommt, aber drüberschauen kann. Ihre Vorderpfoten hat sie über das Brett in der Tür gehängt und blickt mich herzerweichend an. So sieht wohl ein Hund aus, der gern gekrault werden möchte. Aber was ist das?

»Carsten, kannst du mal bitte kommen? Schmiddie hat da was Komisches an ihrem Ohr.« Eine gräuliche, kleine Kugel baumelt an der Haut vor Schmiddies Ohr herum.

Carsten weiß auch nicht, was das sein könnte. Wir schlagen in unseren wunderbaren Ratgebern nach und finden ein Abbild von dem Ding in einem der Bücher. So sieht also eine mit Blut vollgesogene Zecke aus. Ein Traum!

»Am besten, Sie entfernen die Zecke mit einer Zeckenpinzette. Einfach die Zecke am Kopf mit der Pinzette packen und gerade herausziehen. Nicht drehen«, wird im Buch empfohlen.

Ich bin so über alle Maßen angeekelt, dass ich nicht sicher bin, ob ich überhaupt mit dem Hund und der Zecke daran in einem Raum sein kann. Und wie soll das bitte gehen, einem hyperaktiven Welpen mit einer Pinzette am Ohr rummachen? Das ist ja wohl alles ein Witz.

Mit der Pinzette bewaffnet setzen wir Schmiddie draußen auf einen Tisch. Sie spürt anscheinend schon, dass da irgendetwas im Busch ist, denn sie ist unruhiger denn je.

»Du hältst sie fest, und ich zieh das Ding raus.« Schmiddie windet sich, schnappt zum Schein nach Carsten, will nicht stillhalten. Es ist ein aussichtsloses Unterfangen.

»Halt ihr doch Dörrfleisch vor die Schnauze, vielleicht geht es dann.« Einen Versuch ist es wert. Und siehe da. Sie hält still. Doch jetzt ist die Zecke verschwunden.

»Oh Gott, nein. Wie ekelhaft. Wo ist denn jetzt dieses Ding.« Ich schaue auf dem Tisch herum, und da liegt sie. Ich kann ihren Kopf und die kleinen Beinchen sehen, woran der im Vergleich dazu riesige, mit Blut aufgeblähte Körper klebt. Sie lebt und will sich fortbewegen. Ich glaube, das ist einer der widerlichsten Momente in meinem Leben.

Wenigstens musste ich sie nicht anfassen.

Ein Momentchen brauche ich dann schon, um mich von meiner ersten Zeckenbegegnung zu erholen und mich gedanklich wieder auf das Backen der Torte einzustellen. Klar habe ich schon mal eine Zecke gesehen, aber nur im »leeren« Zustand. Argh. Ich schüttle mich und versuche zu vergessen.

Ich hatte ja keine Ahnung, wie lange es dauert, eine Torte zu basteln. Gut, dass ich so früh angefangen habe. Hoffentlich wird sie was. Ich habe Böden gebacken, Sahne geschlagen, die Schokoverzierung gemacht, Spritzbeutel befüllt, Kirschen angedickt, Schnaps über alles Mögliche geträufelt und bin nun ziemlich ge-, aber auch angespannt, ob das Zusammenbauen dieses mehrstöckigen Ungetüms auch funktionieren wird.

Hektisch renne ich um die Torte herum, zupfe die Böden zurecht, streiche die Sahne glatt, streue die Verzierung aus, verziere mit Sahnehäubchen den Deckel und setze zu guter Letzt die kleinen rot glänzenden Kirschen auf die Häubchen. Und da steht sie. Meine erste Torte. Ich muss sagen, dass sie mir wirklich gut gelungen ist. Wenn sie so schmeckt, wie sie aussieht, bin ich sehr zufrieden.

Ich gebe zu, dass es mich sehr befriedigt, so etwas Schönes und hoffentlich Schmackhaftes hergestellt zu haben. Die Feministin in mir meldet sich sofort zu Wort: »Na, Mutti, bist du happy über deine schöne Torte?«

»Du kannst getrost deine Klappe halten. Eine emanzipierte Frau, die Vollzeit arbeitet, ein Beil schwingt, ein Feuer entzünden und einen Siebeneinhalbtonner in eine klitzekleine Lücke bugsieren kann, einen großen Hilti-Stemmhammer bedient und sich, ohne zu murren, in einem eiskalten Gletscherbach wäscht, kann sich ja wohl mal an der Herstellung einer Torte erfreuen, ohne gleich als Heimchen am Herd abgestempelt zu werden! Und wenn schon! Wenn das nun das Einzige wäre, das mir Freude macht: Torten herstellen. Dann wäre das eben so. Etwas mit Hingabe und Liebe zu tun, ist eines der schönsten Erlebnisse im Leben überhaupt.«

Meine Mutter freut sich jedenfalls über die Torte auf ihrem Geburtstagstisch, und mein Vater über die Fortschritte am und im Haus.

Am Nachmittag sitzen wir zusammen auf der moosüberzogenen Terrasse, um uns herum die verschiedenen Grüntöne des Waldes und ein duftig-würziger Geruch. Es ist ein herrlich warmer Sommertag, jeder hat ein großes Stück Kuchen auf dem Teller, und mein Vater sagt: »Hier ist es doch wirklich schön im Wald. Also, ich meine, ihr habt ja noch viel Arbeit vor euch, und werthaltig ist die Immobilie auch nicht. Aber schön, schön ist es hier.«

Gegen Abend entzündet Carsten ein Feuer, entnimmt nach einer Weile mit der Schaufel ein wenig Glut für unseren Grill und brutzelt die Fische, die ich mit Zitrone, Rosmarin, Minze, Thymian, Öl, Butter und Salz gefüllt habe. Dazu gibt es Salat.

»Besser kann man es nicht machen.« Wir stimmen meinem Vater zu. Es ist wirklich ein fürstliches Abendessen und dabei so einfach. Besser könnte es nur noch sein, wenn wir die Fische selbst gefangen und den Salat und die Kräuter aus unserem eigenen Garten geerntet hätten.

Als meine Eltern am nächsten Tag abgefahren sind, finde ich vor der Haustür einen Umzugskarton. Darauf liegt ein blauer Wollpullover.

Auf einem Zettel steht: »Damit du nicht frierst im Wald. Der Pulli ist beim Waschen ein wenig eingelaufen und passt mir nicht mehr. Das Geschirr wolltest du doch immer schon gern haben. Jetzt gehört es dir.«

Ich bin gerührt und muss den Karton gar nicht öffnen, um zu wissen, dass es sich um das romantische, mit Rosenranken verzierte Kaffeegeschirr handelt, das meine Eltern immer an meinen Geburtstagen aufdeckten, wenn Besuch kam. Da es ja noch keinen einzigen Schrank in unserem Haus gibt und damit dem Geschirr nichts passiert, kommt der Karton erst einmal in die Scheune.

Couch Potato

Es ist drei Uhr nachmittags an einem Samstag im Spätsommer, und ich liege mit der *Süddeutschen* in der einen und einem Teller mit vietnamesischem Take-away in der anderen Hand auf Annas Sofa in München. Ein lange geplantes Mädelswochenende wird endlich in die Tat umgesetzt.

Gestern waren wir essen, trinken, feiern, haben gelacht und auch ein bisschen geweint und uns gefreut, zusammen zu sein. Und jetzt liege ich hier. Drei Uhr. Am Nachmittag. Ich habe noch keinen einzigen Finger gerührt. Keinen Meißel, keinen Hammer, keinen Spachtel, keine Pressluftmaschine, kein Holz, keinen Pinsel, keinen Topf, keine Zecke angefasst. Anna hat mir morgens den Kaffee gebracht und ihre Zeitung überlassen, und seither habe ich mich nicht viel bewegt. Außer um mein Telefon zu holen und mir etwas zu essen zu bestellen. Das wäre mal was, im Wald Essen bestellen zu können. Wenn ich da etwas Leckeres auf dem Tisch haben möchte, müssen wir es uns schon selbst zubereiten. Mal sehen, wie lange ich es aushalte, hier auf dem Sofa liegen zu bleiben und nichts zu tun.

Ich lasse die Zeitung auf meine Beine sinken und schließe die Augen. Wann habe ich das letzte Mal nichts getan an einem Wochenende? Ich weiß es nicht, und das ist eindeutig zu lange her. Wie muss es da erst Carsten gehen, der jeden Tag mindestens zwölf Stunden auf der Baustelle schuftet. Dazu gehört schon einiges.

»Danke, dass du unsere Vision in die Tat umsetzt und dich für unsere Träume einsetzt. Ich liebe dich!« Senden.

Bevor ich nach München gefahren bin, hat meine Freundin Monika mir die Nummer ihres neuen Boyfriends Stefan gegeben. Er ist Personalberater in der Modebranche und kennt Gott und die Welt.

»Vielleicht kann er dir ja helfen, einen neuen Job zu finden?!«

Ich rief sofort an, und Stefan schlug direkt ein Treffen in München vor. Nach dem Treffen erzählte ich Carsten, wie es war: »Ja, er war supernett. Er meinte, er könne mal ein paar Kontakte in Hamburg aktivieren. Etwas mit Homeoffice ist eher unwahrscheinlich. Aber er sagte, dass es vielleicht generell Sinn macht, mal über eine Neuausrichtung nachzudenken. Ich bin ja jetzt schließlich schon fünf Jahre bei Warner. Auf jeden Fall darf ich ihm mal meine Unterlagen schicken.«

Irgendwie bin ich ein bisschen aufgeregt. Er hat recht: Wenn ich schon nicht im Homeoffice arbeiten kann, so könnte ich doch wenigstens mal über eine neue Herausforderung nachdenken.

»Was ist denn mit dir?«, fragt Carsten.

»Was soll denn mit mir sein?«

Das kam jetzt doch ein bisschen zickig rüber. Ich beiße mir auf die Lippe. Wahrscheinlich hat er recht, irgendetwas ist mit mir. Ich bin unzufrieden und hibbelig. Überall der Staub, kein Zimmer fertig. Das Wochenende in München in der möblierten, gestrichenen Wohnung mit versiegeltem Fußboden, einem Badezimmer mit Fliesen, einer Küche mit Schränken und einem richtigen Bett hat mir ziemlich gut gefallen. Ich vermisse es, so einen Ort für uns zu haben. Einen Ort, wo alles seine Ordnung hat. Gleichzeitig komme ich mir aber sehr undankbar vor. Ich wollte es ja so – nur nicht ganz so lange.

»Tut mir leid. Ich bin gerade mit unserer Wohnsituation etwas unzufrieden. Der Staub, die Kisten, das Chaos. Ich mag irgendwie nicht mehr.«

»Ach komm«, tröstet mich Carsten, »wir sind doch schon so weit gekommen. Wir müssen einfach noch ein bisschen durchhalten. Und dann wird alles so sein, wie wir es uns vorgestellt haben. Komm, ich zeig dir, was ich gemacht habe, als du weg warst.«

Carstens Optimismus steckt mich an, und natürlich bin ich neugierig, was er geschafft hat.

Hinten im Garten zeigt er mir sein Werk. Mmh. Wäre es nicht besser gewesen, er hätte weiter den hässlichen, alten Hundezwinger abgerissen? Aber das Ergebnis sieht toll aus, das muss ich schon zugeben. Zwei überdachte Brennholz-Unterstände stehen da neu am Zaun. Die Konstruktion aus Stangenhölzern und einem Holzdach ist wunderschön.

»Ich musste einfach mal etwas Schönes machen. Und wir brauchen ja auch noch mehr Platz, um Brennholz einzulagern.«

»Ja, es sieht wirklich schön aus. Sorry, dass ich mich gerade nicht richtig freuen konnte.«

Waldwechsel

»Was ist das für ein Geräusch? Das ist doch kein Tier, oder?«

Ein entsetzliches Kreischen fährt durch all meine Glieder. Dann kurz Stille, bevor ein lautes krachendes Knacken in einem dumpfen Aufprall endet.

Nein. Das ist kein Tier. Aber ich ahne Schreckliches. Ich muss sofort wissen, ob meine Ahnung stimmt, setze mich ins Auto und fahre los. Von Weitem sehe ich schon, dass eine riesige Maschine sich erbarmungslos durch ein Stück des Waldes malmt. Dabei fällt sie einen Baum nach dem anderen – so leicht, als würde es sich um Streichhölzer handeln.

In mir herrscht Aufruhr. Ich muss den Mann am Steuer stoppen. Das kann doch nicht erlaubt sein, was er hier macht. Carsten folgt mir mit dem Mountainbike und kann mich gerade noch davon abhalten, hinter der Maschine herzurennen. Ich bin außer mir vor Zorn, und deshalb entscheiden wir, dass es besser ist, wenn er mit dem Fahrer der Maschine spricht.

Carsten erfährt, dass es sich um die Fläche eines Privatbesitzers handelt und dass diese komplett gerodet werden soll. Zwei Hektar insgesamt. Ich kann mir gar nicht vorstellen, wie viel zwei Hektar sind, aber es hört sich nach verdammt viel Wald an.

»Ungefähr noch zehnmal so viel wie das, was ich bis jetzt gefällt habe«, erklärt der Arbeiter.

Mein Herz bleibt fast stehen. *Zehnmal so viel?*

Das müssen dann ja im Gesamten mehrere Fußballfelder sein. Ich bin sprachlos und gehe geknickt zurück zum Auto. Meine Tränen lassen die Welt und den Wald darum herum verschwimmen.

»Wer tut nur so etwas und warum?« Die Natur wird zerstört, direkt vor meiner Haustür, und ich kann nichts dagegen tun.

So ohnmächtig habe ich mich selten gefühlt. Ich sehe ein, dass es naiv ist zu denken, dass ein Wald nicht auch bewirtschaftet wird, aber bisher hatte ich mir darüber einfach keine Gedanken gemacht und war auch nie Zeuge eines solchen Eingriffs geworden.

»Wenn wir die Möglichkeit haben, werden wir Wald kaufen! Das verspreche ich dir. Und dort wird niemand so etwas tun. Dort dürfen die Bäume Bäume sein und die Tiere Tiere. Und alles ist gut.«

Wie auf Kommando hören wir plötzlich ulkige Rufe aus der Luft, die mich von meiner Trauer über die Waldzerstörung ablenken.

»Was ist das denn Lustiges? Das hört sich ja so an, als wären ein paar Dinosaurier unterwegs.«

Am Himmel zeichnen sich die Silhouetten der Geschöpfe ab, die den trompetenartigen Sound verursachen. Ich laufe los und hole das Vogelbestimmungsbuch. Carsten läuft los und holt das Fernglas. Wir sind schon zwei richtige Vogelnerds geworden.

Riesige Flügel, storchenähnliche Beine, ständig wechselnde Flugformation: Wir identifizieren Kraniche.

Winter-Wonderwald

Es schneit und schneit und schneit und schneit. Und die weißen Flocken bleiben liegen, bis wir fast nicht mehr aus der Tür kommen. Busse und Bahnen fahren nicht. Der Weg zu unserem Haus wird nicht geräumt. Wir sind eingeschneit, und eine herrliche Stille umgibt uns. So, als hätte jemand einen Schalldämpfer über alle weltlichen Geräusche gelegt.

Ich muss bei der Arbeit anrufen: »Ja, genau. Ich kann heute leider nicht kommen. Ich bin eingeschneit. Ja, mir tut es auch leid …« Das war eindeutig geschwindelt. Mir tut es nämlich gar nicht leid. Ich kann mir gerade nichts Romantischeres vorstellen, als mit meinem Mann in einem Haus im Wald eingeschneit zu sein.

Am frühen Nachmittag kommt dann auch noch die Sonne raus, und wir stapfen mit Schmiddie durch den tiefen Schnee. Sie liebt es. Sie tollt ausgelassen herum, wälzt sich in jeder Schneewehe, jagt Flocken hinterher und ist einfach nur happy. Carsten und ich sind auch ganz schneewild, machen eine Schneeballschlacht und stapfen fröhlich um unser Haus herum. Die einzigen Spuren, die weit und breit zu sehen sind, kommen von unseren Schuhen und von Schmiddies Pfoten.

Eckard drückt mir eine Plastiktüte in die Hand. Da ist die Wildschweinkeule drin, die unser Weihnachtsbraten werden soll. Ich linse in die Tüte und kann nur einen blutigen Klops erkennen. Appetitlich ist anders.

»Das ist aber ganz schön schwer.«

»Na, du wolltest doch einen richtigen Braten für fünf Personen machen, oder? Da braucht es schon ein bisschen mehr Fleisch.«

Ich wuchte die Fleischtüte in den Wagen und fahre nach Hause. Dort angekommen, schneide ich die Tüte auf und hole die blutige Keule hervor. Fleisch trocken tupfen und von Fett befreien, steht in meinem Rezept.

Mehrere Lagen Küchenpapier gehen flöten, bis das Fleisch einigermaßen blutfrei ist. Während ich die Keule so bearbeite, steigt mir der Geruch des rohen Fleisches in die Nase. Das riecht nicht lecker, und ich kann mir nicht vorstellen, jemals ein Stück davon zu essen. Fast ekle ich mich schon davor.

Fleisch aus konventioneller Landwirtschaft essen wir schon lange nicht mehr, und wenn ich mal welches aus artgerechter Haltung kaufe, mache ich mir jedes Mal bewusst, dass es sich hier um ein Tier handelt, das ich essen werde. Meistens bleibt es aber dann im Kühlregal oder beim Schlachter liegen. Aber dieses hier ist anders. Wahrscheinlich, weil es wirklich frisches Fleisch von einem Tier ist, das sein Leben in freier Wildbahn verbracht hat. Es riecht wild und ursprünglich und stark.

Ich reibe die Keule mit einer Kräutermarinade ein, brate sie kurz und scharf an, lege sie in den Bräter, übergieße sie mit Rotwein und schnipple noch Kartoffeln und Möhren dazu. Ab in den Ofen damit.

Für die Knödel brauche ich noch die Kartoffelpresse, die sich in einem von den hundert unsortierten Umzugskartons in der Scheune befindet.

Draußen ist es eiskalt, aber ich husche schnell ohne Jacke die paar Meter vom Haus in die Scheune.

Weiße Weihnachten. Ich kann mich nicht erinnern, wann es dies das letzte Mal gab.

Als ich wieder ins Haus komme, ist der Geruch des rohen Fleisches längst verflogen. Ein betörender Duft von Rosmarin, Lorbeer und Rotwein steigt mir in die Nase, während ich mich am Ofen aufwärme. Mir wird schnell warm. Ich schaue auf das Thermometer. 23 Grad. Wir haben anscheinend ordentlich eingeheizt für unseren Besuch.

Meine Wohlfühltemperatur liegt mittlerweile bei 19 Grad, und ich bin froh, dass ich bei der Arbeit ein Einzelbüro habe, in dem ich, wann ich will, die Fenster aufreißen kann. Im Haus trage ich außerdem ständig den blauen Wollpullover, den mein Vater mir überlassen hat. Mir war früher nicht klar, was Wolle eigentlich für ein geniales Material ist. Trage ich den Pulli, heizen wir morgens bestimmt eine Stunde später ein und sparen ein bisschen von dem hart erarbeiteten Holz.

Meine Eltern und Sally sind unsere Gäste an diesem mittlerweile schon dritten Weihnachtsabend in unserem Haus im Wald. Sie erreichen uns im Dunklen und werden draußen im Schnee mit einem Glas Glühwein am Feuer begrüßt. Aus den Außenlautsprechern schallt leise *I'm Dreaming of a White Christmas*. In den Bäumen und Sträuchern rund um das Haus haben wir Windlichter aufgehängt, die jetzt fröhlich funkeln.

Wahnsinn, dass schon wieder Weihnachten ist, dass wir jetzt einen Hund haben, dass ich einen Braten zubereite – und dass wir uns endlich, endlich, endlich eine richtig gute Espressomaschine mit Siebträger geschenkt haben.

Ein Fingerschnippen später ist – 3, 2, 1 – Happy New Year! Dieses Jahr werde ich dreißig. Wow! Mit der einzigen Rakete, die wir in den Abendhimmel schießen, wünsche ich mir ganz, ganz fest, dass sich meine berufliche Situation ändert.

Ich schaue den bunten explodierenden Sternchen der Rakete noch einen Moment hinterher, bevor wir ins Haus gehen und die Musikanlage hochfahren. Schmiddie fürchtet sich vor dem Geknalle, das vom weit entfernten Dorf bis zu uns in den Wald schallt. Aber bei lauter Musik kann sie es nicht hören und schläft bald friedlich und ohne Angst in ihrer gemütlichen Kiste ein.

Schaukeln

Heute mache ich früher Schluss: Chef ist in Amerika, Mails sind bearbeitet. Gleitzeit. Ich will Carsten überraschen. Ausnahmsweise habe ich mich bei einem Feinkostladen ziemlich weit aus dem Fenster gelehnt und allerlei leckeres Zeug eingekauft. Käse, Salami, Brot, Chicken-Bombay-Salat, Buletten aus artgerechter Haltung.

Mit diesem Kühltaschenschatz begebe ich mich zum Bahnhof und kriege gerade noch den frühen Pendelzug. Danach erwische ich noch den Bus, der mich bis ins nächste Dorf bringt. Die letzten Kilometer gehe ich zu Fuß, und mir fällt auf, wie weit der Frühling schon fortgeschritten ist. Die sanften, so unterschiedlichen Grüntöne begleiten mich auf dem Weg durch den Wald. Die Strecke kenne ich natürlich, aber es ist das erste Mal, dass ich sie auf diese Weise zurücklege. Auf einer Wiese, die ich passieren muss, grast am anderen Ende friedlich ein Rudel Rehe. Plötzlich höre ich die urzeitlichen Rufe der Kraniche, und schon tauchen sie hinter der Baumkronensilhouette am Himmel auf. Das Wild erschrickt und setzt sich in meine Richtung in Bewegung. Es sind bestimmt dreißig Stück, die da auf mich zurasen. Dann wittert es mich, dreht um und galoppiert auf den Kranichschwarm zu, der sich laut trompetend über der Wiese zu formieren versucht. Doch bevor es ihnen gelingt, flüchten sie vor dem Wild in alle Himmelsrichtungen. Die Rehe verschwinden am Ende der Wiese im Wald. Und die Wiese liegt da, als wäre nichts gewesen. Was für ein grandioses Spektakel. So stelle ich mir eine Safari vor.

Jetzt nur noch wenige Meter, und dann bin ich zu Hause.

Aber was ist das denn da unter der Kastanie? Ist das etwa ...? Nein, das kann er doch nicht auch noch gemacht haben ...

Doch, hat er, und ist es: eine zweite, weiße, riesige Hollywoodschaukel. Carsten und Schmiddie sitzen nebeneinander darauf und schaukeln munter durch die Gegend.

»Hallo«, rufe ich. Schmiddie springt sofort runter, kommt zum Zaun gelaufen und wedelt mit dem Schwanz.

Carsten ist überrascht: »Wie bist du denn jetzt hierhergekommen?«

»Tja. Selbst ist die Frau. Aber was hast du denn da Tolles gebaut? Das ist ja der Wahnsinn!«

»Gefällt es dir?«

»Ob es mir gefällt??«

Ich falle ihm in die Arme und bedecke sein Gesicht mit Küssen. Wir hatten schon oft darüber gesprochen, dass es nett wäre, einen schönen Sitzplatz unter der großen, alten Kastanie zu haben. Und jetzt ist dieser Sitzplatz einfach da.

»Sieh mal, die Lehne kann man runterklappen, sodass eine große Liegefläche entsteht. Und dann kann man im Liegen schaukeln und ins Blätterdach schauen.«

Ich lege mich sofort auf die Holzbretter der Schaukel. Was für eine Aussicht. Die Sonne schimmert durch die Blätter, und ich verliere mich im Grün.

Am Haus hat sich ebenfalls einiges getan. Carsten hat weiter an der Außendämmung gearbeitet, und der grau verputzte Teil des Hauses ist nun mit einem symmetrischen Holzlattengerüst verziert. Dann können wir dieses Wochenende ja die Hanfmatten anbringen, aber vorher will ich einfach noch ein bisschen hier liegen. Morgen ist ja auch noch ein Tag.

»Die Hollywood-Liegewiese eignet sich bestimmt auch super zum Picknicken, oder?«

Als wüsste Schmiddie genau, wovon ich spreche, springt sie wieder zu uns auf die Schaukel und drängelt sich in freudiger Erwartung zwischen uns.

Als es gegen Abend kühler wird, wechseln wir von der Schaukel zu unserer Feuerstelle am Haus.

»Sag mal, hast du eigentlich auch das Gefühl, dass dich irgendetwas am Kopf beißt?«

»Ja, schon seit Tagen. Immer wenn die Dämmerung einsetzt. Aber da ist nichts. Oder siehst du etwas?«

»Nein. Aber es tut total weh und juckt, und ich habe auch so kleine rote Pusteln am Haaransatz. Was kann das denn nur sein?«

Wir sind beide ratlos.

Carsten entzündet in dem der Länge nach aufgeflexten alten Wassertank ein Feuer, und wir machen es uns in unseren Liegestühlen gemütlich.

»Wirst du jetzt immer noch gebissen?«

»Nein. Hier am Feuer nicht.«

Während wir noch über die mysteriösen unsichtbaren Beißtierchen nachgrübeln, fällt mein Blick immer wieder auf die neue Hollywoodschaukel, die so aussieht, als wäre sie schon immer dort unter der Kastanie gewesen.

Die Sonne geht unter, und es wird dunkel. Ich fröstle trotz Feuer ein wenig und erinnere mich an meine frühere Abneigung gegen Funktionskleidung. Völlig lächerlich und eitel.

Ich laufe ins Haus, ziehe mir die Fleecehose, den Wollpulli und meine Daunenjacke über und hole auch gleich noch zwei Schaffelle für unsere Liegestühle.

Irgendwann haben wir uns alle Neuigkeiten erzählt und schauen zufrieden, satt und schweigend in die Flammen. Was für ein schöner Tag, denke ich. Und da erscheint plötzlich aus dem Nichts ein Waldkauz schräg über dem Feuer. Er hat seine Flügel ausgebreitet, schwebt fast regungslos in der Luft und schaut von Carsten zu mir und wieder zu Carsten. Dann schlägt er einmal kräftig mit den Flügeln und verschwindet wieder. Genauso lautlos, wie er aufgetaucht ist.

Ich wage kaum zu atmen und bin wie hypnotisiert. »Ist das gerade wirklich passiert? Ich meine, hast du das auch gesehen?«, flüstere ich Carsten zu.

»Ja«, sagt er leise und voller Ehrfurcht.

Have a break, have a kitten cat

»Ich habe etwas für dich«, verkündet Carsten und bittet mich, in den Lupo einzusteigen.

»Ein Geschenk?«

»Kann man so sagen.«

Eigentlich schenken wir uns ja »nur« eine Flasche Champagner zu unserem Hochzeitstag, die wir in Erinnerungen schwelgend genießen. Ich bin also gespannt, was es ist.

Auf einem Hof im Dorf hält Carsten an. »Hier wohnt Siggi.«

»Aha.« Mit Siggi macht Carsten Holz. Aber was hat denn Siggi mit einer Überraschung zum Hochzeitstag für mich zu tun? Ich bin verwirrt.

»Hallo, Siggi.«

»Hallo, Franzi. Carsten, du weißt ja, wo es langgeht ...«

Carsten führt mich in Siggis Scheune zu einer Abseite. Und dort liegen vier klitzekleine Babykatzen dicht an ihre Mutter gekuschelt. Ich werd verrückt! Meint Carsten das ernst? Er war doch noch nie dafür, eine Katze im Haus zu haben.

Ich weiß gar nicht, was ich sagen soll.

»Ist das dein Ernst?«

Er nickt.

»Und wie viele?«

Erschrocken schaut er mich an.

»Nein, das war nur ein Witz. Das ist wirklich eine supertolle Überraschung! Wann sind sie geboren? Wann dürfen wir unsere mitnehmen? Jetzt die wichtigste Frage von allen: Darf ich sie bitte jetzt sofort anfassen?«

Ich erfahre von Siggi, an dem meine Aufregung völlig abzuprallen scheint, dass die Babys heute Morgen zur Welt gekommen sind – an unserem Hochzeitstag also –, dass wir unsere Katze in etwa sechs Wochen abholen dürfen und ich mit dem Streicheln noch ein paar Tage warten soll, was mir natürlich schrecklich schwerfällt.

»Ist eines von den Babys schon jemandem versprochen?«

»Du weißt schon, welches mit uns nach Hause kommt, stimmt's?«

Und Carsten hat recht. Zwischen zwei ganz schwarzen und einem gestreiften Tiger liegt die kleinste Katze, die mein Herz im Sturm erobert hat. Sie ist auch schwarz, hat aber ein weißes Schnäuzchen, eine weiße Brust und weiße Pfoten.

»Und wie soll sie heißen?«

»Was hältst du von Clint? In Erinnerung an unsere erste Katze im Wald.«

Drill-Sergeant

Seit Tagen, wenn nicht Wochen, regnet es. Der Sandweg, der zu unserem Haus führt, ist unbefahrbar. Die riesigen Allrad-Laster, die das Nutzholz aus dem Wald abtransportieren, zerfahren den Weg immer mehr. Ihre großen Räder hinterlassen tiefe Furchen, in denen sich das viele Wasser sammelt. Jedes Mal, wenn der Lupo durch die letzte tiefe Pfütze vor unserem Haus schliddert, habe ich das Gefühl, wir gehen unter. Das kleine schwarze Auto ist über und über mit Schlamm bespritzt und sieht aus, als hätte es gerade eine der härtesten Offroad-Ralleys der Welt hinter sich gebracht. Dass es diese Strecke überhaupt noch packt, ist ein Wunder.

Die Müllabfuhr hat schon längst aufgegeben. Wir bringen unseren Müll nun alle paar Wochen selbst zum nächstgelegenen Wertstoffhof.

Nur unser Postbote ist völlig unerschrocken. Es hat eine Weile gedauert, bis er uns das erste Mal gefunden hat, aber seither kommt er zuverlässig und stetig angefahren, überbringt uns die für uns bestimmten Neuigkeiten und das eine oder andere Paket, nicht ohne ein kleines Schwätzchen zu halten. Manchmal habe ich fast das Gefühl, er genießt die Fahrt zu uns in den Wald.

Bei der Arbeit habe ich eine Promo-Regenjacke abgestaubt. Es schmerzt mich noch immer, Geld für Funktionsklamotten auszugeben. Graue Regenjacke auf der einen Seite oder modische rote Blazerjacke, die perfekt zu meinem grau melierten Jeansrock passt. Mmh. Die Entscheidung nicht zugunsten des roten Jackentraums zu fällen, ist unmöglich. Aber ich habe ja jetzt eine Regenjacke. Früher hätte ich bei diesem Wetter keinen Fuß vor die Tür gesetzt, aber heute ... Fast genieße ich schon die Tropfen, die auf meine Kapuze prasseln. Ich stelle mir vor, dass das Wasser durch mich hindurchfließt und alle negativen Gedanken mit sich nimmt. Mich sozusagen reinigt.

Und während ich so meinen Reinigungsgedanken nachhänge, will das Wasser mir wohl wirklich etwas Gutes tun und hat einen Weg gefunden, um durch die Jacke hindurchzuregnen. Promo-Klamotte bleibt halt Promo-Klamotte. Wieder zu Hause angekommen, bin ich nass bis auf die Knochen. Damit ich mich nicht erkälte, lasse ich mir Wasser in die Wanne ein.

Ahhh. Sehr angenehm. Der Regen hat aufgehört, und durch das offene Fenster strömt der unverwechselbare, wunderbare Geruch herein, den ein Wald so hat nach einem heftigen Guss.

Schmiddie hat sich neben die Wanne gelegt und schnarcht ein bisschen, was eine beruhigende Wirkung auf mich hat.

Wie schön das Bad jetzt schon ist. Die Wandhalterung der Toilette ist verkleidet, die Decke zwischen den Balken verspachtelt und weiß gestrichen, die Balken sind weiß getüncht, die alte Handpumpe in der Ecke ist jetzt matt schwarz lackiert. Und es gibt sogar Fliesen. So hatte ich es mir vorgestellt. Damals.

Fast schlafe ich ein, aber da meldet sich der peitschenschwingende Drill-Sergeant alias Stimme Nummer drei: »Hier so faul herumzuliegen, obwohl noch so viel zu tun ist am Haus! Mach, dass du aus der Wanne kommst! Und sieh zu, dass ihr weiter an der Außenverschalung arbeitet! Meine Güte, wann soll das Ganze denn bloß jemals fertig werden?!«

Die Heftigkeit und Unbarmherzigkeit dieser unfreundlichen Person in meinem Kopf erschreckt mich.

»Das ist aber nicht nett. Ich war gerade zwei Stunden spazieren, und heute Morgen haben wir schon Türen entlackt, denn bei Regen kann man nicht an der Außenverschalung arbeiten.«

»Ja, aber jetzt regnet es ja nicht mehr!« Der Quälgeist lässt nicht locker.

Es war doch gerade so schön, aber ich bin zu schwach, um Widerstand zu leisten. Also erhebe ich mich aus der Wanne, gehe zu Carsten und sage: »Das Wochenende ist bald zu Ende. Lass uns noch einmal richtig reinhauen.«

Aber ich muss zugeben, dass ich gerade nicht mehr so viel Freude an dem ganzen Reingehaue habe wie früher. Ich bin müde.

Während wir draußen werkeln, zeigt Schmiddie uns, zu was für einem guten Wachhund sie geworden ist. Ihr entgeht nicht der leiseste Mucks, der von der gewohnten Waldgeräusch-Kulisse abweicht, und schon sprintet sie los und veranstaltet ein ohrenbetäubendes Gebell. Dieses Mal hat sie zwei Reiter ausgemacht, die sich dem Grundstück nähern. Am Zaun fegt die wilde Schmiddie neben den beiden her und bellt sich die Seele aus dem Leib.

»Schmiddie, hier!«, schreit Carsten nicht nur einmal übers Grundstück.

Keine Chance. In diesem Moment ist sie ganz in ihrem Element, und wir sind die doofen Hundebesitzer, die es nicht schaffen, ihren Hund ordentlich zu erziehen.

Als die Reiter weit genug weg sind und unser Hund sich wieder beruhigt hat, sage ich zu Carsten: »Hast du gesehen, wie die beiden geschaut haben? Also ich würde mich nicht auf unser Grundstück trauen, wenn Schmiddie sich so aufführt. Ich denke, wir haben uns wirklich einen echten Wachhund ins Haus geholt.«

»Ja. Und ich gebe die Hoffnung nicht auf, dass sie eines Tages auch immer gehorcht. Irgendwann kann ich sie rufen, und sie folgt, selbst wenn der Postbote kommt.«

Es ist zwar ein albernes Klischee, aber das gelbe Auto ist für Schmiddie wie das rote Tuch für den Stier. Wir haben sogar den Briefkasten auf die andere Seite des Weges versetzt, damit der Zusteller nicht so nah am Zaun halten muss.

»Wir können es ja mal mit einer Trillerpfeife versuchen. In einem der Umzugskartons in der Scheune müsste noch eine sein«, schlage ich vor.

Ich klettere auf den Zwischenboden, den Carsten vor unserem endgültigen Umzug in den Wald eingebaut hat, und suche geduckt nach dem richtigen Karton.

Das da müsste er sein! Ich ziehe an dem Karton, öffne eine Lasche und weiß nicht, wie mir geschieht, als mich plötzlich etwas schmerzhaft an meinem linken Auge trifft. Ich höre mich gellend schreien, und in Windeseile ist Carsten bei mir.

»Was ist los?«

»Mein Auge, mein Auge. Ich kann mit dem linken Auge nichts mehr sehen.«

Erst jetzt nehme ich das wütende Summen um uns herum wahr.

»Wir müssen schnell hier raus. Hier sind lauter Wespen. Wahrscheinlich hast du die gerade beim Nestbau gestört.«

Carsten geleitet mich die Leiter hinunter und schaut sich im Abendlicht mein Gesicht an.

»Oh. Das sieht nicht gut aus.«

Ich will selbst sehen, was da nicht gut aussieht, und gehe ins Bad. Oh Gott. Mein linkes Auge ist total zugeschwollen und dick, genau wie meine Wange. Ich sehe aus wie eine noch gruseligere Version von Quasimodo. Und das rechte Auge wird auch langsam dicker.

»In die Scheune können wir heute nicht mehr gehen. Die Wespen flippen da gerade total aus«, warnt Carsten.

Ich hätte vorhin einfach in der Wanne bleiben und nicht auf diesen Antreiber-Idioten in meinem Kopf hören sollen. Mein Auge schmerzt tierisch, und ich schwöre mir, dass mir das eine Lehre sein wird, die Balance zwischen Tun und Sein in meinem Leben wiederherzustellen.

TEIL III

CHAOSJAHRE UNTERM BLÄTTERDACH

Waldarbeit

Stefans Name erscheint auf dem Display meines Telefons. Hat er vielleicht einen Job für mich?

»Leider hat sich bei den Firmen, die ich in Hamburg für dich kontaktiert habe, nichts ergeben. Aber mir kam eine andere Idee. Willst du vielleicht für meine Firma arbeiten? Als Reseacherin?«

Er erklärt, was in diesem Job für Aufgaben auf mich zukämen, und dann sagt er: »Na ja, ich biete dir das ja nur an, weil du dann von zu Hause aus arbeiten könntest. Vorausgesetzt, deine Internetverbindung ist stabil und schnell. Da im Wald.« Er lacht.

Mein Herz setzt kurz aus und schlägt dann umso schneller. Gut, dass er mich jetzt nicht sehen kann, sonst würde er es sich vielleicht noch einmal anders überlegen. Ich mit meinem dicken Wespenstich-Gesicht, das noch grotesker aussieht, wenn ich lache. Aber das ist jetzt ja gar nicht wichtig. Wichtig ist nur sein Angebot. Egal was – Hauptsache, ich kann von zu Hause aus arbeiten und die Bezahlung stimmt.

Als hätte er meine Gedanken gelesen, sagt er: »Ich weiß ja, was du verdienst. Also, bis du die Probezeit überstanden hast, zahle ich dir dreihundert Euro weniger. Dann das Gleiche wie jetzt. Was sagst du?«

Tja, was soll ich dazu sagen? Auch wenn ich keinen Egal-was-Pakt geschlossen hätte, ist das ja wohl ein Mega-Angebot. Aber ich wäre ja nicht ich, wenn ich nicht doch noch ein bisschen zetern und zaudern würde. Also sage ich: »Das wäre ja der Wahnsinn. Was für ein tolles Angebot. Ich bespreche das alles mal mit Carsten und ruf dich dann wieder an ...«

Soll ich? Soll ich nicht? Sicherer Job gegen völliges Neuland. Kann ich das? Kann ich das nicht? Dreihundert Euro weniger? Aber das gleicht sich dann ja aus mit dem Geld, das ich jetzt fürs Pendeln brauche.

In einem ganz ruhigen Moment, in dem ich einfach nur so auf einem Stuhl sitze und in den Wald hinausschaue, meldet sich dann meine Intuition und sagt: »Machen!«

Und ich vertraue ihr.

Bis dahin hatten wir bewusst auf einen Telefonanschluss verzichtet. Und nun? Würde sich durch meine neue Arbeitssituation unsere gewollte Abgeschiedenheit und das Fernabsein von allem ändern? Würden wir uns mit Telefon und Internet das, was uns nicht fehlte, in den Wald holen?

Und wie ist das überhaupt, jeden Tag von zu Hause aus zu arbeiten? Kann ich das? Werden Carsten und ich uns auf die Nerven gehen? Und wie wird sich die Arbeit mit der Baustelle vertragen? Bei all dem Wünschen, dass es doch bitte so kommen möge, hatte ich ganz vergessen, die Konsequenzen zu beleuchten.

»Hast du Sorge, dass durch das Arbeiten zu Hause dein Gefühl von Freiheit und Frieden, das du hier im Wald hast, gestört wird?« Carsten hat anscheinend auch schon darüber nachgedacht.

Ich weiß es nicht.

Ein Anruf bei der Telefongesellschaft bringt erst einmal keine wirkliche Klarheit, was die aktuelle und zukünftige Internet- und Telefonsituation im nächsten Dorf und damit auch bei uns im Wald angeht. Wir erfahren nur, dass die oberirdische Telefonleitung, die auf Stelzen vom nächsten Dorf durch den Wald bis zu unserem Haus führt, theoretisch noch funktionieren soll. Das ist ja schon einmal was.

Bei der Gemeindeverwaltung weiß eine junge Dame genauer Bescheid. »Nächstes Jahr im März bekommt das Dorf die neuen Kabel. Und dann haben auch Sie eine schnelle Internetverbindung. Ja. Auch, wenn sie im Wald wohnen.«

Bis dahin brauche ich also nicht darüber nachzudenken, was ich mir mit dem neuen Job alles in den Wald hole, sondern muss mir jetzt erst einmal darüber Gedanken machen, wo ich in der näheren Umgebung ein Büro mit einer guten Internetverbindung finde.

In den umliegenden Dörfern gibt es auch noch keine adäquate Verbindung, aber in der nächsten Kleinstadt werden wir fündig. Auch ein Büroraum ist schnell aufgetan. Nun bin ich je nach Qualität des Waldweges zwischen 45 Minuten und einer Stunde am Tag unterwegs anstatt vier Stunden vom Wald nach Winterhude.

Aber vielleicht ist es ganz gut, dass mein Homeoffice im Wald noch ein wenig warten muss. Denn nachdem wir das Haus nun von außen komplett gedämmt und mit Douglasienbrettern verschalt haben, steht uns als nächste große Baustelle der Fußboden bevor. Wie ich unser Haus kenne, ist es bestimmt auch hier für die eine oder andere Überraschung gut.

Mein Motivationstief aber hat sich in Luft aufgelöst. Die Jobaussichten machen mich so glücklich, dass ich der festen Überzeugung bin, dass wir alles schaffen können.

Ein paar Tage vor meinem dreißigsten Geburtstag kündige ich und fühle mich so befreit, dass ich am liebsten durch die Flure meiner bisherigen Firma tanzen würde. Nicht mehr nach Hamburg pendeln! Es hat geklappt, und sogar noch, bevor ich dreißig bin.

Warum das so wichtig ist? Keine Ahnung. Aber es fühlt sich eben irre gut an, dass ich mit etwas Neuem in meine Dirty Thirty starte.

An diesem Kündigungsfreitag verlasse ich das Büro wie auf Wattewolken und freue mich auf mein langes Geburtstagswochenende. Beschwingt will ich den Weg zur U-Bahn einschlagen, als mein Auge auf ein kleines schwarzes Auto fällt, vor dem ein ziemlich gut aussehender Mann im schwarzen Longsleeve und mit Tarnhose steht. Aus dem Beifahrerfenster schaut ein hechelndes Schmiddie-Gesicht.

Einen klitzekleinen Moment brauche ich, um erleichtert festzustellen, dass es mein Mann ist, der mir da gerade so gut gefällt. Und im nächsten Moment frage ich mich, was er hier tut.

»Wir machen einen Geburtstagsausflug. Und ja, ich habe Sachen für dich eingepackt.«

Ich bin gespannt. Wo kann es denn hingehen? Vielleicht gehen wir zelten? Wandern? Oder hat er unsere letzten Kröten zusammengekratzt für eine Übernachtung in einem Wellnesshotel? Was hat er sich bloß überlegt?

»Und, bist du schon neugierig?«

»Nein! Gar nicht! Ich lass mich gern überraschen!«

An der Mecklenburger Seenplatte steigen wir um. Der Lupo wird gegen ein Boot getauscht, und ich bin baff. Damit habe ich überhaupt nicht gerechnet. Von einem netten, jungen Mann bekommen wir eine knackige Einweisung. Am Ende sagt er noch: »Sonnen- und Mückenschutz nicht vergessen. Letzterer hilft im Übrigen auch gegen die Gnitzen.«

»Gegen die was?«, fragen Carsten und ich gleichzeitig.

»Gnitzen. Kennt ihr keine Gnitzen?«

»Noch nie davon gehört.«

»Auf diesem Trip werdet ihr sie auf jeden Fall kennenlernen. Das sind klitzekleine, fliegende Viecher, die aus dem Nichts auftauchen, wenn die Sonne untergeht, und einen vorzugsweise am Haaransatz beißen. Manchmal sieht man noch nicht einmal etwas. Es juckt und brennt nur unangenehm.«

Uns geht ein Licht auf! Endlich wissen wir, was uns den ganzen Sommer über allabendlich in den Wahnsinn getrieben hat.

Die nächsten zwei Tage sind wir Kapitäne auf unserer Mini-Jacht, schippern auf den weiten Seen, fahren durch malerische Kanäle, üben schleusen, schwimmen, hören auf, über Kater- und Hundeerziehung nachzudenken, lassen Renovierungsarbeiten Renovierungsarbeiten sein und neue Jobs neue Jobs und feiern ausgelassen meinen dreißigsten Geburtstag.

Schmiddie fühlt sich auch mehr als wohl, schwimmt fröhlich im Wasser hin und her, holt Stöckchen und aalt sich an Deck in der Sonne.

Zurück zu Hause holen wir Clint ab und nehmen ihn mit zu uns in den Wald. Ich bin total besorgt, wie Schmiddie auf ihn reagieren wird. Er ist immer noch winzig, und Schmiddie im Gegensatz zu ihm mit jetzt 35 Kilo ein Koloss. Sie könnte ihn aus Versehen zertrampeln oder zerbeißen.

Auch für Katzenerziehung und -haltung gibt es viele, viele Ratgeber. Dieses Mal lasse ich mich jedoch nicht wieder so verrückt machen. Ich höre gleich auf meinen Instinkt und werde außerdem von Beginn an sehr streng sein. Denn das hätte ich auf *jeden* Fall auch bei Schmiddie sein sollen.

»Wir sollten die beiden am Anfang nicht unbeaufsichtigt allein lassen. So können wir sichergehen, dass keiner von beiden traumatisiert wird.« Ich meine das ganz ernst, und Carsten sieht es genauso.

Erst einmal kommt Klein-Clint ins zukünftige Gästezimmer. Dort ist ja alles immer noch wüst und nicht renoviert. Er kann also nichts kaputt machen, und wenn er noch nicht weiß, wo das Katzenklo steht, ist es auch nicht so schlimm.

Ich setze mich zu dem kleinen Kater in sein Zimmer und beobachte ihn, während er sich ängstlich und desorientiert umschaut. Er vermisst wahrscheinlich seine Mama und seine Geschwister.

Nach einer Weile kommt er zu mir und reibt sein Gesichtchen zaghaft an meinem Bein. Ich hebe ihn auf meinen Schoß, wo er sich sofort einrollt und einschläft. Süßer geht es, glaube ich, kaum.

Als ich ihn für die Nacht allein in seinem Zimmer lasse, sitzt Schmiddie schon aufgeregt vor der Tür. Sie will am liebsten an mir vorbei und sehen, wer bei uns neu eingezogen ist, aber sie muss sich noch bis morgen gedulden.

Am nächsten Morgen setze ich mich mit Clint auf meinem Schoß mitten ins Wohnzimmer, und wir lassen Schmiddie dazukommen. Sie schleckt ihn ab, bis er komplett eingespeichelt ist, und sagt so auf ihre Weise: Welcome to the Wald-Family.

Der kleine Kater lässt es über sich ergehen und sucht später sogar ihre Nähe auf dem Schaffell vor dem Ofen. Dort legt er sich ganz nah und schnurrend an ihre große Tatze, und ich versuche dem Impuls zu widerstehen, schreiend zu ihm zu hechten, um ihn davor zu bewahren, zwischen Fußboden und Pfote zermalmt zu werden.

Wie schön, dass ich bei diesem Tierbaby die ganze Zeit dabei sein kann, während es heranwächst.

#landylife

»Du warst mir ein treuer Freund und hast so manchen wahnwitzigen Blödsinn mitgemacht. Du hast einen selbst gebauten Gepäckträger aus Holz auf deinem Dach erduldet, mit dem wir Taschen, Baumaterial, Tische, Umzugskartons und vieles mehr auf deinem Buckel transportiert haben. Du hast einem ein Meter neunzig großen Mann, einer 1,65 Meter großen Frau und einem Vierzig-Kilo-Hund einen Schlafplatz gegeben, als wir nachts in Frankreich ankamen und keinen Zeltplatz fanden. Du hast dem heftigsten Schnee, den tiefsten Pfützen, spiegelglattem Eis, dem stürmischsten Regen und dem feinsten Staub getrotzt und uns unermüdlich in den Wald und auch wieder heraus gebracht. Du bist ein Held, und ich danke dir dafür.«

Mit einem freundschaftlichen Klaps auf den Kotflügel lasse ich meinen schwarzen Lupo bei seinen neuen Besitzern zurück und steige zu Carsten in den weißen Landrover Defender. Ich bin tatsächlich ein bisschen melancholisch wegen des Abschieds. Aber natürlich freue ich mich auch wie verrückt über dieses neue gebrauchte Auto, das so unglaublich riesengroß ist, dass locker drei Lupos hineinpassen würden.

Neben mir sitzt ein sehr, sehr glücklicher Mann, dessen Kindheitstraum wahrgeworden ist. Dieses Vehikel passt zu ihm wie die Faust aufs Auge.

»Ist dir eigentlich klar, was es bedeutet, dass wir jetzt einen Landy haben?«

»Ich glaube schon, aber ich vermute, es würde dir sehr viel Freude machen, es mir noch einmal zu erzählen.«

Und schon legt er los: »Wir können einfach ganz spontan überallhin in den Urlaub fahren, und wenn wir einen einsamen, wunderschönen Flecken Erde finden, bleiben wir einfach da. Und wenn es uns da nicht mehr gefällt, dann hauen wir wieder ab und fahren woanders hin. Hinten haben wir unser Bett und können überall schlafen, wo wir wollen. Um Unterkünfte brauchen wir uns keine Sorgen mehr zu machen. Ist ja auch viel billiger so. Da hinten an der Seite könnte ich dann einen kleinen Schrank einbauen für den Kaffeekocher, deine alte Bialetti, Besteck und so weiter. Und hinter deinem Sitz könnten wir einen Kühlschrank installieren. Der Landy ist wie unser kleines Haus. Unser Reisehaus.«

So aufgeregt habe ich Carsten lange nicht mehr erlebt.

Ich will ja kein Spielverderber sein, aber ich muss es doch sagen: »Bevor du jetzt anfängst, am Landy herumzubasteln, würden mir noch ein paar Sachen einfallen, die im großen Haus ein bisschen dringender zu erledigen sind.«

Ein richtiges Bett zum Beispiel. Nach wie vor schlafen wir auf einer äußerst durchgelegenen Matratze, die direkt auf den Hölzern einer Palette liegt.

Carsten tut so, als hätte er das nicht gehört, und träumt weiter vom Innenausbau unseres Reisemobils.

Einerseits freue ich mich für ihn, dass er meinen mahnenden Ätzkommentar ignoriert. Andererseits denke ich an meinen Schreibtisch, der ja bald an einem ungestörten, unverstaubten Platz in unserem Haus stehen soll. Ich bin etwas besorgt, dass ich das Büro nach erneuter Rückversicherung bei Amt und Telekom nun vielleicht doch zu früh gekündigt habe.

Das Fahrgefühl im Landy ist toll. Der Lupo kommt mir dagegen wie ein Spielzeugauto vor. Statt direkt mit dem Po auf der Fahrbahn zu sitzen, habe ich jetzt einen super Überblick und fühle mich viel sicherer und geschützter.

Der Waldweg hat schon bessere Zeiten gesehen, und ich bin gespannt, wie der Landy sich auf den letzten Kilometern zu unserem Haus bewähren wird. Mit dem Lupo wurde es zuletzt immer schwieriger, die Strecke zu bewältigen. Nach lang anhaltenden Regen- oder Schneefällen gab es immer öfter Phasen, in denen wir mit dem Lupo eigentlich nur noch mit ausreichend Schwung durch den Schlamm schliddern konnten. Manchmal ging auch überhaupt nichts mehr, und dann mussten wir ihn erst einmal stehen lassen.

»Das ist ja wirklich ein Unterschied wie Tag und Nacht«, platzt es dann aus mir heraus.

»Ja, ne?!« Carsten strahlt und gibt ein bisschen mehr Gas. Gemütlich schaukelt der Landy über die Buckelpiste, als wären die tiefen Löcher für ihn nur sanfte Dellen.

»Für den Landy ist das hier Kindergarten. Was meinst du, wo wir noch überall mit ihm hinfahren werden!«

Ich werde es bestimmt bald erfahren.

Einkisten

Gut, dass ich mein Büro wenigstens noch zwei Monate lang habe: Mission Fußboden is on the way und Chaos in the house.

Unser Haus wäre ja nicht unser Haus, wenn wir einfach so einen Fußboden verlegen könnten. Neeein. Das geht nicht. Allein die Planung und Vorbereitung dafür dauert so lange, wie andere dafür brauchen, ein Fertighaus zu errichten. Wir müssen: 1. Alle Möbel (glücklicherweise sind das nicht allzu viele) ins erste Obergeschoss oder in die Scheune bringen. 2. Unser Bett in unserem zukünftigen Schlafzimmer unterm Dach installieren, wo es aber natürlich nicht bleiben wird, weil auch dort ja noch ein neuer Fußboden verlegt werden soll. 3. Den lang ersehnten Durchbruch vom Gästezimmer zu dem Zimmer machen, das bis jetzt nur von außen begehbar ist. 4. Die Treppe vom Flur ins Wohnzimmer versetzen. 5. Die morschen alten Fußbodenbretter entfernen. 6. Den darunter liegenden Waldboden gleichmäßig und auf die richtige Tiefe rausschaufeln (Au ja!), damit 7. Beton in unser Untergeschoss gegossen werden kann, der dann 8. ein halbes Jahr trocknet, bis 9. die Lagerbalken an- und das Dämmmaterial dazwischen eingebracht werden können, worauf dann 10. die Fußbodenbretter verlegt werden, was hoffentlich im November, spätestens aber Anfang Dezember der Fall sein wird, damit wir den Fußboden 11. noch dunkel beizen und anschließend lackieren können, und er rechtzeitig zu Weihnachten – denn dann haben wir wieder die Bude voll – trocken ist.

Jetzt ist April. Das muss doch zu schaffen sein.

Zum hundertsten Mal schleppen wir die vollgestaubten Umzugskartons durch unser Haus. Dieses Mal wieder nach oben. Ich weiß überhaupt nicht mehr, was da drin ist, und würde sie am liebsten alle wegschmeißen, anstatt sie wieder von einem in den anderen Raum zu bugsieren. Wieso fragen mich die Leute eigentlich immer nur, ob ich Angst hätte im Wald oder ob mir hier nicht langweilig werde? Die viel wichtigere Frage ist doch: Was würdest du anders machen, wenn ihr noch einmal beginnen könntet?

Dazu habe ich eine klare Antwort: Ich würde *nie* wieder ein Haus nur nach und nach entkernen. Ich sage nur: Staub und Kisten und Chaos. Also lieber nur einmal ganz schlimmes Chaos und ganz schlimmer Staub und dann nie wieder.

Was hat Carsten noch einmal vor vier Jahren gesagt: »In einem halben Jahr mache ich dir einen Palast daraus!« Das hat ja bisher noch nicht geklappt. Aber ich will auch nicht zu streng sein. Wer hätte denn wissen können, welche Überraschungen unser Traumhaus noch für uns in petto hat. Und fast alles ganz allein zu machen, ist ja auch ein Wort.

Ich bin Carsten nicht böse, dass er sich ein bisschen bei der Zeit verkalkuliert hat, die wir brauchen, um das Haus nach unseren Vorstellungen in Schuss zu bringen. Und dass die finanzielle Kalkulation auch nicht gestimmt hat, ist normal. Jeder, der ein Haus renoviert, sagt, dass es im Nachhinein doppelt oder dreimal so viel Geld kostet, wie man am Anfang eingeplant hat.

Sobald ich im Garten bin, ist meine schlechte Laune aber fast ganz verschwunden. Denn der Frühling ist mit voller Wucht und ganz plötzlich da. War die Kastanie schon immer so prächtig? Hat der Flieder schon immer so üppig geblüht? Oder ist mir das nur früher einfach nicht so aufgefallen? Vielleicht ein bisschen von beidem. Den Flieder habe ich ja schließlich auch fachmännisch Jahr für Jahr beschnitten, sodass er nun das erste Mal viele wunderbare helllilafarbene Blüten trägt. Am besten, ich drehe noch eine Runde durch den Wald, während Carsten zu seinem Hardcore-Punk-Mix unser Paletten-Bett oben wieder zusammenbaut.

Schmiddie und Clint schließen sich mir an. Nachdem ich Cesar Millans Sendung im Fernsehen entdeckt habe (*Der Hundeflüsterer!*), bin ich Fan davon, Rudelführer zu sein. Ich habe mir ein paar Tricks und Tipps von Cesar abgeschaut und gehe entsprechend mit Schmiddie um. Sie ist teilweise zwar sehr irritiert, aber es funktioniert. Generelles An-der-Leine-Gezerre ist Schnee von gestern. Wenn ein paar Rehe den Weg kreuzen, weiß sie es allerdings leider immer noch nicht besser. Sie würde einem Reh niemals etwas zuleide tun, aber ihr Lieblingsspiel ist es seit jeher, hinter anderen herzurennen oder selbst von anderen gejagt zu werden. Aber das werde ich ihr auch noch austreiben. Und irgendwann wird sie sich frei im Wald bewegen können, ohne mir zu entwischen.

Clint lässt sich, wie immer, zurückfallen und geht mit einigen Metern Abstand hinter uns her. Er muss halt ständig schauen, ob nicht die nächste Gefahr aus der Luft, hinter dem Busch oder auf dem Baum auf ihn lauert. Wird der Abstand zu groß, fängt er an, sich lauthals zu beschweren.

»Ist ja gut. Ist ja gut. Wir warten ja. Aber dann komm auch«, rufe ich ihm zu.

Schmiddie und ich legen eine kleine Pause ein, damit er aufschließen kann. Ich knie mich neben Schmiddie hin und streichle sie, während mein Blick durch den Wald schweift und an etwas ungewohnt Hellem hängen bleibt. Was kann das denn sein? Ich versuche, unauffällig meine Position zu verändern, um besser sehen zu können. Ist das etwa ein Schimmel? Oder sehe ich hier gerade ein Einhorn?

Hinter einem Laubbaum erkenne ich ein weißes Tier von der ungefähren Statur eines Pferdes. Der Wind bläst mir ein Sandkorn ins Auge. Ich muss blinzeln, und als ich wieder gucken kann, ist das Tier verschwunden. Oder vielleicht ist es auch nie da gewesen ...?!

Obwohl wir ja bald wieder mit unserem Bett und allen Kartons – yay! – nach unten ziehen werden, freue ich mich doch, dass wir jetzt die erste Nacht in unserem zukünftigen Schlafzimmer verbringen. Wenigstens ist der Raum schon verputzt.

Wir sind beide ziemlich erledigt vom Tag und legen uns erschöpft hin. Es ist noch nicht mal acht und immer noch hell, aber wir sind ja auch keine Duracell-Häschen.

Die letzten Sonnenstrahlen blinzeln durch das Schlafzimmerfenster direkt auf unser Bett, und mir wollen gerade die Augen zufallen. Da sehe ich, wie sich Peterle auf den Zweig vor meinem Fenster setzt. Er macht es sich bequem, ruckelt ein paarmal mit dem Po hin und her, hält die Ärmchen vor seinem Körper und macht die Augen zu. Er schläft. Lange betrachten Carsten und ich dieses friedliche, kleine Wesen, das da arglos auf einem Ast sitzt, und schlafen dabei selbst irgendwann ein.

Und täglich grüßt das Murmeltier. Haben wir nicht gerade gestern die Kisten nach oben geschafft? Mir tun jetzt schon die Arme weh. Was ist da noch mal alles drin? Nach zwei Wochen Unterbeton-Aushärtung kommt der ganze Kisten-Kladderadatsch von oben wieder nach unten, damit rechtzeitig zu meinem Büroumzug in den Wald mein Schreibtisch auch irgendwo in unserem Haus stehen kann. Wir haben uns für oben auf der Galerie entschieden, damit Carsten unten unbehelligt weiterarbeiten kann. Dafür müssen aber dort noch die Fußbodenbretter verlegt werden. Das Lackieren verschieben wir auf später. Wenn wir mal mehr Zeit haben. Ha. Witzig ...

»Was ist das denn da?« Dort, wo der zweite Schornstein unseres Hauses im Schlafzimmer in die Decke übergeht, entdecke ich einen gräulichen Fleck. Das sieht nicht gut aus.

»Ist das Wasser?«

»Ja, sieht so aus.«

Oh no! Das auch noch! Das ist bestimmt gar nicht gut für die Zellulosedämmung im Dach. Mir schwant Übles.

»Vielleicht sollten wir den Schornstein lieber gleich ganz entfernen. Wir wissen ja nicht, wie marode der ist.«

Oh Gott. Schornsteinentfernung klingt nach einer ganz schön heftigen Aktion.

»Da muss ich noch einmal drüber schlafen. Das würde ja bedeuten, dass unten im Bad an der Stelle wieder Fliesen und Wand fehlen und hier oben ein Loch im Fußboden entsteht.«

Ich dachte, dass jetzt endlich die Zeit anbrechen würde, in der wir unser Haus auf Hochglanz polieren. Das Umstyling sozusagen. Aber nein. Es sieht so aus, als wären wir mit der Vorarbeit noch immer nicht durch.

Wie zur Bestätigung meiner Vermutung kommt am Nachmittag der Schornsteinfeger vorbei. Sein Geselle hat den intakten Schornstein schon einmal gefegt. Jetzt will der Meister einmal selbst schauen, und er hat gleich zwei Hiobsbotschaften für uns: »Also, für den Schornstein, den Sie benutzen, brauchen Sie ein Innenrohr aus Edelstahl. Am besten sofort. Mit dem Status quo verursachen Sie hier bald einen Waldbrand. Und den anderen Schornstein sollten Sie abreißen, wenn Sie ihn nicht brauchen. Sonst haben Sie nur Ärger damit, und Ihre Dämmung läuft mit Kondenswasser voll.«

Dann kann ich mir das Drüberschlafen ja sparen. Nach *den* Neuigkeiten werde ich eh keinen Schlaf mehr finden.

Wie teuer mag wohl so ein Schornsteininnenrohr sein?

Schmerzlich vermisst

Ob wir ihn wirklich allein lassen können?

Mein Herz fühlt sich an wie ausgewrungen. Da sitzt der kleine Kater vor unserer Haustür und schaut mich flehend an, als wüsste er ganz genau, dass wir nun vier Tage weg sein werden. Am liebsten würde ich unsere Dänemark-Pläne fürs Wochenende über den Haufen werfen. Aber ich habe Carsten ja versprochen, dass ich auch weiterhin mit ihm verreisen würde. Auch wenn wir einen Kater hätten.

Und jetzt habe ich den Salat. Ich will mein Versprechen eigentlich nicht einhalten. Andererseits weiß ich, dass ein paar Tage Abstand von der chaotischen Staubhölle dringend notwendig sind. Der Abbau des zweiten Schornsteins ist für sich allein genommen schon grauenhaft. Überall fliegen Aschereste herum, im Badezimmer unten sind Wand und Fußboden teilweise wieder aufgerissen, und alles ist staubbedeckt.

Und außerdem würde mir Carsten bestimmt nicht verzeihen, wenn ich die erste, wenn auch kurze Landy-Reise sabotieren würde.

Ich drücke den Kater also noch ein letztes Mal an meine Brust, was er sich dieses Mal gefallen lässt. Sonst drückt er immer demonstrativ seine Beinchen durch und stemmt sich förmlich gegen jede Umarmung. Vorsichtig setze ich ihn wieder vor der Haustür ab und steige ins Auto.

»Es kann losgehen.«

»Sei nicht traurig. Bettina wird sich gut um ihn kümmern.«

Wir setzen uns in Bewegung, und ich sehe den kleinen Kater im Rückspiegel verloren auf dem Sandweg sitzen.

Das Meer, die Salzluft, die Dünen, Strandgras – wenn nicht im Wald, dann bitte hier! Das Ofenrohr, die Kistenschlepperei, den Staub, ja sogar den Kater vergesse ich an diesem langen Sommerwochenende am Strand. Spaziergänge an endlosen Stränden, Zeit, die sich dehnt und mich ein ganzes Buch am Stück lesen lässt, ein glücklicher Hund, der einen Ball nach dem anderen aus dem Meer fischt und dann in der Sonne döst, Muscheln, die in meine Jackentasche wandern, mein Mann, der mir morgens Kaffee macht und dazu ein Madeleine serviert. Herrlich.

Wie froh bin ich, dass Carsten immer wieder am Auto gebastelt hat, sodass es nun mit einem gemütlichen Bett ausgestattet ist. Was das bedeutet, wird mir erst jetzt so richtig klar. Einfach losfahren, immer alles dabeihaben. Keine Hotelbuchung. Keine große Planung. Da bleiben, wo es uns gefällt. Pure Unabhängigkeit ist das. Luxuriöse Freiheit. Dass wir uns nur im Meer waschen können und ich keine fest installierte Toilette parat habe, macht mir dabei nichts aus.

Unsere Kühltasche mit Oliven, Schinken und Käse lagern wir in unserer ersten Nacht am Strand unter dem Wagen.

Ich schlafe schon lange in meinen Schlafsack gekuschelt, als Schmiddie mich mit einem ärgerlichen Knurren aufweckt.

»Carsten!« Ich stupse ihn in die Seite.

»Was ist denn?« Mein Mann ist verschlafen und nicht besonders begeistert von dem Wake-up-Call.

»Schmiddie knurrt.«

Langsam gewöhnen sich meine Augen an das Mittsommernachtslicht.

Einige Meter vor unserem Auto meine ich unsere kleine Kühltasche zu erkennen, die sich durch die Dunkelheit bewegt. Ich reibe mir die Augen.

»Siehst du das auch?«

»Ist das etwa ein Fuchs?«

Ja, ist es. Ein kleiner Fuchs zerrt die Kühltasche an ihrem Henkel durch den Sand zu einer Düne, wo er die Beute wohl einmal etwas genauer unter die Lupe nehmen will.

Sonst sind wir ja nicht so und geben gern etwas ab. Aber hierbei handelt es sich um unseren Proviant fürs Wochenende. Carsten steigt aus. »Hey!«

Erschrocken läuft der Fuchs davon. Schmiddie bellt sich währenddessen im Auto die Seele aus dem Leib. Wenn es ums Essen geht, versteht sie keinen Spaß.

Die Tage vergehen wie im Flug. Das Haus Baustelle sein lassen, uns unsere Träume erzählen, unsere Pläne neu ausrichten und uns an uns erfreuen – das tut gut, und das sollten wir in Zukunft öfter tun. Jetzt haben wir ja das richtige Auto dafür!

Einerseits würden wir gern noch länger bleiben, andererseits aber haben wir Sehnsucht nach dem Kater. Wir verlassen also unseren ersten Landy-Spot ever und fahren fröhlich nach Hause. Mit an Bord nicht nur Schmiddie, sondern auch eine drei Meter lange Treibholzbohle, die irgendwann einmal zu den Seitenwänden einer Bücherwand in unserem Gästezimmer werden soll …

»Clint! Clinti? Wir sind wieder da. Clint?!«

Von unserem Kater keine Spur. Auch Carsten versucht es und geht tiefer in den Wald hinein. Ich klappere mit den Fressnäpfen, und Schmiddie läuft aufmerksam über das ganze Grundstück, so als würde sie ihn suchen. Aber er taucht nicht auf, lässt sich nicht finden. Jede Stunde laufe ich wieder hinaus und rufe nach ihm. Aber er kommt nicht. Als wir ihn zu uns geholt haben, habe ich ihn willkommen geheißen und mich mental auch gleich wieder von ihm verabschiedet. Ein Kater, der draußen sein darf, wird vermutlich irgendwann verschwinden. Ich hätte nur nicht gedacht, dass es so bald passiert.

»Ihr hattet ihn noch nicht kastriert? Warum das denn nicht?«

Meine Freundin Sally ist am Telefon ganz außer sich vor Unverständnis. Katzen und Kater müssten kastriert werden, vor allem, wenn sie draußen seien. Erstens wegen der viel zu hohen Katzenpopulation. Zweitens, weil die Wahrscheinlichkeit, dass sie bei einem bleiben, größer sei, wenn man sie kastrieren lasse.

»Wenn Kater sich paaren wollen, laufen sie kilometerweit. Die Chancen, dass sie auf der kopflosen Suche nach einer paarungswilligen Katze über die Straße rennen und von einem Auto überfahren werden oder im Kampf mit einem anderen Kater sterben, ist sehr hoch«, referiert Sally.

Damit nimmt sie mir die letzte Hoffnung, dass Clint wiederkommt.

Carsten hingegen ist nach wie vor optimistisch, aber ich finde mich insgeheim damit ab, dass unser Kater für immer verschwunden und vielleicht schon tot ist.

Um uns von Clints spurlosem Verschwinden abzulenken, stürzen wir uns wieder in die Arbeit. Während ich draußen die Türen abschleife, arbeitet Carsten an der Unterkonstruktion des Fußbodens auf der Galerie.

Plötzlich macht es einen lauten Rumms. Stille. Dann lässt Carsten die schlimmste Schimpfworttirade ab, die ich seit Langem von ihm gehört habe, und endet mit: »Maaann!!!«

Ich lasse den Schwingschleifer fallen und laufe ins Haus. Fast pralle ich gegen seine Beine, die aus der Decke baumeln.

»Oh Gott. Nein. Was ist denn bloß geschehen?«

»Komm bitte mal schnell hoch. Ich komm hier allein nicht raus!«

Wie von der Tarantel gestochen hetze ich die steile Treppe hinauf und sehe als Erstes Blut an dem Arm herunterlaufen, mit dem er sich an einem Balken festhält. Nach einer kurzen Schreckstarre begebe ich mich vorsichtig zu ihm und helfe ihm dabei, sich aus dem Loch herauszuziehen.

Wir begutachten die Wunde. Bis zum Knochen. Wieder einmal. Wir müssen definitiv ins Krankenhaus.

»Und?«

»Die üblichen drei ...«

Also wie in Dänemark. Beim Auseinandertrennen einer Treibholzpalette mit einem Beil hatte er sich damals die Hand verletzt. Die Ärztin nähte die Wunde mit drei Stichen.

Vor ein paar Jahren wäre ich bei diesem Anblick in Ohnmacht gefallen. Jetzt gucke ich mir die Naht genau an und denke, dass ich ihn auch selbst hätte zusammenflicken können. Ich habe ja schließlich auch schon ein Brathähnchen zusammengenäht.

Zurück im Wald erholen wir uns auf dem Sofa von dem Schrecken. Mit unserem Wegzug aus der Stadt hat auch unser alter Röhrenfernseher seinen Weg in unser Haus gefunden.

»Heute ist ein *Unter der Sonne der Toskana*-Abend.« Ich lege den Film in den DVD-Player ein und serviere Carsten unser Wohlfühl-Fast-Food: Flöten – Aufbackbaguette überbacken mit Zwiebeln und Scheibletten. Letztere eine meiner heimlichen Leidenschaften.

Vollgestopft mit Flöten liegen wir auf dem Sofa und leiden, lieben und lachen mit Diane Lane in Italien. Schmiddie liegt auf einem Fell neben dem Sofa. Dass sie im Haus nur im Flur sein darf, ist längst passé. Am Anfang habe ich wirklich gedacht, dass das so bleiben würde.

Trotz oder vielleicht auch gerade wegen ihrer Widerborstigkeit habe ich Schmiddie schneller in mein Herz geschlossen, als ein Hase davonrennen kann. Und wenn sie jetzt mal nicht bei uns im Wohnzimmer liegt, sondern in ihrer Kiste im Flur ihre Ruhe haben will, vermisse ich sie sofort, will zu ihr gehen, ihr die Öhrchen streicheln und den Bauch kraulen …

Als Diane Lane in Positano ihren Geliebten besucht, kratzt es plötzlich am Fenster neben unseren Köpfen, und ein klägliches Miauen folgt.

Da steht er: Unser Clint. Oder das, was von ihm übrig ist. Ein dünner, zerrupfter kleiner Kater, der so aussieht, als könne er auch die ein oder andere Flöte vertragen.

»Er ist wieder da!« Ich reiße das Fenster auf, drücke meinen Kater an meine Brust und lache und weine zugleich. »Er ist wieder da! Er ist wieder da! Carsten! Er ist wieder da!«

Schmiddie springt aus Versehen zu uns aufs Sofa. Aber zu schimpfen, fällt mir gar nicht ein. Ich bin so dankbar, dass der Kater wieder da ist, dass ich gerade alles erlauben würde.

Auch Carsten stehen die Tränen in den Augen: »Dass ich so an ihm hängen würde, hätte ich nicht gedacht. Mann, Alter! Du hast dir aber wirklich Zeit gelassen!«

Bei aller Freude ist Carsten und mir aber auch klar, was nächste Woche passieren wird: Der Kater wird kastriert.

Home works

»Und jetzt stellen Sie den Router an und warten einen kleinen Moment.«

Wird das WLAN funktionieren? Wird die Internetverbindung schnell genug sein? Wird der Laptop den Router erkennen? Okay. Ja. Ich bin ziemlich angespannt. An meinem Schreibtisch sitzend, folge ich den weiteren Anweisungen meines Ansprechpartners bei der Telekom. Und siehe da: Signalbalken.

»Bitte bleiben Sie noch einen Moment dran.«

Ich öffne Firefox, gebe »google« ein, und siehe da, die Seite baut sich auf. Es funktioniert!

Mit dem Laptop unterm Arm renne ich die Treppe hinunter, über den Unterbeton, hinaus aus dem Haus und hopse auf die Hollywoodschaukel. Schmiddie weiß gar nicht so recht, was los ist, und springt gleich auch mit auf die Sitzfläche, sodass wir heftig schaukeln.

Einmal tief einatmen, Laptop aufklappen und: Jippieh! Sogar bis hierhin reicht das Signal des Routers.

Über mir das Blätterdach der Kastanie, rechts neben mir der duftige Flieder, links neben mir die erwartungsfroh hechelnde Schmiddie, hinter mir der Wald und vor mir unser schönes, frisch gedämmtes Haus. Hier kann ich arbeiten. Wow! Fast vier Jahre nachdem wir unser Waldparadies entdeckt haben, ist mein Wunsch nun wirklich wahr geworden. Ich habe eine Arbeit gefunden, die ich von zu Hause aus machen kann und die mir sogar Spaß macht! Das ist unglaublich und wahnsinnig toll.

Carsten setzt sich zu mir auf die Schaukel.

»Ist dir eigentlich klar, was das bedeutet, dass ich jetzt von zu Hause aus arbeiten kann?«, frage ich ihn lachend.

»Ich denke schon, aber du wirst es mir bestimmt gern noch einmal erklären«, grinst er zurück.

»Nie wieder pendeln, viel mehr Zeit für uns, keine Extrakosten fürs Büro. Ich bin im Wald!«

Das Klingeln meines Handys unterbricht uns.

»Hallo, Papi.«

»Bist du im Wald?«

Schon seit einer Weile fragt uns niemand mehr, ob wir zu Hause sind. »Im Wald sein« ist zum Synonym dafür geworden.

»Ja, und weißt du auch, warum? Weil wir hier jetzt eine funktionierende und sehr schnelle Internetverbindung haben. Das Büro haben wir schon gekündigt. Juhu! Hier meine Festnetznummer. Jetzt können wir auch ohne Signalstörungen telefonieren.«

»Diese Arbeit ist kein Zuckerschlecken. Wirklich nicht.«

Mein Arm ist schon ganz lahm vom Schwingen des Pinsels, und meine Haut im Gesicht rot und gereizt von der Holzschutz-Lasur, mit der wir die Außenverschalung palisanderfarben anmalen.

»Und das Ganze noch ein zweites Mal?«

Carsten nickt, sagt aber nichts weiter. Ich auch nicht. Wenigstens ist es endlich mal eine Maßnahme, die der Verschönerung des Hauses dient und die man im Nachhinein auch sieht. Das motiviert mich, und wie ziemlich oft in letzter Zeit denke ich: Und wenn es das Letzte ist, was ich tue. Diese Seite mache ich heute noch fertig.

Seit fünf Tagen greife ich nach der Arbeit am Laptop noch zum Pinsel. Das gute Wetter müssen wir zum Streichen nutzen.

Letzte Woche konnte ich vor einem Geschäftstermin in Hamburg einen morgendlichen Besuch auf dem Isemarkt einschieben. Deshalb haben wir jetzt knackfrischen Salat, Thymianbratwürste und superleckeres Baguette. Die Würstchen grillen wir über dem Feuer, entspannen uns und betrachten unser heutiges Werk.

Schmiddie hat sich taktisch klug neben dem Feuer und mitten im Weg positioniert. Es könnte ja sein, dass Carsten mit dem mit

Würstchen beladenen Teller über sie stolpert und ein paar davon hinunterfallen ... Sie gibt die Hoffnung eben nie auf.

Die Fassade ist jetzt zur Hälfte gestrichen. Ich kann mir vorstellen, wie wunderschön das Haus einmal aussehen wird. Die Fensterrahmen haben wir schon himmelblau getüncht. Der Kontrast zu dem dunklen Braun der Fassade wirkt toll. Die Fensterläden, die das Haus ja einmal hatte und die wir wieder anbringen wollen, sollen ebenfalls himmelblau angestrichen werden. Auch die stehen auf meiner ellenlangen To-do-Liste, die ich an die Innenseite der Haustür geklebt habe. Ob wir die wohl jemals ganz abarbeiten werden?

Durch das Küchenfenster kann ich die offenen Küchenschrank-Korpusse sehen, in denen unser Geschirr seit vier Jahren verstaubt. Natürlich habe ich auch hier genaueste Vorstellungen davon, wie die Küche einmal aussehen soll: abgerundete Türen und Fronten, Muschelgriffe aus Gusseisen, über dem Backofen eine dunkelbraune Arbeitsplatte, auf der unsere Espressomaschine steht, darüber ein paar Regalbretter für etwas Schönes, Dekoratives, an der Wand rustikale blau-weiße Fliesen und über der Spüle ein Bild mit einem aus den auf unserer Hochzeitsreise gesammelten Muscheln geformten Herz. Diese Küche gibt es nicht zu kaufen. Carsten müsste sie bauen.

Aber auch weitere Carstis gibt es eben nicht zu kaufen. Und der eine kann nicht gleichzeitig die Fassade streichen, die Fensterläden bauen, die Küchenschränke anfertigen, die Decke in Küche und Flur mit Holzplanken verkleiden, die Decke unterm Dach spachteln und streichen, das Kleiderschrankzimmer zum Tapezieren vorbereiten, die Treppe versetzen, die Wand hinter der Treppe zum Tapezieren vorbereiten, die Fußbodenbretter für unten zur Verlegung vorbereiten, die Fußbodenleisten lackieren, den Fußboden auf der Galerie lackieren, ein Bücherregal aus Treibhölzern bauen, ein Regal für die Galerie anfertigen, das kleine Badezimmer oben entkernen und ein neues herbeizaubern und uns ein Bett bauen. Das geht einfach nicht. Manchmal ist es wirklich schwer, sich nicht entmutigen zu lassen und stetig seiner Vision zu folgen.

Carsten reißt mich aus meinen Gedanken: »Du, sag mal, weißt du zufällig, wo mein zweiter Arbeitsstiefel abgeblieben ist?«

»Welche meinst du denn?«

»Die Stiefel, die immer vor der Haustür stehen. Davon ist seit ein paar Tagen der rechte verschwunden. Ich dachte, dass das vielleicht ein dezenter Hinweis von dir ist, dass ich die Stiefel da wegräumen soll.«

»Nein, ich habe deinen Stiefel nicht versteckt. Meinst du, der wurde geklaut?«

»Von wem denn? Von einem einbeinigen Landstreicher vielleicht? Das glaub ich kaum.«

Da löst sich plötzlich etwas aus der Holzverschalung über dem Küchenfenster und unterbricht unsere angeregte Stiefel-Unterhaltung. Das Etwas saust direkt an Carstens Kopf vorbei gen Himmel.

»Was ist das denn?«

Wir blicken beide aufmerksam nach oben und erkennen die Silhouette einer sehr kleinen Fledermaus, die schnell mit den Flügeln schlägt und abenteuerliche Flugmanöver vollführt.

Nach einigen Minuten sehen wir zwei weitere, größere Tiere am Himmel. Gebannt schauen wir zu, wie die drei durch die Lüfte toben und steile Abstürze mit mehrfachen Loopings abwechseln, um auch noch die letzte Mücke einzufangen und zu vernaschen.

Während der Flugshow geben die Fledermäuse immer wieder ein Fiepen von sich. So etwas habe ich noch nie gehört.

Noch lange sitzen wir vor unserem Haus und schauen den Tieren dabei zu, wie sie sich ihre Mahlzeit verdienen. Und so ist es bei uns eben auch: Wir verdienen uns dieses Haus. Und als ich das denke, kommt mir auch schon die nächste Idee: »Wäre es nicht hübsch, wenn an der dunkelbraunen Holzfassade Kletterrosen wachsen würden?«

Carsten ist gleich Feuer und Flamme. »Ja, und davor könnte ein Holzsteg am Haus entlangführen …«

Versonnen blicken wir auf den Teil des Hauses, an dem wir uns diese neue Idee vorstellen können. Und ich bin gleich wieder voll motiviert. Fast greife ich noch einmal zum Pinsel, um auch noch den letzten Rest des Hauses einzupinseln.

Aber auch nur fast.

Morsch

Je weiter wir uns von Hamburg entfernen, desto ruhiger wird es im Zug und auch in mir. Das Pendeln fehlt mir so gar nicht. Zwei Wochen war ich auf Geschäftsreise. Total ungewohnt, mal wieder schicke und modische Klamotten zu tragen. Und lustig, wenn die Füße abends noch genauso sauber sind wie morgens. Trotzdem habe ich Carsten, die Tiere, den Wald und sogar die Baustelle schmerzlich vermisst. Aus dem Zugfenster sehe ich die herbstlich bunten Bäume vorbeiziehen. Im Wald ist es jetzt bestimmt wunderbar. Aber eben auch schon wieder Herbst.

Bald können wir nicht mehr draußen arbeiten, und wir wollten doch so viel schaffen dieses Jahr. Aber durch die ganzen neuen Mini-Baustellen, die sich in den letzten Monaten aufgetan haben, konnten wir nicht mal die Hälfte unserer Pläne umsetzen, obwohl wir die ganze Zeit geschuftet haben. Carsten sowieso, und ich in jeder Minute, die ich nicht an meinem Schreibtisch saß.

Es ist wirklich schwer, eine gute Balance zwischen Arbeit und Entspannung zu finden. Zwischen genießen, was wir schon geschafft haben, und vorantreiben, was noch zu erledigen ist. Ich bin immer gieriger geworden in letzter Zeit. Gierig nach dem Fertigwerden des Hauses – und dabei habe ich vergessen, was das Haus im Wald doch eigentlich für ein wunderbares Abenteuer sein sollte: Nicht das Renovieren des Hauses sollte unsere Zeit im Wald füllen, sondern das Da-Sein, unser Zusammensein und unsere Freude daran. Das ist mir irgendwie in den letzten Monaten abhandengekommen. Vielleicht, weil wir jetzt permanent im Wald leben, weil wir einen Alltag und einen Job in diesem Haus haben?!

Vielleicht brauchen Carsten und ich auch einfach mal wieder etwas Abstand von allem.

Ich wuchte meinen Koffer auf das Bahngleis, wo mein Mann schon auf mich wartet.

Während der Fahrt nach Hause ist er ungewohnt still und bedrückt.

»Was ist denn los?«

»Wir müssen die Decke des zukünftigen Kleiderzimmers beziehungsweise den Fußboden des Schlafzimmers komplett rausnehmen ...«

Carsten fällt es augenscheinlich nicht leicht, mir diese Neuigkeiten zu eröffnen, denn er schaut mich dabei kaum an.

»Waaas?« Ich kann mir den Aufschrei einfach nicht verkneifen, und noch im selben Moment tut es mir schon leid. Er kann ja auch nichts dafür. Ich versuche, die Situation noch zu retten, indem ich schnell und weniger irre hinzufüge: »... ist denn passiert?«, und ich bin froh, dass er mir meinen Kurz-Ausraster verzeiht.

»Das Entfernen der abgehängten Decke hat zum Vorschein gebracht, dass die Deckenbalken in dem Zimmer total morsch sind. Wir müssen sie auswechseln!«

Ich versuche, mir meine Gedanken aus dem Zug in Erinnerung zu rufen: Der Weg ist das Ziel, liebe Franziska.

Immer noch nicht mein Lieblingsspruch, aber nun leider einmal wahr.

Dov'è la Schmiddie

Der Landy ist gepackt. Der Kater wird versorgt. Schmiddie liegt schon seit heute Morgen im Auto, damit wir ja nicht ohne sie losfahren.

»Auf nach Italien!«

Zwei Tage später sind wir in Sassetta. Ein malerisches Dörfchen in der Toskana, wo es uns sofort gefällt.

Schmiddie lassen wir im Auto, während wir uns umschauen. Ich laufe als Erstes einer typischen italienischen Mama mit Kittelschürze in die Arme, die mich an ihren großen Busen drückt. Dabei habe ich sie einfach nur fröhlich angelächelt. Das muss der freundlichste Ort der Welt sein, wenn wir hier gleich so begrüßt werden.

Als Nächstes zeigt sie mir, wo es die beste Pizza gibt. Nämlich in dem einzigen offenen Lokal.

Sie kneift mich in den rechten Arm und sagt: »Già sposata?«

Ich nicke mit dem Kopf in Richtung Carsten, und sie schüttelt traurig den Kopf und sagt: »Che peccato.« Dann geht sie ihres Weges.

»Was hat sie gesagt?«

»Ich glaube, sie wollte mich mit ihrem Sohn verheiraten. Zuerst hat sie gefragt, ob ich verheiratet sei, und als ich das bejaht habe, war ihr Bedauern groß.«

Die Pizza ist besser als die beste Pizza, die wir je in Germania gegessen haben. Der Teig, die Soße, der Käse – einfach alles. Zum Niederknien. So eine Pizza müssen wir auch lernen herzustellen.

Auf der Piazza genießen wir in der lauen Abendluft ein eisgekühltes Bier, während die Schwalben über unseren Köpfen kreisen. Dann machen wir uns auf die Suche nach einem Schlafplatz. Carsten biegt auf eine Wiese ab und ruckelt mit dem Landy über den abschüssigen Hang. Mir ist das nicht so ganz geheuer, aber ich will ihn auch nicht gleich in seinem Offroad-Glück bremsen. Schließlich finden wir einen geschützten Platz, auf dem der Landy auch einigermaßen gerade stehen kann. Der Ausblick vom Hang über die Ebene ist atemberaubend. Die Sonne ist untergegangen und das Licht rosa-weich. Wir holen die Liegestühle vom Dach und machen es uns gemütlich. Was für ein irres Gefühl, jetzt einfach hierbleiben zu können. Carsten hatte recht. Das ist echte Freiheit.

»Wie gut es tut, mal weg von allem zu sein.«

Carsten nickt.

Ich bin schneller im Urlaub angekommen, als ich es für möglich gehalten hätte, und fange an, mich richtig zu entspannen.

Wir verbringen einige traumhafte Tage in und um Sassetta und sind in dem kleinen Örtchen anscheinend schnell Talk of the Town. Bei unserem morgendlichen Cappuccino auf der Piazza ruft uns ein netter Typ zu: »Dov'è la Schmiddie?«

Wir lachen und versuchen, ihm mit Händen und Füßen klarzumachen, dass sie im Auto liegt und schläft.

Bevor wir Sassetta verlassen, statten wir dem örtlichen Schlachter noch einen Besuch ab.

»Pollo arrosto?«

»Mmh?«

Der Schlachter deutet auf die knusprig-goldenen Hähnchen in seiner Auslage und macht die typischste aller italienischen Gesten: Fingerkuppen der rechten Hand zusammen zum Mund geführt, Lippen zum Kussmund geformt, Fingerkuppen an die Lippen, Hand lässig wegwerfend in meine Richtung, Öffnung der Fingerkuppen. Gefolgt von einem: »Molto buono.«

Um das zu verstehen, muss ich nicht fließend Italienisch können.

Natürlich nehmen wir eines.

Auf einer Bank über dem Meer öffnen wir die Verpackung, die das Brathähnchen warmgehalten hat. Wir haben großen Hunger, und der erste Bissen ist so lecker, dass es mir die Sprache verschlägt. Ich gebe Carsten ein weiteres Stück, während Schmiddie, vor uns sitzend, Stielaugen bekommt.

»Wie kann ein gewöhnliches Brathühnchen nur so gut sein? Ich werde zu Hause nie wieder eines essen können.« Carsten reicht mir die Rotweinflasche, aus der ich genüsslich einen großen Schluck nehme.

Wald-Loft

»Ich bekomme einen Bonus, und ich weiß genau, was wir damit machen.«

»Ach ja? Was denn?« Carsten freut sich genauso wie ich über den unverhofften Geldsegen.

»Wir werden einen Maler beauftragen, um die Decke zu spachteln und zu malen. Dann hat das Elend endlich ein Ende.«

Schon ein paar Male haben Carsten und ich angefangen, die Übergänge an den Rigipsplatten zu spachteln, aber das Ergebnis war uns nie gut genug. Mein Entschluss steht felsenfest. Ich will dieses To-Do von meiner Liste streichen, und zwar noch bevor wir die Fußbodenbretter verlegen, was ja bald der Fall sein wird.

Doch bevor irgendein Maler irgendeine Decke anmalen kann, müssen wir ja erst einmal dafür sorgen, dass er überhaupt an die Decke herankommt. Die Hälfte des Hauses hat ja keine Zwischendecke mehr.

»Die Deckenbalken sind noch da. Wir legen einfach wieder Bretter drauf. Ich denke, wir haben noch genügend lange Douglasienbretter von der Außenverschalung übrig. Die müssten mit ihren sechs Metern Länge und fünf Zentimetern Dicke passen.«

Habe ich gedacht, dieses Mal gehe es ausnahmsweise mal einfach, so habe ich mich getäuscht.

Nachdem wir einen Maler gefunden haben, der kurzfristig unsere Decke spachtelt, beginnen wir mit den Vorbereitungen. Schon beim ersten Brett fallen mir die Arme ab: Wir bringen es aus dem Garten ins Haus. Ein Ende schräg auf einen Balken gelegt. Ich stehe unten und halte das untere Ende. Carsten geht nach oben, balanciert über die Balken in die Mitte des Hauses zu dem Brett und zieht das Brett dann nach oben, während ich es über meinen Kopf drücke.

»Wie viele müssen wir denn davon überhaupt auslegen?«, rufe ich.

»Lass uns nicht darüber nachdenken, sonst machen wir es nicht zu Ende.«

Wir schwitzen, fluchen, schimpfen, und sechs Stunden und 45 Minuten Bretter später ist das Werk vollbracht. Meine Schultern brennen, meine Beine wackeln. Complete Body Workout würde ich sagen.

Clint ist völlig außer sich. Schon die Fußbodenaktion war für ihn ein absoluter Affront: Kisten, Möbel, Fußbodenbretter nicht mehr da, wo sie hingehören! Und jetzt Bretter auf den Balken, auf denen er eigentlich sein Mittagsschläfchen hält. Frechheit! Clint hasst Veränderungen in seinem Revier. Anklagend setzt er sich bei jedem Brettergang vor uns in den Weg.

»Krass, wie düster das Haus mit einer Zwischendecke wirkt. Es war absolut die richtige Entscheidung, die Decke rauszunehmen. Oh Gott, weißt du noch? Der Staub?« Bei der Erinnerung schüttelt es mich, und ich fasse mir unwillkürlich in meine Haare, die inzwischen wieder schulterlang sind.

Nach dieser schweißtreibenden Aktion setzen wir uns in der Abendsonne vor die Haustür und kühlen uns ab, bevor wir nacheinander in die Wanne steigen. Schmiddie liegt auf dem Rasen neben uns ausgestreckt und ist völlig zufrieden mit sich und der Welt.

Da lässt uns ein leises Quietschen aufmerken. Da es sich weder um eine akute Bedrohung von außerhalb des Zauns handelt noch um etwas zu essen, hat Schmiddie für das Geräusch nicht mehr übrig als ein gespitztes Ohr. Aber Carsten und ich wollen natürlich wissen, wo es seinen Ursprung hat.

»Kommt das aus der Wand?«, frage ich Carsten verwundert. Wir stehen beide auf und inspizieren die Hauswand, schauen von unten in die Hohlräume der Verschalung, können aber nichts erkennen.

Noch nicht ...

Clint kommt unter dem Landy hervor zu uns und schaut ebenfalls interessiert nach oben zu den Zwischenräumen der Verschalung, entscheidet dann aber, dass es Wichtigeres gibt als ein Quietschen in der Wand, läuft zu Schmiddie und beißt ihr übermütig ins Hinterteil.

Schmiddie springt vor Schreck auf und wird gleich wieder von Clint attackiert. Er springt an ihren Hals und versucht, sie abermals zu beißen. Sie lässt sich auf sein Spiel ein, legt sich schwanzwedelnd auf den Boden und dreht sich auf den Rücken, wobei sie auf sein nächstes Manöver wartet. Dieses Mal springt er auf ihren Kopf und beißt ihr ins Ohr. Sie stupst ihn mit der Pfote zur Seite und reißt ihr riesiges Maul auf, in das Clint mit seiner Pfote – Krallen wohlgemerkt eingefahren – ein paarmal hineinlangt. Dann läuft er um sie herum und beißt ihr in den Schwanz. Jetzt ist es ihr zu viel, und sie rennt wie verrückt ein paarmal um die Kastanie. Damit ist das Spiel der beiden beendet.

»Das ist jedes Mal wieder wie Kino, ne?«

Drei Tage und drei Maler später gehe ich sehr gut gelaunt zu meiner To-do-Liste an der Haustür, zücke meinen roten Edding und streiche »Decke spachteln, Decke streichen« kräftig durch. »Aber jetzt will ich auch sehen, wie es aussieht«, kündigt Carsten an.

Ich eigentlich auch, aber auf die Bretteraktion habe ich so überhaupt keine Lust.

»Komm schon. Runter ist einfacher als rauf.«

»Okay. Bin dabei.«

Und die nächsten vier Stunden ackern wir wie blöde und stapeln die Bretter wieder dort auf, wo wir sie eine Woche vorher hergeholt haben.

Während ein Brett nach dem anderen verschwindet, versuche ich mich nicht dazu hinreißen zu lassen, nach oben zu schauen. Ich will die achtzig Quadratmeter große weiße Fläche mit den dunkelbraunen Balken davor ganz und auf einmal sehen.

»So. Geschafft.« Carsten zieht die beiden zerfledderten Fifties-Sessel, die wahrscheinlich nur so schwer sind, weil das Polster voller Staub ist, in die Mitte des Wohnzimmers.

»Hier.« Ich reiche ihm ein eisgekühltes Dosenbier, und wir lassen uns in die Sessel fallen. Schmiddie setzt sich zwischen unsere Sessel, und Clint springt auf meinen Schoss. Die Tiere scheinen zu spüren, wenn es Meilensteine zu feiern gibt. Denn in solchen Momenten sind sie immer, aber auch wirklich immer, in unserer Nähe.

Dann schauen wir – alle vier – nach oben. Und es ist sooo toll!

»Ich muss ein bisschen weinen, jetzt. Wahrscheinlich nur wegen der Anstrengung von der Schlepperei«, gebe ich lachend zu. Und Carsten hat auch Freudentränen in den Augenwinkeln.

»Es ist einfach noch besser, als ich es mir in meinen kühnsten Träumen vorgestellt habe.«

»Ja!«

Der Raum wirkt plötzlich viel größer, weiter und edler als vorher. Jetzt ist es wirklich ein richtiges Loft. Ein Wald-Loft, das wir uns hier erschaffen haben.

Carsten bringt mich zum Bahnhof.

»Du bist ganz schön oft unterwegs in letzter Zeit. Und es wäre auch ganz schön, wenn du ein bisschen weniger arbeiten würdest.«

Vor einer Woche war ich zu Interviews in Hamburg. Dieses Mal fahre ich für einige Tage zur Messe nach Berlin. Die nächsten Termine sind schon geplant. Viele neue Aufträge warten darauf, bearbeitet zu werden, was bedeutet, dass ich auch viel zu tun haben werde in nächster Zeit. Carsten hat schon recht. Zurzeit bin ich etwas rastlos.

»Stimmt. Damit hatte ich ganz bestimmt nicht gerechnet, als ich den Job angetreten habe. Komisch, oder?!«

»Nicht wirklich. Denn wenn du etwas machst, dann machst du es auch richtig. Und dann ist das die normale Entwicklung in einem Job.«

»Ist das viele Unterwegssein denn gut oder schlecht?«

»Ein bisschen von beidem, würde ich sagen. Schlecht, weil du nicht im Wald bist, und ohne dich ist der Wald nicht derselbe. Gut, weil wir uns vermissen können, weil du auch mal Abstand von der Baustelle brauchst.«

»Ja, vielleicht. Du wirst mir trotzdem sehr schlimm fehlen!«

Der Zug rollt langsam in den Bahnhof ein, wir umarmen uns lang und fest.

»Bevor ich's vergesse. Ich weiß jetzt, was das Quietschen in der Hauswand war …«

»Oh. Was denn?«

»Ich schick dir ein Foto, wenn ich wieder zu Hause bin.«

»Das ist aber jetzt gemein.«

»Wieso? Du sagst doch immer, dass du gar nicht neugierig bist.«

Bei diesen Worten schließen sich auch schon die Türen, und der Zug nimmt Fahrt auf. Ein paar Meter läuft Carsten noch nebenher. Wir winken uns und verlieren uns dann aus den Augen. Abschied nehmen ist doof.

Keine halbe Stunde später bekomme ich eine Nachricht mit einem Foto: Im Hohlraum der Außenverschalung hängt eine kleine Fledermaus, die sich mit ihren Pfötchen an der Oberkante des Bretts festhält und ihren Kopf in die Sonne streckt.

Losing it

Trotz des guten alten bodenlangen Flanellnachthemdes, das mir im Winter zu einem treuen Freund geworden ist, ist mir an diesem Morgen so kalt, dass ich sofort zum Ofen eile und ihn entzünde. Ich habe beim Ausatmen sogar eine kleine Dampfwolke vor dem Mund.

Ich recke und strecke mich, aber mein Nacken und meine Schultern schmerzen vom Lackieren der hölzernen Küchendecke. Ich muss auf die Matte. Im Kleiderzimmer ist mein Winter-Yoga-Spot. Ein ganzes Zimmer nur für meine Klamotten zu haben, das auch noch so hübsch geworden ist, ist wirklich ein wahr gewordener Traum. Silbergraue Tapete im Seventies-Style, matte Leuchtröhren, die einen riesigen Spiegel beleuchten, und der offene Schrank, der all meine schönen Klamotten, Schuhe und Taschen beherbergt.

Carsten hat mir zwei Drittel der Schrankfläche überlassen – er ist halt ein wahrer Gentleman.

Ab geht's auf die Yogamatte, die ich in der Mitte des Zimmers ausrolle. Bis mein Körper aufgewärmt und wieder geschmeidig ist, ist auch die Ofenwärme im Haus angekommen.

Bei der Abschlussmeditation sitze ich in eine Wolldecke eingewickelt auf dem Yogakissen vor der Terrassentür, habe eine Kerze entzündet und mir meinen duftenden Kaffee bereitgestellt. Draußen wird es ganz langsam Tag.

Jetzt schließe ich die Augen und will mich auf meine Atmung konzentrieren. Aber Stimme Nummer drei ist auch schon auf und bereits ziemlich laut: »Nachher musst du noch die ganzen Rechnungen bezahlen. Und ihr braucht unbedingt einen neuen Ofen, eure Spülmaschine ist kaputt. Ihr braucht Stühle, ein Bett und und und. Nie habt ihr genug Geld. Es reicht einfach nie ...«

Ich versuche, Nummer dreis Gewüte leiser zu stellen, aber es gelingt mir nicht. Schon sehe ich einen riesigen Stapel Rechnungen auf meinem Schreibtisch und gähnende Leere auf meinem Konto vor mir. Sind es wirklich so viele Rechnungen, die ich noch bezahlen muss diesen Monat? Und hat das Minus auf unserem Konto wirklich schon wieder das Limit des Dispos erreicht?

»Nummer drei hat mich am Sack zu packen gekriegt«, wie Carsten so schön ironisch sagen würde. Aber eins wird mir in diesem Moment klar, und das ist neu: Es ist immer der gleiche Unsinn. Seit Jahren.

Und? Was ist bis heute Schlimmes passiert? Gar nichts. Im Gegenteil. Wir haben bisher alle Rechnungen immer bezahlen können. Und hier und heute an diesem eiskalten Wintertag sage ich Nummer drei, dass ich sie nicht mehr brauche. Sie darf nach Hause gehen, denn ich bin mir sicher: Es ist genug da. Es wird reichen. Und zur Besiegelung dieses Beschlusses genehmige ich mir einen großen Schluck heißen Kaffee. In dem Moment, in dem ich meine Tasse absenke und die Augen wieder öffne, sitzt direkt vor mir, auf der Holzstufe der Terrassentür, ein Käuzchen. Es dreht seinen Kopf von links nach rechts, und nachdem ich einmal ungläubig geblinzelt habe, ist es genauso schnell wieder in die Morgendämmerung verschwunden, wie es aufgetaucht ist. Ob es wohl dasselbe Käuzchen war, das uns vor Jahren am Lagerfeuer begrüßt hat?

»Och, Clinti. Ich muss doch arbeiten.«

Wieder einmal positioniert sich Clint auf meinem Schoß, um seine Work-Prevention-Clint-Attention-Maßnahme durchzuführen. Mit seinem Po setzt er sich auf meinen linken Unterarm, mit seinem Kopf drückt er meinen rechten Unterarm nach unten, sodass ich unter seinem Gewicht nicht mehr am Laptop arbeiten kann.

Ich lasse ihn gewähren. Eine kleine Pause zwischendurch tut mir ja auch gut. Ich lehne mich zurück und schaue aus dem Fenster. Heute war mir danach, unten am Esstisch zu arbeiten und dabei in die Natur zu schauen. Es wird so früh dunkel, dass ich oft das Gefühl habe, es ist den ganzen Tag duster. Aber heute erleuchtet die Nachmittagssonne den Schnee, der noch auf Boden und Bäumen liegen geblieben ist.

Da springt Clint plötzlich auf und rennt knurrend zur Glastür. So habe ich ihn das letzte Mal erlebt, als Schmiddie mit Carsten unterwegs war und ein Auto an unserer Pforte hielt. Damals hat er Schmiddies Platz als Beschützer von Haus und Hof eingenommen. Mein kleiner Wachkater ist also wieder am Start.

Ich folge seinem Blick in den Wald und sehe gerade noch einen buschigen grau-schwarzen Schwanz im Dickicht verschwinden. Das war doch nicht etwa ein Wolf? Nein. Das kann nicht sein. Wahrscheinlich eher ein entlaufener Hund. Oder doch ein Wolf?

Carsten ist mit Schmiddie im Schlepptau zum Einkaufen gefahren. Ich muss ihn sofort anrufen.

»Denkst du, es gibt hier Wölfe?«

»Wieso? Hast du etwa einen gesehen?«

»Ich weiß es nicht genau. Ich habe einen grau-schwarzen Schwanz gesehen, der im Dickicht verschwunden ist. Vielleicht können wir ja nachher zusammen mal in den Wald gehen und schauen, ob wir noch Spuren finden.«

»Das machen wir. Das wäre ja was!«

Mit Stirnlampen bewaffnet machen wir uns wenig später auf den Weg. Carsten deutet als Erstes auf ein paar Spuren, die jedoch nicht besonders gut sichtbar sind. Wir fotografieren sie aber trotzdem. Sie sind fast größer als Schmiddies Pfotenabdrücke. Aber um den Wolf anhand der Spuren identifizieren zu können, bräuchten wir mehr und genauere Abdrücke.

»Stell dir das mal vor, wenn sich hier wirklich Wölfe ansiedeln würden.« Carsten klingt begeistert.

»Findest du das nicht auch etwas gruselig?«

»Also, erst einmal finde ich es gut. Solange es nicht zu viele werden. Die jagen dann ja auch, halten die Wilddichte mit im Zaum, sodass es wieder mehr Laubbäume geben wird. Und für mich bedeuten sie halt auch Wildnis.«

»Ja. Schon. Aber ich weiß nicht so recht. Mir wäre es schon auch etwas unheimlich.«

Gerade habe ich mich an den Gedanken gewöhnt, einen Wolf zum Nachbarn zu haben, da kommt schon die nächste Herausforderung auf mich zu: Zwei Wochen vor Weihnachten und keine Diele in Sicht!

Mich erreicht die Nachricht des Tischlers, dass die Fußbodenbretter noch nicht gehobelt und gespundet sind, weil eine seiner Maschinen den Geist aufgegeben hat. Dumpfes Gefühl im Kopf, Schweiß im Nacken, leichte Übelkeit und immenser Druck auf dem Solarplexus. Ist das jetzt ein Nervenzusammenbruch oder ein Herzinfarkt?

Ich lass mich einfach zu Boden sinken. Mitten in die braunen Tonkügelchen, die aussehen wie Hasenkot und zur Dämmung überall verteilt zwischen der Balkenkonstruktion auf dem Unterbeton liegen. Sollen wir Baum, Tisch, Stühle, Geschenke und uns vielleicht auf den Balken balancieren? Wo sollen Sally, Caro, meine Eltern und wir schlafen? Und die armen Tiere? Ich breche in hysterisches Schluchzen aus und komme mir dabei auch noch total lächerlich vor, aber ich kann nicht anders: »Ich wollte doch nur einen fertigen Fußboden an Weihnachten. Mehr wollte ich doch gar nicht.«

Nun sind wir so weit gekommen, und jetzt werde ich verrückt?

»Das Einzige, was zählt, ist, dass wir zusammen sind. Diese Bretter bedeuten nicht die Welt, aber wir schon.« Carstens Worte beruhigen mich, und mein Schluchzen verebbt an seiner Brust. »War vielleicht alles ein bisschen viel in letzter Zeit. So viel Arbeit und die Baustelle und jetzt auch noch Weihnachten. Aber ich bin mir sicher, es wird auch ohne Fußboden ein tolles Fest werden. Einen provisorischen Übergangsfußboden zu zaubern, ist doch ein Kinderspiel für uns.«

Ich greine: »Ich will aber keinen Übergangsfußboden! Ich will einen richtigen Fußboden!«

Bei den letzten Worten muss ich allerdings schon wieder lachen. Solange wir gesund sind und einander haben, ist doch sowieso alles paletti!

Nach unserem Provisorischer-Fußboden-Weihnachten, das nicht weniger schön war als jedes andere Weihnachten zuvor, steht im neuen Jahr dann gleich die nächste Aufregung ins Haus. Schmiddie geht es gar nicht gut, sie muss operiert werden.

Als Carsten die von der Vollnarkose noch völlig benommene Schmiddie aus dem Auto hebt, wird klar, wie ernst die Situation gewesen ist. Mir zieht sich der Magen zusammen, als ich die Narbe sehe, die längs über ihren ganzen Bauch verläuft. Carsten ist ganz grau im Gesicht vor lauter Sorge.

»Sie hat sehr viel Blut verloren. Zum Glück ist die Tierklinik sehr gut ausgerüstet, sonst wäre sie bei der OP gestorben.«

Vorsichtig legt er die kleine große Schmiddie auf unserem Sofa ab.

»Oh nein. Es tut mir so leid, dass ich nicht bei euch war.« Ich nehme Carsten in meine Arme.

Wir sitzen stumm bei Schmiddie und warten, dass sie aufwacht.

Als sie die Augen aufschlägt, ist sie erst einmal völlig desorientiert und scheint sich zu wundern, warum sie plötzlich auf unserem Sofa liegt, das doch bisher immer tabu für sie war.

Aber mir ist alles recht. Ich will nur, dass es ihr wieder gut geht.

»Welch ein Glück, dass wir die Blutuntersuchung bei dem Arzt gemacht haben. Sie war wirklich nicht mehr die Alte. Sie war ja schon richtig depressiv mit ihren ganzen Scheinschwangerschaften.«

»Wahrscheinlich hätten wir sie gleich kastrieren lassen sollen, dann wäre es vielleicht gar nicht so weit gekommen ...«

Aufgrund der starken Hormonschwankungen in Schmiddies Organismus hatten sich an ihren Zitzen Knoten gebildet. Und die sind nun zusammen mit den Milchdrüsen bei der Operation entfernt worden. Um weitere Probleme zu unterbinden, wurden auch die Eierstöcke herausgenommen, an denen sich bereits Zysten entwickelt hatten. Ein heftiger Eingriff.

»Der Arzt sagt, dass es ihr wieder gut gehen wird. Und zwar schon bald.«

»Dein Wort in Schmiddies Ohr!«

Ein paar Tage später ist Schmiddie schon wieder so munter, dass sie eine große Schale Nassfutter in Nullkommanichts verspeist und sogar schon Anstalten macht, spielen zu wollen, was natürlich nicht geht, weil sie einen Kragen mit einem riesigen Durchmesser tragen muss.

TEIL IV

VERWURZELT

Waldmusik

Mein Must-have in dieser Sommersaison ist das ultimative Lagerfeuer-Accessoire. Die glänzende schwarze Westerngitarre, auf die ich schon länger ein Auge geworfen habe, ist mein erster Kauf nach meiner Gehaltserhöhung.

Nun steht der Postbote vor der Pforte und überreicht mir das große Paket mit der Gitarre darin.

Ich bin richtig aufgeregt. Ist sie so schön wie auf dem Bild? Ich habe es gewagt und sie bestellt, obwohl ich überhaupt nicht Gitarre spielen kann!

Beinahe hätte eine sehr uninspirierende Probestunde in einer Musikschule es geschafft, mir die Idee auszutreiben, auf meine alten Tage noch ein Instrument zu lernen. Aber nur beinahe. Nachdem ich mit dem Klischee eines Gitarrenlehrers – nikotingelber Rauschebart, Nickelbrille, schwarze Lederweste mit Schafsfellfütterung und Cordhose – eine Stunde lang den A-Akkord den Gitarrenhals rauf und runter geübt hatte, war meine Gitarristinnen-Karriere schon fast im Sand verlaufen. Aber eben nur fast.

Ich öffne den Karton und wickle die Gitarre aus ihrer Schutzhülle. Sie sieht genauso aus, wie ich sie mir vorgestellt habe.

Vor sechs Jahren noch dachte ich, dass ich ein Diplom brauche, um einen Nagel in die Wand zu schlagen. Und heute kann ich kreissägen, Stämme entrinden, Holz spalten, Armbrust schießen, Tomaten anpflanzen, Socken stricken, Torten backen, Vögel bestimmen, Fleisch zerlegen, Zecken entfernen, Wunden nähen, Häuser herrichten und noch viel, viel mehr. Und das alles habe ich mir nach und nach selbst beigebracht. Entweder weil ich Lust darauf hatte oder weil ich es musste. Und ich werde nun auch lernen, wie man Gitarre spielt! Halleluja! Es lebe der Autodidaktismus!

Nach zwei Minuten Griffe greifen tun mir die Fingerkuppen so dermaßen weh, dass ich die Gitarre erst einmal wieder weglegen muss. Ich hoffe, dass das nach und nach besser wird. Carsten wünscht sich *Simple Man* von Lynyrd Skynyrd, und mithilfe eines

Griffe-Handbuchs und diverser YouTube-Tutorials mache ich mich daran, meine Interpretation des Songs lagerfeuertauglich zu machen.

»Ahhh. Da seid ihr ja!« Aus dem Landy krabbeln meine Freundin Anna und ihre Tochter Paulina, die Carsten gerade vom Bahnhof abgeholt hat. Die inzwischen völlig genesene Schmiddie rast fröhlich auf die beiden zu und lässt sich erst einmal ausgiebig streicheln. Die Narbe ist zwar immer noch sehr gut zu sehen, aber das Fell darüber ist schon ein bisschen nachgewachsen.

Auch dieses Jahr haben Anna und Paulina wieder den weiten Weg von München in den Wald auf sich genommen, um uns zu besuchen. Wir haben viel vor: Carsten und ich haben eine Schatzsuche quer durch den Wald für Paulina vorbereitet – mit Hinweisen wie bei einer Schnitzeljagd. Wir wollen Blaubeeren sammeln und damit Muffins backen. Die Konstruktion eines Vogelhauses steht auf dem Programm. Der Bienenstock soll ausgiebig inspiziert werden. Außerdem natürlich jede Menge Verkleiden, Musizieren und Quatsch-Machen.

Schmiddie und Paulina sind ein Herz und eine Seele und springen gleich fröhlich umeinander herum. Dann läuft Paulina zur Scheune.

»Ist das Pferd noch da?«

Letztes Jahr hat sie mit Carsten zusammen ein Steckenpferd gebaut.

»Was für eine Frage. Natürlich ist es noch da.« Carsten holt es hervor und übergibt es seiner rechtmäßigen Besitzerin, die sofort einen Stall mit Gras und Wasser in einem der leeren Holzbunker für das Pferdchen einrichtet.

»Das sieht ja toll aus mit den blauen Fensterrahmen vor der dunklen Holzfassade. Und die passenden Läden am Küchenfenster. Wie süß. Kommen die überall hin?« Ich freue mich, dass es Anna gefällt. Ist sie doch nicht nur in modischen Fragen eine Instanz in Sachen Style.

»Ja, wenn wir irgendwann Zeit finden, die anderen Fensterläden zu bauen …«

Paulina schaltet sich ein: »Und wann kommen endlich die Hühner und die Ziegen?«

»Mein Engel, sobald du groß genug bist, um auf Hühner und Ziegen aufzupassen und die Ställe auszumisten, wenn wir verreisen wollen.«

Solange will unser kleiner Besucher-Schatz aber nicht warten.

Am Samstag kommen Sally, Andrea, Caro und ihr Freund John dazu, und wir feiern das Leben und die Liebe mit einem kleinen Mini-Sommerfest. Es gibt Nudeln mit zweierlei Soßen und zum Nachtisch Spaghettieis aus der Kartoffelpresse mit selbst gemachter Erdbeersoße.

Satt und glücklich sitzen wir am Lagerfeuer unter einem wunderbaren Sternenhimmel, der mit unserer sich drehenden Diskokugel um die Wette strahlt. Caro ist der Musik treu geblieben und hat gerade ihre erste Platte veröffentlicht. John, ein professioneller Musiker, hat einige Songs mit ihr zusammen geschrieben.

»Caro, John – könnt ihr nicht ein paar Songs spielen?«

Meine Westerngitarre kommt in den Genuss, von John gespielt zu werden, und Caro singt dazu. Wir anderen sitzen drum herum und lauschen. Das Feuer, der laue Abend, leckeres Essen, gute Drinks, das Licht, die Stimmung, die Musik und Menschen, die ich liebe. Und das alles in unserem kleinen Haus im Wald. Wer hätte das gedacht.

Für die Nacht hat jeder ein Plätzchen zum Schlafen gefunden. Caro und John auf der großen Hollywoodschaukel, Sally auf dem Sonnendeck auf dem Scheunendach, Anna und Paulina in unserem Schlafzimmer, Andrea im Gästezimmer und wir auf dem Sofa.

Wie immer wenn ich ein bisschen zu viel Alkohol getrunken habe, wache ich um Punkt drei Uhr nachts auf und muss auf die Toilette. Ich stehe also auf, schleiche auf Zehenspitzen ins Badezimmer und mache das Licht an.

Huch. Was ist das denn? Bin ich doch betrunkener, als ich dachte? Oder bin ich vielleicht gar nicht wach, sondern träume gerade nur, dass ich auf der Toilette sitze? Direkt einen Meter vor mir hockt eine Kröte. Nicht ganz groß, aber auch nicht ganz klein. Sie sitzt einfach da und starrt mich an. Ist die echt? Oder spielt mir hier jemand einen Streich? Oh Gott. Hoffentlich fängt die jetzt nicht an zu sprechen.

Ich zwicke mich in den Oberschenkel. Okay. Ich träume anscheinend nicht. Dann ist es vielleicht eine Halluzination? Wie kann man nur gleichzeitig so müde und doch so wach sein? Das ist alles sehr irritierend. Was soll ich denn nun machen mit der Kröte?

Ich bin völlig überfordert mit der Situation und beschließe, die Kröte Kröte sein zu lassen und wieder ins Bett beziehungsweise aufs Sofa zu gehen und zu schlafen ...

»Ich habe gestern Nacht eine Kröte im Bad gesehen«, überrasche ich Carsten nach dem Aufwachen.

»Was hast du?« Er ist noch völlig verschlafen.

»Da war eine Kröte im Bad. Gestern Nacht. Sie hat mich angestarrt, als ich auf der Toilette war.«

»Eine Kröte in unserem Bad. Bist du sicher, dass du das nicht geträumt hast?«

»Nein. Ganz sicher. Sie war da. Aber gesprochen hat sie nicht.«

»Mmh.« Carsten dreht sich auf die andere Seite. »Vielleicht hast du einfach nur ein bisschen viel getrunken gestern Abend.«

»Ich werde gleich mal nachschauen.«

Aber im Bad ist weit und breit keine Kröte zu sehen.

Wenig später sind alle auf und frühstücksbereit.

»Wer will ein Ei-Sandwich?«

Alle Arme gehen hoch. Nur John weiß nicht, was Sache ist. Alle anderen kennen die Katerfrühstück-Spezialität des Hauses.

Caro klärt ihn auf: »Franzi is making a sandwich with ketchup, fried eggs and a sort of cheese which basically consists of plastic but tastes good and melts quickly. It is very, very, very good and a must-have medicine, especially when you're hungover.«

»Okay. I will have one, too.«

Zwei Sandwiches kann ich parallel machen, und auch, wenn sich die Zutaten vielleicht banal anhören: Das Ergebnis ist, wenn es richtig gemacht ist, phänomenal.

»Bitte schön, jetzt noch dreißig Sekunden warten, bis der Käse zerschmolzen ist. Dann könnt ihr essen.«

Die ersten beiden Sandwiches sind serviert. Jetzt kann der Tag beginnen.

Birkin und Bussard

»Und wo wohnen Sie?« Die sympathische Kandidatin, die ich für einen Kunden interviewe, guckt mich interessiert an.

Mein Job hat sich für mich so gut entwickelt, dass ich auf eigene Faust Termine wahrnehmen kann. Und nun sitze ich schick und adrett mit meiner Gesprächspartnerin an einem runden Tisch im edlen Hyatt Hotel in Hamburg, und bis mein nächster Termin startet, ist noch ein wenig Zeit. Aus Erfahrung weiß ich, dass meine Antwort viele weitere Fragen nach sich ziehen wird. Ich bin in meinem Arbeitsumfeld ein Paradiesvogel, wenn es ums Thema Wohnen geht.

Ich könnte ja jetzt auch sagen: auf dem Land außerhalb von Hamburg. Darunter kann sie sich wie die meisten anderen Menschen bestimmt etwas vorstellen, das nachvollziehbar ist, das Sinn macht. Speckgürtel, Stadtnähe, mehr Platz, ein Garten, ein eher bezahlbares Haus. Aber das ist ja nicht die Wahrheit.

Also sage ich: »Ich wohne etwa hundert Kilometer von Hamburg entfernt mitten im Wald.« Als ich die magischen vier Buchstaben ausspreche, verspüre ich sofort Sehnsucht.

Pause. Mein Gegenüber muss erst einmal das Bild, das sie sich von mir gemacht hat, mit dieser neuen Information in Einklang bringen.

»Im Wald?«

»Ja, genau. Mein Mann und ich, wir wohnen mitten im Wald in einem alten Forsthaus.« Ich sehe Carsten vor mir, wie er gerade das Scheunenvordach baut.

»Das ist aber ungewöhnlich. Ist da eine Siedlung oder so?«

»Nein, wir wohnen da ganz allein. Der nächste Nachbar ist drei Kilometer Luftlinie entfernt.«

Ich wette, als Nächstes fragt sie: »Ist Ihnen das nicht zu einsam?« oder »Haben Sie gar keine Angst so allein im Wald?«.

»Haben Sie gar keine Angst so allein im Wald?«

»Nein. Am Anfang schon, aber man gewöhnt sich an die Geräusche, die Gerüche. Und wenn man es mal ganz sachlich betrachtet, ist es in der Stadt ja viel gefährlicher als im Wald. Denn da ist ja niemand.«

Lustig, dass ich diese Wahrheit, mit der Carsten vor Jahren versucht hat, meine Ängste zu zerstreuen, nun endlich auch selbst fühlen kann.

So richtig passt das alles für die Dame, die mir gegenübersitzt, immer noch nicht zusammen. In ihrem Kopf rattert es. »Aber da gibt es doch wahrscheinlich nichts, oder? Kein Restaurant, kein Kino, keine Bar, kein Café?«

Sardellen-Pizza mit Blasen im Teig, Kürbis-Lasagne mit blubbernder Käsekruste, cremige Kartoffelsuppe mit einem Hauch von frischem Majoran, Spaghetti mit tagelang geschmortem Wildschwein-Ragout, gegrillter Saibling mit Kräutern und Zitrone vom Grill, Käsesahnetorte, Cosmopolitan, White Russian, Campari-O am Feuer oder an unserem Tresen mit dem beleuchteten Bar-Schild, das Carsten mir gebaut hat, mein Kaffee am Morgen mit der dichten schokoladigen Crema und dem fluffigen Milchschaum. Und das alles genossen vor der Kulisse des Waldes. Wer braucht da noch Restaurant, Café oder Bar?

»Genau richtig. Da ist nichts, und gerade deswegen haben wir das Haus gekauft. Es gibt viel Ruhe, Frieden und Natur. Zu Beginn wollten wir gar nicht die ganze Zeit dort wohnen, aber wir fanden es einfach zu schön da draußen, und nach und nach haben wir unseren Alltag in der Stadt abgebaut und ihn im Wald wieder aufgebaut. Jetzt arbeite ich sogar von dort aus. Und wenn wir mal Lust auf Cafés, Bars und Restaurants haben, dann fahren wir halt in die Stadt.«

»Verzeihen Sie, aber ich hätte einfach nicht gedacht, dass jemand wie Sie mitten im Wald wohnt.«

Jetzt wird es spannend: »Wie ist denn jemand wie ich?«

Ist das jemand, der eine Birkin Bag von einer Marcie unterscheiden kann, aber einen Bussard nicht von einem Falken? Jemand, der lieber zu einem Popkonzert geht, als einer Nachtigall zu lauschen? Jemand, der weiß, dass Stylebob keine Komikfigur ist, aber keinen blassen Schimmer davon hat, wie man ein Feuer entzündet?

»Na ja, ich würde sagen, Sie passen eher in ein urbaneres Umfeld.«

Irgendwie bringt mich das zum Schmunzeln. Ich liebe beides – Birkin und Bussard. Stadt und Wald. Aber müsste ich mich entscheiden, würde ich immer den Wald wählen.

»Sie haben also ein Homeoffice im Wald – sozusagen ein Wald-Office?«

»Richtig. Wenn ich nicht unterwegs bin, um Menschen zu treffen wie Sie jetzt gerade, dann arbeite ich meistens in meinem, wie sie es so schön nannten, Wald-Office.«

»Das könnte ich ja nicht. Ich wäre ständig abgelenkt, würde putzen, die Wäsche machen, vielleicht sogar fernsehen. Ich brauche das Büro. Eine Firma, in die ich gehen kann. Kollegen, mit denen ich mich austauschen kann. Mir wäre das zu einsam im Homeoffice.«

»Ja, Sie haben recht. Das muss man schon können. Man braucht Selbstdisziplin und Eigenmotivation. Wenn ich am Schreibtisch sitze, blende ich einfach alles andere aus. Dann ist es so, als säße ich in einem externen Büro. Was ich allerdings lernen musste, das war, einen Feierabend zu etablieren. Der Weg zum Schreibtisch ist im Homeoffice halt ein kurzer.«

»Ich will nicht indiskret sein, aber ist das nicht ein ganz schön krasser Kontrast? Ihr Job in der Modebranche. Die Leute, die sie in schicken Hotels treffen. Und dann ein Haus mitten im Wald. Ich stelle mir das irgendwie komisch vor. Morgens sitzen sie hier mit mir und trinken einen Cappuccino, und abends sitzen Sie im Wald, doch wohl nicht vielleicht sogar am Lagerfeuer?«

»So ist es. Sie haben den Nagel auf den Kopf getroffen, abends sitze ich oft mit meinem Mann am Lagerfeuer. Für mich ist es mittlerweile ziemlich natürlich, aber klar, manchmal kommt es sogar mir ein bisschen unwirklich vor, dass ich diese beiden Leben lebe. Aber so wird es nie langweilig.«

Dass mir auch ohne den Job im Wald nie langweilig werden würde, brauche ich meiner Gesprächspartnerin gar nicht erst zu erklären.

»Jetzt haben Sie mich wirklich neugierig gemacht. Darf ich bitte noch erfahren, was Ihr Mann macht?«

»Ja, dürfen Sie. Mein Mann renoviert unser Haus.«

»Das heißt, der ist auch die ganze Zeit da?« Meine Gesprächspartnerin reißt vor Schreck die Augen auf.

»Genau so ist es, aber wir haben beide so viel zu tun, dass wir allenfalls zusammen zu Mittag essen.«

Gestern zum Beispiel eine Frittata aus selbst angebauten Tomaten und Zucchini.

»Tagsüber sehen wir uns kaum. Jeder geht seiner Tätigkeit nach. Aber jetzt zurück zu Ihnen. Wo liegen denn Ihre Gehaltsvorstellungen?«

Als ich die Kandidatin verabschiedet habe, rufe ich Carsten zurück. Es muss wohl etwas Wichtiges geschehen sein. Er hat es schon dreimal bei mir versucht.

»Auf dem Küchenfensterbrett hat jemand ein kleines Häufchen hinterlassen.«

»Oh. Wie aufregend. Weißt du schon, von wem es ist?« Ich bin wohl die einzige Frau auf der Welt, die gerade in einem ultranoblen Hotel sitzt und mit ihrem Mann enthusiastisch über Kot fachsimpelt.

»Es könnte von einem Marder sein. Oder vielleicht sogar von einem Waschbären.«

»Stell dir doch mal vor, wie lustig es wäre, wenn der Marder oder der Waschbär plötzlich seinen Kopf durch die Katzenklappe stecken würde. Oh. Ich habe eine gute Idee für eine Geschichte von einem kleinen Marder, der … Sorry, ich muss Schluss machen. Mein nächster Kandidat ist gerade reingekommen …«

Carsten hat mich vom Zug abgeholt, mir den Kot gezeigt, der definitiv von einem Marder stammt, mir Spaghetti Sottonole – Spaghetti mit einer speziell von Carsten komponierten Soße aus frischen Tomaten, viel Knoblauch und Sahne – gekocht und mich nach zwei anstrengenden Tagen in der Stadt zur Waldkur ans Lagerfeuer gesetzt.

»Als Anna und Paulina hier waren, hattest du doch die Kröte im Bad gesehen. Erinnerst du dich?«

»Ja. Wieso?«

»Als ich gestern Abend ins Haus gegangen bin, hat eine Kröte versucht, mit ins Haus zu hopsen. Es ist also sehr wahrscheinlich, dass du wirklich eine Kröte gesehen hast in jener Nacht.«

»Das ist ja lustig. Weißt du, wo sie eigentlich wohnt?«

»Nein, das konnte ich noch nicht herausfinden.«

Nach einer Weile, die wir so vor uns hin ins Feuer schauen und der Kröte nachsinnen, komme ich zur Ruhe.

»Ich habe eine Entscheidung getroffen«, räuspere ich mich.

»Aha. So eine formale Ankündigung. Ich bin schon ganz gespannt. Dann lass mal hören.«

Aus meiner Jackentasche ziehe ich die immer wieder erweiterte To-do-Liste hervor, die bisher an der Innenseite der Haustür klebte.

»Es ist Zeit, diese schreckliche Liste zu verbrennen. Und das möchte ich gern hier und heute tun. Wir brauchen keine Antreiber-Liste. Die Dinge, die wichtig sind, die machen wir sowieso. Und die anderen Dinge sind dann halt in dem Moment nicht wichtig. Wir brauchen keine Liste, die uns daran erinnert, was wir alles noch nicht fertig haben. Wenn mir mal wieder nach einer Liste ist, mache ich eine, auf der steht, was wir alles schon geschafft haben!«

»Ich hab mich schon gefragt, wann es endlich so weit ist.«

Feierlich treten wir zusammen ans Feuer, fassen die Liste an den Ecken und lassen sie in die lodernden Flammen fallen, wo sie sofort verbrennt und zu Asche wird.

»Ich werde sie nicht vermissen, und zur Feier des Tages spiele ich dir jetzt einen Song.«

»Be a simple kind of man. Be a simple man.« Die letzten Töne meines Gesangs und der Gitarre verklingen.

»Wow. Das war ja richtig super. Ich hätte nicht gedacht, dass du so schnell mit der Gitarre zurechtkommst. Dann können wir ja jetzt anfangen, zusammen Musik zu machen.«

»Haha.« Aber ich freu mich doch ein bisschen über sein Kompliment.

Ein ganz normaler Morgen

Um sieben klingelt der Wecker. Ich putze mir die Zähne und gehe runter. Clint, der auf dem Sofa eingerollt tief und fest schläft, kriegt einen Kuss auf den Kopf. Und Schmiddie, die sich mit dem Kopf auf einem Kissen über die ganze Länge der Sitzelemente ausgestreckt hat, kraule ich für ein paar Minuten den Wanst.

Nachdem ich die Espressomaschine eingeschaltet habe, ziehe ich mir meine Sportklamotten an, öffne die Terrassentür im Kleiderzimmer, trete auf die Holzpattform hinter unserem Haus und rolle die Yogamatte aus. Die Rosen, die sich hinter dem Steg an der Fassade emporranken, sehen prächtig aus. Ein paar Jahre haben sie gebraucht, aber jetzt wirken sie sehr gesund, und ich bin mir sicher, dass sie dieses Jahr viele Blüten tragen werden.

Ein bisschen kalt ist es noch. Aber nach den ersten Sonnengrüßen macht mir das nichts mehr aus, und ich kann sogar meinen Sweater ausziehen. An der Seite der Plattform raschelt es, und ich entdecke eine Blindschleiche, die zwischen Efeuranken unter dem Holz hervorlugt.

Clint kratzt an der Terrassentür. Er will, wie eigentlich immer, dabei sein.

Nachdem er sich eine Weile auf der Matte ausgeruht und mich bei den stehenden Positionen gestört hat, entdeckt er den Pullover, rollt sich darauf zusammen und döst vor sich hin.

Während ich versuche, alles loszulassen und möglichst weit in die Vorwärtsbeuge zu kommen, springt er plötzlich auf. Er macht einen gigantischen Buckel und stellt sein Fell auf. Clint sieht aus, als hätte er gerade eine Runde im Trockner hinter sich. Dann verschwindet er fauchend um die Ecke.

Meine Schuhe habe ich im Haus gelassen, also laufe ich schnell barfuß hinter ihm her und trete prompt in irgendetwas Spitzes. Das tut irre weh, aber ich verkneife es mir zu fluchen, weil ich sehen will, warum der Kater sich so aufführt.

Clint faucht und macht sich noch größer.

Und da sehe ich ihn. Zusammengekauert und verdattert unter der Lärche hinter unserem Haus sitzt ein Fuchs, der überrascht zwischen Clint und mir ein paarmal hin- und herschaut. Mein aufgeplusterter buckeliger Beschützer macht fauchend und auf Zehenspitzen noch ein paar kleine Schritte auf ihn zu, um ihn in die Flucht zu schlagen.

Und seine Drohgebärde zeigt Wirkung. Der Fuchs verschwindet durch ein Loch im Zaun, das ich bisher noch gar nicht wahrgenommen hatte.

Soll ich den Kater jetzt loben, weil er so tapfer war? Oder lieber nicht, damit er nicht größenwahnsinnig wird und sich seine Nächte zukünftig mit der Fuchsjagd um die Ohren haut? Ich entscheide mich für eine kurze Streicheleinheit und gehe dann wieder zurück auf die Matte.

Clint rollt sich wieder auf dem Pullover zusammen, und so beginnen wir den Tag, als wäre nichts gewesen.

Schmiddie hat von der ganzen Aufregung überhaupt nichts mitbekommen. Nicht mal ein klitzekleines Bellen haben wir vom Sofa vernommen.

Als ich sie später in den Garten lasse, riecht sie den Fuchs aber doch und erkundet den Weg, den er ums Haus herum genommen hat. Ich folge ihr, um zu sehen, ob es vielleicht noch ein weiteres Loch im Zaun gibt.

Schmiddie führt mich zum Komposthaufen, den wir neben einer Tanne angelegt haben. Neben dem Drahtgestell, das den Komposthaufen zusammenhält, entdecke ich den verloren geglaubten Stiefel von Carsten. Wie ist der denn hierhergekommen?

Ich zerre den Stiefel unter der Tanne hervor. Dahinter ist ein Loch am Boden des Zauns.

Nach dieser morgendlichen Aufregung genieße ich meinen Kaffee auf der kleinen Hollywoodschaukel umso mehr. Ich habe noch genügend Zeit, bevor ich mich um neun Uhr an meinen Schreibtisch auf der Galerie setze und mein Tagwerk beginne.

Es kommt mir so vor, als wäre es Ewigkeiten her, dass ich jeden Morgen nach Hamburg zur Arbeit gefahren bin, und ich bin so glücklich, dass ich jetzt einfach nur eine Treppe nach oben gehen muss, um an meinen Arbeitsplatz zu gelangen. Clint gesellt sich zu mir, setzt sich auf meinen Schoss und lässt sich streicheln. Er scheint ganz erschöpft zu sein von seiner morgendlichen Heldentat.

Am nächsten Morgen telefoniere ich mit dem Förster. Er will uns zwei Dammwildkeulen verkaufen. Ich werde daraus Futter für Schmiddie kochen.

Carsten ist mit dem Auto unterwegs. Also fahre ich mit dem Fahrrad und Schmiddie durch den Wald, um die Keulen abzuholen. Einen Rucksack habe ich auch dabei.

»Du bist nicht mit dem Auto da?«, fragt der Förster erstaunt.

»Nein, wieso?«

»Na ja, weil das schon ziemlich große Keulen sind.«

»Ich bin mir sicher, dass das geht.«

»Na gut, wenn du meinst. Hier sind deine beiden Keulen. Gunnar reicht mir die tiefgefrorenen Dinger. Eine Keule ist fast so groß wie Schmiddie.

»Mmh.«

»Hab ich doch gesagt.«

»Eine krieg ich vorne rein in den Korb. Und die andere kommt in meinen Rucksack. Das klappt schon«, versichere ich ihm.

Gerade eben so und mit Gewalt passt die frostige Keule in den Vierzig-Liter-Rucksack. Die andere binden wir vorne in meinem Fahrradkorb fest. Jetzt erst sehe ich, dass da der Fuß noch dran ist. Hundefutter selbst zu kochen, hat auch seinen Preis.

Ich beiße die Zähne zusammen und steige mit dem geschulterten Rucksack aufs Fahrrad. Für einen Moment schlingern mein Gefährt und ich bedenklich. Dann nehmen wir Fahrt auf, und umgeben von Rehbeinen fahre ich nach Hause zurück.

Schmiddie läuft an der Leine rechts neben mir. Ich habe es noch nicht geschafft, ihr abzugewöhnen, im Wald einfach abzuhauen.

Jetzt zieht sie so stark, dass ich kaum noch in die Pedale treten muss. Wir sind ganz schön schnell. Es sieht so aus, als würde sie einer Fährte folgen. Im letzten Moment erkenne ich, dass links von uns einige Rehe im Dickicht verschwinden und Schmiddie drauf und dran ist, die Seite zu wechseln und mir vors Fahrrad zu rennen.

Ich ziehe an der Leine, schimpfe, bremse. Aber wir sind einfach zu schnell. Die Keule vorne löst sich und fliegt in hohem Bogen durch die Luft. Der Keulen-Rucksack kippt auf meinem Rücken zur Seite, und ich verliere das Gleichgewicht. Fahrrad und Franzi gehen zu Boden, umringt von Keulen und einem Hund, der vor Schreck aufjault.

Das eine Pedal drückt in meinen Unterschenkel, und mir tut der Arm weh. Kurz kommen mir die Tränen, aber das ist ja jetzt auch irgendwie albern. Ich raffe mich auf, klaube die Keule und mein Fahrrad vom Boden auf und schiebe es kleinlaut den restlichen Weg nach Hause zurück.

Glücklicherweise habe ich mir nichts gebrochen oder verstaucht. Es werden nur ein paar blaue Flecke zurückbleiben. Und die Erkenntnis, nächstes Mal vielleicht nur eine Keule zu transportieren.

Nachts kann ich nicht schlafen. Die blauen Flecken tun weh, und es ist Vollmond. Keine Wolke am Himmel.

Carsten ist erkältet und schnarcht. Normalerweise reicht ein leichtes Ruckeln, dann hört er auf. Aber ich mag ihn nicht im Schlaf stören, wenn er krank ist.

Mit Decke, Kissen und zwei Schaffellen bepackt, laufe ich zur kleinen Hollywoodschaukel im Garten. Der Vollmond leuchtet so hell, dass ich keine Taschenlampe brauche. Die Schaukel ist gerade breit genug, dass ich auch auf ihr schlafen kann. Ich schlage mir mein Lager auf und kuschle mich in die Decken. Hier wach zu liegen, macht irgendwie mehr Sinn als im Bett. Der Mond, die Sterne, die frische Luft. Die Fledermäuse, die beständig ihre Mahlzeit am Himmel zusammensammeln.

Clint entdeckt mich, maunzt mir eine Begrüßung zu und verschwindet im Garten.

Langsam werde ich doch müde. Während mir die Augen zufallen, lausche ich noch ein paar Rehen, die weiter hinten im Wald durchs Unterholz laufen.

Einschlag

Ich habe tierische Kopfschmerzen. Am liebsten würde ich mich in ein dunkles Zimmer legen und schlafen. Mit Migräne habe ich nicht zu kämpfen, aber seit wir hier im Wald wohnen, spüre ich starke Wetterumschwünge. Heute muss uns ein krasser Wetterumschwung bevorstehen.

»Für den frühen Abend sind heftige Gewitter angekündigt.« Carsten hat im Internet den Wetterbericht gecheckt.

Nach der Dürre, die wir hier die letzten Wochen hatten, wird das dem Wald sicher guttun. Momentan herrscht Waldbrandstufe vier. Da ich schon öfter – und immer ziemlich ungläubig – Zigarettenkippen beim Spazierengehen gefunden habe, wäre ich froh, wenn endlich Regen kommt.

Schmiddie und Clint tigern unruhig im Haus herum. Keiner der beiden legt sich länger als fünf Minuten irgendwo hin. Die beiden spüren, dass da etwas auf uns zukommt heute Abend. Die Bilder von den schlimmen Gewittern im Westen Deutschlands verfolgen mich den ganzen Nachmittag. Entwurzelte Bäume, zerquetschte Autos, abgedeckte Häuser. Carsten hat den ganzen Nachmittag damit zu tun, Bretterstapel, Abdeckungen, Werkzeug und den Landy zu sichern.

Und dann geht es los. Erst einmal kommt der Regen. Eine Erleichterung. Vielleicht wird es ja doch nicht so schlimm. Die Fliegen und Bremsen, die uns die letzten Tage überallhin verfolgt haben, sind verschwunden.

Wir öffnen die Fenster, sitzen zu viert im Flur und schauen durch die geöffnete Haustür nach draußen. Der Regen wird dichter und dichter, und draußen wird es dunkler und dunkler. Schmiddies aufgeregtes Hecheln nimmt zu, und Clint hat sich schon unter ihrem Bett versteckt. Sein kleiner Kopf lugt nur noch vorsichtig unter der überhängenden Decke hervor.

Da, der erste Donner. Noch weit entfernt, aber er lässt schon erahnen, was da noch auf uns zukommt. Meine Kopfschmerzen nehmen zu, und ich bin erstaunt, wie viel Druck so ein Kopf aushalten kann.

»Vielleicht zieht es ja auch an uns vorbei.« Die Hoffnung stirbt zuletzt. Ich muss gestehen, dass ich ganz schön bange bin. Warum hatten wir uns noch einmal gegen einen Blitzableiter entschieden? Ach ja, weil ja um uns herum hohe Bäume stehen und ein Blitz sich immer den höchsten Punkt in der Gegend sucht.

Ich bin froh, dass ich jetzt nicht mit den Tieren im Wald unterwegs bin.

Der nächste Donner lässt nicht lange auf sich warten. Ein heftiger Wind, der aus allen Richtungen zu kommen scheint, biegt die Bäume vor unserem Grundstück bedenklich weit nach unten. Meine Schläfen pochen immer stärker.

Und da fährt der erste Blitz vom Himmel. Clints Kopf verschwindet unter Schmiddies Bett, und Schmiddie rennt völlig außer sich ins Wohnzimmer. Wie eine Gemse erklimmt sie flink die äußerst steile Treppe ins Obergeschoss und jault dann leise vor sich hin. Ohne lang zu überlegen, schließen wir schnell die Haustür und laufen hinter ihr her. In der äußersten Ecke der Galerie hat sie sich zusammengekauert und schaut uns unglücklich an.

Hier oben sind meine Kopfschmerzen noch schlimmer, aber ich will auch nicht ohne Carsten und Schmiddie unten bleiben. Ich muss gestehen, dass mir das Ganze ziemlich unheimlich ist. Was, wenn die große Douglasie oder die Fichte auf unser Haus fällt?

Ich setze mich zu Hund und Mann, schließe die Augen und versuche, mich darauf zu konzentrieren, die Schmerzen in meinem Schädel wegzuatmen. Aber es gelingt nicht.

Das Donnergrollen ist jetzt bedrohlich nah, und die Blitze sausen im Sekundentakt durch die Luft. Durch das Dachfenster sehen wir die nervösen Zuckungen des Himmels, und obwohl wir ja hier drinnen sind, fühle ich mich den Naturgewalten ausgeliefert. Früher habe ich Gewitter immer gern gemocht. Aber ich habe auch noch nie ein solch heftiges erlebt.

Das Unwetter ist jetzt direkt über unserem Grundstück. Wieder donnert es, das Licht eines Blitzes erleuchtet durch das Dachfenster unser Haus. Dann kracht es.

»Das muss ein Baum gewesen sein, der umgefallen ist.«

Wenigstens ist er nicht auf unser Haus gestürzt. Ich bin ein bisschen erleichtert. Aber meine Kopfschmerzen sagen, dass wir es noch nicht überstanden haben.

Es wird immer schlimmer, mir wird schlecht und schwarz vor Augen. Ein leuchtender Blitz fährt über uns durch die Luft. Dann tut es einen lauten Schlag, und direkt neben uns fliegen die Funken. Schmiddie springt auf, läuft viel zu schnell die Treppe hinunter, verpasst die letzten beiden Stufen und landet unsanft am Boden.

Ich bin fast ohnmächtig vor Schmerz, aber ich realisiere, dass gerade nicht mein Kopf, sondern die Telefondose explodiert ist. Carsten weiß gar nicht, was er zuerst machen soll. Er rennt hinunter, schaut in den Sicherungskasten, um sich zu vergewissern, dass es dort nicht brennt. Dann holt er einen Feuerlöscher, den wir immer parat haben, und kommt wieder zu mir hoch. Aber es brennt zum Glück nicht.

Ich versuche, Wasser zu trinken, aber mein Magen rebelliert. Jetzt tun mir auch die Augen unglaublich weh, so als würden sie durch den Druck aus meinem Kopf gedrückt.

Das Gewitter ist immer noch nicht vorbei. Schmiddie hat sich unter der Kleiderstange im Schrankzimmer verkrochen, und Carsten und ich legen uns neben sie.

Eine Ibuprofen und eine gute halbe Stunde später geht es Schmiddie und mir besser. Donner und Blitz sind weitergezogen. Nur der Regen ist noch da. Ich traue mich endlich, rauszuschauen. Überall tiefe Pfützen, aber von der Macht der Blitze keine Spur.

Oben auf der Galerie riecht es verbrannt. Neben der Telefondose erkennen wir Schmauchspuren am Boden. Die Leitung ist tot. Ebenso sind alle Sicherungen rausgesprungen. Auch nach mehrmaligem Probieren geht das Wohnzimmerlicht nicht mehr an.

In einen Baum im Wald, nur ein paar Meter von unserem Haus entfernt, hat der Blitz eingeschlagen. Die Krone liegt am Boden, der Stamm sieht verkohlt aus, aber der starke Regen hat das Feuer im Keim erstickt.

»So etwas habe ich noch nie erlebt. Du?«, fragt mich Carsten erstaunt.

»Nein. Und ich muss es ehrlich gesagt auch nicht so bald wieder haben. Das hat mir ganz schön Angst eingejagt. Und wir wissen ja auch nicht, was jetzt mit unserem Licht und der Telefonleitung los ist ...«

»Herzlich willkommen bei der Telekom. Bitte teilen Sie uns Ihre Kundennummer mit.« Mit dem Handy erreiche ich unter 0800 330 0800 die Kundenhotline der Telekom.

»328875.«

»Was ist Ihr Anliegen? Haben Sie eine Frage zu Ihrer Rechnung? Dann drücken Sie die Eins. Geht es um einen bestehenden Auftrag? Dann drücken Sie die Zwei. Möchten Sie eine Bestellung aufgeben? Dann drücken Sie die Drei. Geht es um eine Störung? Dann drücken Sie die Vier.«

Ich drücke die Vier.

»Die Störung zu der von Ihnen genannten Kundennummer wird bearbeitet. Auf Wiedersehen.«

Das Freizeichen ertönt. Ich wähle erneut die Nummer der Hotline. Dieses Mal gebe ich keine Kundennummer ein und lasse mich auch nicht dazu hinreißen, irgendwas zu drücken. Die freundliche Stimme sagt daraufhin dreimal: »Es tut mir leid. Ich habe Sie nicht verstanden.«

Ich warte. Dann kommt am anderen Ende der Leitung endlich der erlösende Satz: »Wir konnten Sie leider nicht verstehen und verbinden Sie jetzt mit einem Kundenberater. Bitte warten Sie.«

Nach zwanzig Minuten Warteschleife habe ich schließlich eine Person am Ohr: »Hier spricht Meike Petersen. Wie kann ich Ihnen helfen?«

»Ich möchte gern mit Ihnen über meinen Anschluss sprechen, der seit dem Gewitter nicht mehr funktioniert ...«

»Ah. Da sind Sie bei mir falsch. Sie sind hier im Servicecenter gelandet. Nicht in der Störungsstelle. Ich verbinde Sie.«

»Nein. Ich ...« Zu spät.

»Bitte warten. Bitte warten. Bitte warten.«

Das Freizeichen ertönt. Ich wurde aus der Warteschleife geschmissen und spüre eine leichte Wut in mir aufkeimen.

Noch ein Versuch.

Eine halbe Stunde später dann: »Störungsstelle Telekom. Wie kann ich Ihnen helfen?«

»Guten Tag. Seit dem Gewitter ist unsere Leitung tot. Wir vermuten, dass ein Blitz in die Leitung gefahren ist, weil die Telefonbuchse verkokelt ist. An der Überlandleitung, die vom Dorf zu unserem Haus führt, konnten wir keinen sichtbaren Schaden erkennen. Nun möchte ich gern wissen, wann der Schaden repariert werden kann. Ich bin beruflich auf das Internet angewiesen.«

»Ich führe im Moment eine Messung Ihrer Leitung durch. Ja, Sie haben recht. Ihre Leitung ist tot. Es ist nur leider so, dass wir sehr viele Anfragen haben momentan, und ich Ihnen nicht sagen kann, wann Ihre Leitung repariert wird. Vermutlich wird es zwei Wochen dauern. Bitte gedulden Sie sich. Ich werde Ihre Anfrage an unsere Techniker weiterleiten. Dann bekommen Sie per SMS eine Terminbestätigung mit den Informationen, wann jemand zu Ihnen kommt, um sich das Ganze einmal anzusehen.«

»Okay ... Vielen Dank.«

Die SMS aber kommt nicht. Ich warte eine Woche, dann rufe ich wieder an.

»Guten Tag. Ich hatte vor einer Woche schon einmal bei Ihnen wegen unserer toten Telefonleitung angerufen. Ihr Kollege meinte, ich würde eine SMS mit Informationen zu einem Termin mit einem Telekom-Techniker bekommen, aber bisher hat mich keine Nachricht von Ihnen erreicht.«

»Dann wollen wir mal sehen. Aha.«

Pause.

»Aha?«

»Na ja, es kann sie ja auch gar keine Nachricht erreichen, wenn auf Ihrem Kundenkonto noch nicht einmal die Information hinterlegt ist, dass Ihre Leitung tot ist.«

»Mmh?«

»Sie haben anscheinend noch gar nicht bei uns gemeldet, dass Ihre Telefonleitung nicht mehr geht.«

»Doch, habe ich. Vor genau einer Woche.«

»Nein, haben Sie nicht. Also, laut meinen Daten hier haben Sie nicht bei uns angerufen vor einer Woche.«

»Okay. Egal. Dann möchte ich es eben jetzt melden.«

»Wie Sie sich sicher denken können, sind nach dem schweren Gewitter viele Störungsmeldungen bei uns aufgelaufen, die wir nach Eingang abarbeiten. Sie haben sich ja ein Weilchen Zeit gelassen, deshalb wird es mit einem Termin etwas dauern. Aber ich tue mein Bestes für Sie.«

Mit zusammengebissenen Zähnen presse ich ein »Vielen Dank« hervor.

Wenigstens bin ich diesmal so geistesgegenwärtig, mir Datum und Uhrzeit des Telefonats sowie den Namen meines Gesprächspartners zu notieren.

»Leider konnte unser Techniker Sie zu dem vereinbarten Termin nicht vor Ort antreffen. Wir bitten Sie, uns rechtzeitig wissen zu lassen, wenn Sie einen Termin nicht wahrnehmen können, um unnötige Anfahrten zu vermeiden.«

Ungläubig starre ich auf mein Telefon. Ich habe nie eine Termininformation bekommen!

Nach weiteren Warteschleifen habe ich einen netten Mann am Telefon, der sich mein Leid anhört und mir versichert, mir gleich einen Termin geben zu können. Mittlerweile hat er sogar die Information für mich, dass bei dem Gewitter ein Blitz in den Verteilerkasten im Dorf eingeschlagen hat und alle Haushalte im Umkreis momentan ohne Telefon sind. Er versichert mir, dass unsere Leitung bestimmt bald wieder steht.

Gunnar, der Förster, ist so lieb und gewährt mir in seinem Büro Arbeitsobdach, während die Telekom daran herumtüftelt, einen Verteilerkasten zu reparieren. Nun schwinge ich mich also jeden Morgen auf mein Rad und fahre durch den Wald zu seinem Haus.

Die Abkühlung durch das Gewitter hat nicht lang vorgehalten. Wieder ist der Wald zu trocken, und ich erahne morgens schon, wie heiß der Tag werden wird. Kurz hinter dem kleinen, jetzt schon wieder ausgetrockneten Bach erwartet mich ein Schwarm hungriger Bremsen, der mich einige Hundert Meter lang verfolgt. Ich strample wie verrückt, um den Biestern zu entkommen und nicht aufgefressen zu werden.

Carsten hat auf unserem Grundstück schon seine selbst gebastelte Bremsenfalle installiert, die tatsächlich Wunder wirkt: An einem Holzständer baumelt ein schwarzer Gymnastikball, der einen Pferdepopo imitiert und von der Sonne erhitzt wird. Die Bremsen werden durch die Wärme magisch angezogen, setzen sich auf den Ball, merken, dass es nichts zu beißen gibt, und fliegen dann, weil sie nicht anders können, senkrecht nach oben. Über dem Ball hängt ein großer Trichter, der sie direkt in eine Wespenfalle leitet.

Aber im Wald bin ich um diese Jahreszeit natürlich nicht vor den Viechern sicher. Die Spazierrunden mit Schmiddie müssen deshalb ausfallen, aber ihr ist es jetzt eh zu heiß. Sie ist fast froh, wenn sie den Tag drinnen im kühlen Haus in ihrer Kiste verbringen kann.

Wie gut unsere Dämmung funktioniert, merken wir nicht nur im Winter, weil wir viel weniger Holz verheizen als früher, sondern vor allem auch im Sommer. Selbst bei vierzig Grad draußen ist es drinnen noch angenehm kühl ...

Als ich endlich kein bedrohliches Summen mehr hinter mir höre, drossle ich mein Tempo und erfreue mich an der Natur.

Da fällt mir am Boden nur etwa dreißig Meter vor mir zwischen den Farnen etwas Weißes auf. Dieses Mal kann ich das ganze Tier sehen. Es ist ein Hirsch. Ein weißer Hirsch, der sich zwischen den Farnen in der Morgensonne sonnt. Ich versuche, so leise wie möglich zu bremsen, und halte an.

Hoffentlich hat er mich noch nicht gesehen. Mit geschlossenen Augen hebt er den Kopf mit dem imposanten Geweih in die

Luft und schnuppert in meine Richtung. Er wittert mich. Gleich wird er verschwinden. Ich versuche, mir das Bild von ihm zwischen den saftig-fedrigen grünen Farnen einzuprägen. Ein Bild der Zufriedenheit, der Entspannung, der Stille, des Friedens.

Nun aber ist mein Geruch bei ihm angekommen. Er erhebt sich ohne Hast, wendet den Kopf in die Richtung, in die er gleich verschwinden wird, dreht ihn noch einmal kurz zu mir, und mit einem kraftvollen Satz ist er schon zwischen den jungen Schwarzkiefern verschwunden.

Was für ein magischer Moment.

Ich erinnere mich an die ohnmächtige Wut, die ich empfunden habe, als ich mit der Frau aus dem Callcenter der Telekom telefoniert habe. Doch wäre die Leitung nicht immer noch tot, hätte ich diesen unvergesslichen Moment nie erlebt.

Kaufen, kaufen, kaufen

Dem Schnappen der Katzenklappe folgt ein anklagendes Miauen. Wenige Sekunden später steht Clint vor dem Sofa und bringt weitere Beschwerden vor: Draußen regnet es in Strömen, und er ist nass geworden. Außerdem, so entnehme ich es seinem vorwurfsvollen Blick in Richtung Obergeschoss, ist sein Fressnapf leer.

Ich hole ein flauschiges Handtuch, wickle den nassen Kater in dasselbe ein und trockne ihn ab. Sofort schnurrt er. Als nächste Maßnahme gehe ich nach oben und befülle seinen Napf. Ich lege noch zwei Holzscheite nach, dann kuschle ich mich wieder auf dem Sofa ein.

Die Bedürfnisse meines Katers sind aber anscheinend noch nicht voll und ganz befriedigt. Jetzt will er noch seinen Drink. Also gehe ich mit ihm ins Badezimmer und stelle ihm den Wasserhahn der Badewanne an. Er springt auf den Rand der Badewanne und trinkt direkt aus dem Hahn. Dabei wird seine eigentlich weiße Nase ganz rosafarben, und seine Zähne sehen aus wie die eines Vampirs.

Als er fertig ist, rennt er wieder gut gelaunt und wie ein geölter Blitz vor mir her zum Sofa und rollt sich auf meinem Platz zusammen. Daneben liegt Schmiddie, die den restlichen Platz des großen Sofas einnimmt. Ich quetsche mich zwischen die beiden. Schmiddie bewegt sich wirklich keinen Zentimeter.

Draußen prasselt der Regen unaufhörlich auf den Boden, und wir haben es hier drinnen warm und gemütlich.

Ich streichle beide Tiere, die nun friedlich vor sich hin schnarchen, und da habe ich ein starkes Gefühl. Und das Gefühl sagt, dass wir den Eigentümer des Waldstücks, das an unser Grundstück angrenzt, unbedingt fragen sollten, ob er es verkaufen will. Ich weiß nicht, woher dieses Gefühl kommt, aber es ist einfach da.

Und zwei Tage später trifft Carsten den Mann tatsächlich durch Zufall im Supermarkt und ist so geistesgegenwärtig, ihn anzusprechen.

»Und was hat er gesagt?«, will ich nach seiner Rückkehr wissen.

»Er hat gesagt, dass er das Waldgrundstück schon verkauft hat.«

»Was?«

»Ja, gerade vor ein paar Tagen hat er einem Holzbetrieb die mündliche Zusage gegeben, und dieser Betrieb will die Fläche abholzen.«

»Oh Gott! Das darf auf keinen Fall passieren! Das heißt, es ist noch gar nicht verkauft?«

»Na ja. Die Verträge sind noch nicht gemacht, aber er hat es ja schon mündlich versprochen.«

»Solange das nicht Schwarz auf Weiß irgendwo steht, ist es auch noch nicht verkauft. Wir müssen ihm ein attraktives Gegenangebot machen!«

»Ich glaube nicht, dass er ...«

»Ich will nichts davon hören. Wir müssen es versuchen, denn ich bin mir sicher, dass wir den Wald bekommen.«

Und wie durch ein Wunder klappt es tatsächlich mit dem Kauf. Wir bekommen den Wald.

Im vorigen Herbst habe ich eine kleine Baumschule angelegt. Zehn Eicheln sind aufgegangen und über das Jahr zu kleinen Bäumchen herangewachsen. Als ich die Eicheln in die mit Erde befüllten Töpfe drückte, wusste ich noch nicht, dass wir sie nun bald in unseren eigenen Wald würden pflanzen können.

»Hey, ihr zwei.« Gunnars Welpe Micky saust um Schmiddie herum, versucht, sie zu besteigen, bellt sie an und gibt alles, um sie zum Spielen zu bewegen. So wild war Schmiddie auch mal. Jetzt würde ich sie als vornehme Dame in den mittleren Jahren bezeichnen, die sich genau überlegt, ob sie sich zum Spielen mit einem Junghund herablässt. Aber manchmal kommt der Wirbelwind noch durch.

Micky schafft es tatsächlich. Die beiden rennen wie von der Tarantel gestochen um die Kastanie herum. Schmiddie hat einen Affenzahn drauf, bei dem es so aussieht, als würde sie beim Rennen mit den Beinen schlackern.

Wir lassen die beiden machen und setzen uns an den Esstisch, den Carsten gerade fertig gebaut hat. Von der Sonne angegrautes Holz, massive Bohlen und Beine. Zwei Meter lang, einen Meter breit. Echt ein Hammer-Tisch, an dem ich mich jeden Tag erfreue.

Gunnar breitet seine Unterlagen aus.

»Euch steht tatsächlich eine Förderung zu. Zwar werdet ihr damit nicht den ganzen Zaun um euren Wald bezahlt bekommen, aber den großen Teil und auch die Buchensaat beziehungsweise die Setzlinge, solltet ihr euch für eine Pflanzung entscheiden. Das Land ist ja auch daran interessiert, mehr Mischwaldflächen zu schaffen.«

»Das sind ja tolle Neuigkeiten. Was müssen wir tun?«, rufen wir wie aus einem Munde.

Gunnar lotst uns dank seiner Erfahrung sicher durch die Untiefen der Bürokratie und empfiehlt uns auch einige Unternehmen, die die Aussaat und den Zaunbau vornehmen können. Wir planen die Maßnahme für das nächste Frühjahr.

»Weißt du noch, Carsti?! Der erste Kahlschlag – da habe ich gesagt, dass wir es anders machen, wenn wir jemals die Möglichkeit dazu bekommen. Und jetzt wird das Wirklichkeit. Das ist doch völlig verrückt!«

Die Hunde freuen sich, als wir nach dem Pläneschmieden wieder herauskommen. Micky schnüffelt neugierig an Carstens Stiefeln, die nun wieder vollzählig vor der Tür stehen.

»Gunnar, sagtest du nicht, dass Micky manchmal Sachen verschleppt, die du dann an den unmöglichsten Orten wiederfindest? Denkst du, Micky könnte vielleicht Carstens Schuh durch den Garten geschleppt haben? Wir haben den linken Schuh letztens unter der Tanne da hinten neben dem Kompost wiedergefunden.«

»Wo?«

»Dort, direkt am Zaun.« Ich zeige ihm die Stelle.

»Das kann sein, aber vielleicht war es ja auch ein Fuchs? Aus irgendeinem Grund haben Füchse große Freude daran, Schuhe zu stehlen.«

»Ja, dann muss es doch der Fuchs gewesen sein, den ich gesehen habe.«

Nachdem ich Gunnar die Geschichte vom Yoga-Fuchs erzählt habe, dessen Spur wir bis zu dem Loch im Zaun hinter dem Schuh verfolgt haben, sind wir alle der Meinung: Fuchs, du hast den Schuh gestohlen. Als dann Carsten noch vom Kühltaschen-Fuchs berichtet, sind wir uns sicher. Füchse sind kleine Langfinger.

Da fällt Gunnar noch etwas ein: »Habt ihr hier eigentlich schon einmal einen Wolf gesehen?«

»Franzi hat gemeint, sie habe einen gesehen, war sich aber nicht sicher.«

»Wo denn?«

»Hier direkt am Haus.«

»Es könnte tatsächlich einer gewesen sein. Das Zentrum für Wolfsmonitoring hat einige Wölfe besendert, und die Signale zeigen, dass sich hier seit Kurzem ein männliches Tier herumtreibt. Ich lass euch wissen, wenn es mehr Informationen dazu gibt.«

Wieder steigen gemischte Gefühle in mir auf. Einerseits ist es total toll, dass sich diese Tiere ihre Reviere zurückerobern, dafür sorgen, dass die Wilddichte im Rahmen bleibt, und sie unseren Wald wieder ein Stück weit zur ursprünglichen Wildnis machen. Andererseits ... Beim Spazierengehen einem Wildschwein zu begegnen, ist ja schon eine Sache, aber einem Wolf? Und was, wenn er unseren Tieren etwas antut? Vor allem dem Kater? Was, wenn er über den Zaun springt und uns anfällt?

»Die Tiere sind ziemlich scheu. Ihr braucht euch um eure Sicherheit also erst einmal keine Sorgen zu machen. Außerdem gibt es hier genug Wild. Die werden also nicht hungrig durch den Wald streunen.« Gunnar ist zuversichtlich, dass wir keinen Ärger mit den Wölfen bekommen. »Wo wir schon dabei sind. Ich habe noch eine Neuigkeit, die aber leider nicht ganz so positiv ist.« Gunnar wendet sich an mich. »Du hast mir doch von einem weißen Hirsch erzählt.«

»Ja, aber ich habe ihn lang nicht mehr gesehen. Wurde er etwa erschossen?«

»Nein, weiße Hirsche oder Rehe werden doch nicht geschossen. Da sind Jäger abergläubisch. Aber ich habe ihn am Brunftplatz tot aufgefunden. Wahrscheinlich ist er von der großen Anstrengung der Brunft an einem Herzinfarkt gestorben, oder er hat schlichtweg vergessen zu fressen.«

»Wie schade.« Mir kommen die Tränen, aber ich will mir keine Blöße geben und versuche, mich zusammenzureißen.

»Ja, finde ich auch. Aber so ist es eben.«

Ich bin richtig traurig, dass dieses wunderschöne Fabelwesen nun nicht mehr in unserem Wald wohnt. Aber Gunnar ist da als Förster natürlich völlig unsentimental, und ich versuche, mir nichts anmerken zu lassen.

Er hat ja recht. So ist es eben im Wald und in der Natur.

Carsten und Gunnar nehmen die beiden Hunde mit in unseren Wald. Gunnar zeigt Carsten, wie er am besten die Bäume aussucht und markiert, die geschlagen werden sollen.

Ein bisschen habe ich schon ein schlechtes Gewissen, dass nun auch wir einen Harvester in unseren Wald lassen. Aber auf der anderen Seite können wir das Geld, das wir mit der Durchforstung erwirtschaften, wieder in den Wald investieren. Einen Teil des Zaunes und der Pflanzung, die wir planen, müssen wir ja selbst bezahlen. Außerdem ist es in diesem Fall eine Notwendigkeit, Kiefern zu entnehmen, um Platz und Licht für die Laubbäume zu schaffen.

»Ist dir eigentlich klar, was das bedeutet, dass wir nun Wald haben?«

Ich fange an zu lachen. Diese Frage scheint sich zu einem Running Gag bei besonderen Ereignissen in unserem Leben zu entwickeln.

»Ich denke schon, aber du kannst es mir ja gern noch einmal sagen.«

Carsten muss nun auch schmunzeln. »Na ja, wir werden immer genügend Brenn- und Bauholz haben. Wir müssen wahrscheinlich nie wieder welches kaufen, auch wenn wir hier durchgeforstet haben. Dann werden die Herbststürme immer noch genügend Bäume fällen, um uns für eine lange Zeit zu versorgen. Wir kommen der Autarkie immer näher.«

Nachdem wir Micky und Gunnar verabschiedet haben, gehen wir noch einmal in unseren Wald und stehen nun genau in der Mitte. Von hier aus können wir unser Haus gar nicht mehr sehen.

»Das ist echt ein gutes Gefühl. Aber noch schöner finde ich es, dass wir unseren Wald nach der Durchforstung einfach vor sich hinleben lassen können. Ich bin wirklich sehr gespannt, welche Bäume und Pflanzen und Vögel sich dort ansiedeln werden. Du auch?«

»Ja! In ein paar Jahren werden wir im Sommer bestimmt nicht mehr zwischen den Bäumen hindurchschauen können, weil sich so viele Laubbäume zwischen den Kiefern breitgemacht haben.«

Hand in Hand schlendern wir dahin und sehen schon den schönen Naturwald vor uns, der hier einmal entstehen wird.

Collateral Damage

Um diese Jahreszeit erhasche ich die letzten Sonnenstrahlen des Tages auf der großen Hollywoodschaukel.

Schmiddie liegt neben mir, und wir genießen zusammen die Sonne auf Haut und Pelz, während ich mich durch die aktuelle *Grazia* blättere. Auf jeder dritten Seite werden derbe Wanderboots zu Jeans oder luftigen Kleidern kombiniert. Wie lustig, dass die heute von mir so geliebten Wanderstiefel inzwischen zum massentauglichen Modephänomen geworden sind.

Schmiddie springt von der Schaukel und bringt sie dadurch zum Schwingen. Am Tor bellt sie, aber nicht so, wie wenn jemand kommt. Sie hört eine Maschine, die weit entfernt ihr Werk verrichtet. Ich hoffe, dass es Heuballen sind, die nach dem Mähen einer Wiese zu Boden fallen, und keine Bäume.

Bei unserem alltäglichen Spaziergang haben wir heute meinen ersten Kahlschlag passiert. Die Kiefern, die die letzten Jahre dort gewachsen sind, überragen mich jetzt. Auch wenn ich heute weiß, dass ein Kahlschlag wieder aufgeforstet werden muss, bin ich nach wie vor immer schockiert und traurig, wenn ich einen im Wald entdecke.

Carsten ist gerade mit einem Freund auf dessen Boot unterwegs. Ich raffe mich auf und spiele an seiner Statt ein bisschen mit Schmiddie Ball. Eigentlich ist es ihr jedoch noch viel zu heiß. Sie bequemt sich auch nur wegen der Leckerlis dazu, durch den Garten zu rennen.

Clint liegt währenddessen ausgestreckt auf dem Holzsteg neben der Gießkanne, aus der er gerade getrunken hat.

Ich bekomme Hunger. Im Haus will ich es weiter so schön kühl haben, deshalb koche ich meine geliebten Spaghetti Gorgonzola draußen. Carstens Arbeitstisch unter dem Scheunenvordach ist wie üblich total vollgestellt mit allerlei Klebern, Bohrern, Schraubern, Spraydosen, Nägeln und der Kochplatte. Wie es wohl werden wird, wenn wir die kleine Außenküche haben? Mit dem Steinbackofen, für den die

Backsteine schon an Ort und Stelle liegen, und einem Gaskochfeld. Dann kommen wir uns auf jeden Fall nicht mehr ins Gehege.

Während die Nudeln kochen, gieße ich noch die Rosen, die langsam ihre rosafarbenen Knospen öffnen. Dann setze ich mich mit meinem Teller Himmelspasta an den kleinen, jetzt schon ziemlich wackeligen Tisch, den wir bereits in der Küche in der Ottersbekallee stehen hatten.

»Dig in, girl.« Oh Gott. Wie sehr liebe ich eigentlich dieses Gericht. Die erste Gabel ist immer die beste, und heute ist mir die Soße besonders gut gelungen. Ich weiß halt jetzt, wie es geht. Wie bei so vielen anderen Gerichten. Nur noch eine kleine Prise Salz fehlt. Ich laufe ins Haus und wäre fast auf eine minikleine Wildbiene getreten, die bäuchlings und völlig ermattet auf einer Planke des Stegs liegt.

Ohne lange nachzudenken, tauche ich drinnen meinen Finger in die Zuckerdose, benetze ihn dann mit Wasser und streife den Zuckerwassertropfen an dem Holzbrett ab, auf dem sich die kleine Biene zum Sterben hingelegt hat. Mit letzter Kraft bäumt sie sich auf, so als würde sie riechen, dass es nun etwas Gutes gibt. Sie fährt ihren Rüssel aus. »So viel Power hast du also noch, kleine Biene.«

Sie saugt das klebrige Wasser gierig auf. Ich hole ihr noch mehr und gieße es ihr vorsichtig hin. Kurz habe ich Sorge, dass das zentimetergroße Geschöpf in die nun doch etwas groß geratene Zuckerwasserpfütze fällt.

Ich wage es nicht, von ihrer Seite zu weichen. Mein Essen habe ich vergessen.

Nach ein paar Minuten fährt sie ihr Rüsselchen wieder ein und fängt an, sich zu putzen. Ich erkenne, dass sie nur noch einen Fühler hat, und denke plötzlich an all die armen Bienen, die durch Pflanzenschutzmittel völlig desorientiert oder gelähmt dem unfreiwilligen Ende ihres Lebens entgegensehen. Ich muss weinen. Ganz schlimm weinen. Weil wir Menschen doch eigentlich mitfühlend und liebevoll sein können, aber im Großen und Ganzen, in der Hast, im Alltag den Blick auf unser mitfühlendes und liebevolles Wesen oft verlieren.

Früher hätte ich diese kleine Biene nicht einmal wahrgenommen, geschweige denn gewusst, was ich machen könnte, um ihr zu helfen. Das Leid der Welt, der Pflanzen, der Tiere und auch der Menschen überkommt mich nun wie eine große Welle des Schmerzes, und ich brauche eine ganze Weile, um durch diese Welle hindurchzutauchen.

Als mein Schluchzen verebbt und ich wieder klar sehen kann, kreist die Biene ein paarmal um sich selbst, stimmt ihre Flügel und hebt ab. Und zu mir kommt Schmiddie mit dem Ball in ihrem Maul, schüttelt den Kopf, macht ein lustiges Knurrgeräusch und stupst mich fröhlich und aufmunternd mit ihrer Schnauze in die Seite.

»Ich komm ja schon. Ich komm ja schon.«

Bevor ich abends ins Bett gehe, scanne ich mich wie üblich von oben bis unten, vorn und hinten im Spiegel. Dann fahre ich mir mit den Fingerspitzen durch die Haare. Gott sei Dank, keine Zecke. Oder doch?

Ja, da ist eine! Am Hinterkopf, direkt am Haaransatz.

Mit einem kleinen Taschenspiegel in der Hand schaue ich in den großen Badezimmerspiegel und kann sie gerade so zwischen meinen Haaren erkennen. Wie soll ich mir die denn bitte jetzt aus der Kopfhaut ziehen? Es ist halb zwölf an einem Donnerstag. Ich kann jetzt nicht im Dorf herumtelefonieren und darum bitten, dass mir jemand eine Zecke entfernt. Und auch wenn ich schon ziemlich abgebrüht bin, was eklige Sachen angeht, zu warten, bis Carsten morgen wieder da ist, kommt nicht infrage.

Ich muss es also selbst versuchen. Ich binde mir meine Haare zu einem hohen Dutt aus dem Weg und versuche, den besten Blickwinkel zu finden. Kleiner Spiegel in der einen, Pinzette in der anderen Hand. Ah. Das Ganze ist ja spiegelverkehrt und dann auch noch hinter dem Kopf. Wie muss ich denn jetzt überhaupt die Pinzette halten, damit ich diesen bakterienschleudernden Blutsauger zu fassen bekomme?

Ich setze mein Werkzeug an und sehe gleich, dass es so nicht geht. Anders herum. Aber jetzt ist mein Arm im Weg, und ich kann nichts sehen. Mein Nacken verkrampft, mir steht der Schweiß auf der Stirn, und meine Hand fängt an zu zittern. Wenn ich sie nicht kurz und schmerzlos zu fassen kriege, kann es sein, dass sie mir gleich ihren Borreliose-Scheiß unter die Haut pumpt.

»Fuck! Das ist doch jetzt echt nicht wahr!« Ich bin richtig zornig und weiß genau, dass ich in diesem Geisteszustand keine Zecke unbeschädigt aus meiner Haut entfernen kann.

Ich löse mich aus der verknoteten Position und gehe in mich. Wie habe ich den freistehenden Kopfstand geschafft? Ich habe mich im freistehenden Kopfstand visualisiert. Und – tadaaa – schon hat es funktioniert.

Also wird auch dieses Ding der Unmöglichkeit heute Nacht herbeivisualisiert: Hier stehe ich, im Mondschein, jubilierend und eine Pinzette mit einer vollständigen Zecke in der Hand haltend.

Los geht's. Ich begebe mich wieder in die unbequeme Haltung, blinzle den Schweiß weg, setze die Pinzette an, greife damit nah an der Haut nach dem Kopf des Blutsaugers, atme noch einmal tief ein, ziehe an dem widerspenstigen Ding und atme aus.

Da ist sie. Kopf noch dran. Ich bin so was von erleichtert und auch ein bisschen stolz, dass ich diese Verrenkungs-Spiegelungs-Aktion ganz allein erfolgreich hinter mich gebracht habe.

Abflug

Ein Sturm hat alles lahmgelegt. In Hamburg gehen die S-Bahnen nicht. Busse fahren nur vereinzelt. Bäume sind auf die Straße gefallen, blockieren den Verkehr und haben diverse Autos zerquetscht.

Jetzt ist jedoch alles ruhig. Und Caros und mein Flug nach London geht gleich. Schon ein bisschen unheimlich, nach so einem heftigen Sturm mit dem Flugzeug abzuheben. Aber gut. Wir machen es.

Von Carsten habe ich noch nichts gehört. Ich habe den Wald vor dem Sturm verlassen, und er war seither nicht zu erreichen. Langsam mache ich mir Sorgen. Auf dem Handy kein Empfang, das Festnetz ist tot. Wahrscheinlich ist zum nun schon neunten Mal ein Baum auf die Leitung gefallen und hat sie zerrissen.

Caro und ich sitzen am Gate und warten darauf, dass es losgeht. Da kommt der erlösende Anruf.

»Hi. Ich konnte gerade erst in die Stadt fahren, um überhaupt mal ein Handysignal zu bekommen. Hier war vielleicht was los!«

»Das habe ich mir schon gedacht. Du bist aber gesund und munter, oder? Und die Tiere? Und das Haus? Und der Wald?«

»Ja, uns geht es gut. Dem Haus auch. Aber im Wald sind viele Bäume umgefallen. Ich habe allerdings noch nicht richtig nachschauen können. Ich musste mir erst einmal den Weg in die Stadt freisägen, weil ich mich so schnell wie möglich bei dir melden wollte.«

Das hört sich nicht gut an. Ich hoffe, dass bei uns im Wald nicht allzu viele Kiefern dran glauben mussten.

»Ach ja. Und unsere Telefonleitung ist wieder einmal unterbrochen. Ich habe schon festgestellt, wo sie gerissen ist.«

»Dann bin ich sehr gespannt, ob du es dieses Mal schaffst, dass nicht wieder der Techniker mit der kleinen Gürteltasche kommt, sondern gleich der Bautrupp.«

»Ich gebe mein Bestes«, erwidert Carsten nicht ohne einen Hauch von Sarkasmus in seiner Stimme.

»Flight AB 567 to London is now ready to board«, höre ich die Durchsage.

»So, unser Flug wurde aufgerufen. Es geht bald los.«

»Dann passt gut auf euch auf in der großen Stadt und macht keinen Unfug.«

»Ich vermisse dich.«

»Ich dich auch ... Warte. Ich muss dir noch was erzählen. Ich habe auf der Fläche gegenüber unserer Aufforstung einen Riss gefunden. Vom Wolf. Die Krähen haben mich hingeführt.«

»Echt? Erzähl ...« Zu Caro schicke ich ein mit den Lippen geformtes lautloses »Sorry« hinüber, als wir uns in die Boarding-Schlange einreihen. Ich muss einfach wissen, was es damit auf sich hat.

»Ich bin von diesem typischen Krähenschrei aufgewacht, der sagt: Hier gibt es was zu holen. Und dem Sound bin ich dann gefolgt. Bestimmt zwanzig Stück kreisten über der Fläche. Schmiddie hat das Aas dann letztendlich gefunden. Es war nicht mehr viel davon übrig. Und Gunnar sagt, dass der Wolf zuletzt ziemlich oft in der Nähe unseres Grundstücks geortet wurde.«

»Wow. Bis jetzt war dieses Wolfsding ziemlich abstrakt, aber jetzt wird es ganz schön real. Ich denke, wir sollten mal etwas detaillierter darüber sprechen, wenn ich wieder da bin.«

»Einverstanden. Ich liebe dich.«

»Und ich liebe dich!«

In London lassen Caro und ich uns treiben. Wir frühstücken in der Sonne im Hyde Park, erlaufen uns die Sehenswürdigkeiten vom Buckingham Palace bis zur Tower Bridge. Wir fahren mit dem Boot auf der Themse, erfreuen uns an der Gemütlichkeit von Notting Hill, bestaunen die Architektur viktorianischer Häuser, trinken Cocktails in einer Bar, die so hip ist, dass wir sie fast nicht finden, und laufen mit offenen Mündern durchs Liberty, wo ich mich in ein bodenlanges Abendkleid von Etro verliebe, das natürlich überhaupt keinen Sinn für mich macht und das ich nicht kaufe – was ich für immer bereuen werde. Wir schlagen uns bei Wagama die Bäuche voll, bevor wir uns bei unserem Pub-Crawl betrinken und kurz vor der letzten Runde einen amerikanischen Professor dazu bringen, eine Postkarte an Sally zu schreiben.

Nach diesem inspirierenden Wochenende im lauten und bunten London freue ich mich dann aber auch darauf, wieder im Wald zu sein.

Als Erstes möchte ich die Sturmschäden begutachten. Während Carsten mir die rund zwanzig Bäume zeigt, die der Sturm allein in unserem Waldstück gefällt hat, entdeckt Schmiddie einen Durchschlupf im Zaun.

»Welches Tier sich hier wohl einen Zugang gegraben hat. Was meinst du?«

»Vielleicht ein Hase?«

»Oder ein Fuchs.« Spannend, wer da wohl noch so alles in unserem Wald herumturnt.

»Schau mal. Von dem Durchschlupf aus geht ein richtiger Pfad durch den Wald.«

Carsten hat recht. Die plattgetrampelten Gräser ergeben einen Weg, der mitten durch unseren Wald führt.

»Das ist ja regelrecht eine kleine Autobahn.«

Wir verfolgen den Weg und finden in der Mitte unseres Waldstücks lauter kleine Löcher im Boden. Wahrscheinlich hat dort der Benutzer der Autobahn nach Mäusen oder Insekten gesucht. Sehr spannend. Am anderen Ende des Grundstücks finden wir einen zweiten Durchschlupf.

»Ich habe eine Wildkamera gekauft. Die löst bei Bewegung aus. Was hältst du davon, wenn wir die bei dem ersten Durchschlupf mal installieren?«, schlägt Carsten vor.

»Ja, super Idee!«

»Und ich habe noch eine richtig gute Idee.«

Jetzt bin ich aber gespannt. »Und die wäre?«

»Als du mit dem Bogenschießen angefangen hast, meintest du doch mal, dass es cool wäre, auf unserem Grundstück einen Trainingsparcours zu haben – wie in *Ein Offizier und Gentleman*. Aber irgendwie haben wir den Plan nicht weiterverfolgt. Ich werde den Parcours jetzt hier bei uns im Wald anlegen. Mit einem Seil, an dem man sich hochziehen muss. Mit Klimmzugstange, einer Wand, über die man klettern kann, und anderen Hindernissen.«

»Aber bevor du das machst, wäre es super, wenn wir noch das Gewächshaus zu Ende bauen könnten.«

»Ja klar. Wird gemacht.«

Ein paar Tage später kommen meine Eltern zu Besuch. Sie bringen jede Menge Antipasti, leckeren Wein und Sally mit. Und wir haben eine Überraschung für sie.

»Sie sind jetzt aus Hamburg raus. Wir haben also noch etwa eine Stunde Zeit, um alles vorzubereiten«, informiere ich Carsten nach ihrem Anruf.

»Okay. Ich beeile mich.«

Während Carsten noch die Schiebetüren unseres nigelnagelneuen Gewächshauses einsetzt, dekoriere ich wie wild den Garten drum herum. Die Kiefern, die seit unserem Hauskauf wild im Garten wachsen durften, bestücke ich mit Windlichtern und Lampions. Auf dem Tisch, den Carsten in das Häuschen geschleppt hat, breite ich eine weiße Tischdecke aus und platziere Geschirr, Gläser und Kerzen darauf. Ein bisschen Blumendeko darf nicht fehlen.

»Fertig«, ruft Carsten, während ich Vergissmeinnicht in einer Vase drapiere. Nach sieben Tagen Herumgebastel ist diese Schönheit von Gewächshaus, man könnte sie auch Orangerie nennen, nun endlich fertig.

Das Häuschen liegt versteckt hinter den kleinen Kiefern. Wahnsinn, wie groß die Bäume heute sind, die mir bei unserem Hauskauf nur bis zum Knie reichten.

Arm in Arm betrachten Carsten und ich unser Werk.

»Ist dir eigentlich klar, was das bedeutet, dass wir jetzt ein Gewächshaus haben?«

Bei »Ist dir eigentlich …« fange ich schon an zu kichern.

»Ich denke schon, aber du kannst es mir ja gern noch einmal sagen.«

»Wenn wir wollen, können wir hier das ganze Jahr über Gemüse anbauen. Wir könnten es sogar beheizen. Das heißt, wir sind, was Selbstversorgung angeht, ein ganzes Stück weiter.«

»Und es ist wunderschön! So lange habe ich davon geträumt, und jetzt sieht es so aus, als wäre es schon immer da gewesen.«

»Es passt wirklich gut hierher. Kannst du glauben, dass wir das Haus vor acht Jahren zum ersten Mal angeschaut haben – es muss etwa um diese Zeit gewesen sein, oder?«

Ich nicke.

»Ich würde sagen: Jetzt sind wir mit dem Gröbsten durch, oder was meinst du?«

Ich lache laut auf, und in meinem Kopf läuft fast forward der Film der letzten Handgriffe ab: im Bad das Schwarz-Lackieren der alten Handpumpe, in der Küche das Anschrauben der Muschelgriffe an die von Carsten gebauten Fifties-Fronten, im Wohnzimmer das Lackieren der Fußleisten und die Platzierung der generalüberholten wunderschönen, mit petrolfarbenem Stoff bezogenen Sessel, die uns zerfleddert und verstaubt über all die Jahre begleitet haben, das Befestigen der Treibholz-Regalbretter am Bücherregal im Gästezimmer, das Anmalen der Wand und des davorstehenden Handtuchschranks in Taupe im Schlafzimmer, das Einrichten des Regals auf der Galerie und last but not least das Einschalten der Rainforest-Dusche hinter der Glaswand, um zu prüfen, ob sie auch wirklich funktioniert. Was für ein unbeschreibliches Gefühl das war, unter der Dusche zu stehen, dabei in den Garten zu schauen und mich daran zu erinnern, wie ich mir genau das vor so vielen Jahren schon vorgestellt habe.

»Ich hoffe schon.«

Das Haus hat keine offenen Wunden mehr, und alles, was wir jetzt noch tun, sind Sahnehäubchen.

»Weißt du noch, was du vor acht Jahren zu mir gesagt hast?« Ich meine zu sehen, dass sich Carstens Ohren ein wenig röten.

»Ja«, gibt er zu. »Und ich bin dir sehr dankbar, dass du mich nicht verlassen hast, weil es ein kleines bisschen länger gedauert hat als ein halbes Jahr.«

»Aber jetzt haben wir unseren Palast. Und ich liebe dich immer noch. Wenn nicht sogar noch mehr als vor acht Jahren. Palast hin oder her.«

»Und wo essen wir?«

»Das werdet ihr noch früh genug erfahren.«

Carsten und ich sind ganz hibbelig vor lauter Vorfreude auf die Überraschung und springen aufgeregt zwischen Küche und Gewächshaus hin und her. Die Tiere sind auch ganz außer Rand und Band, rennen uns vor die Füße, schmeißen sich hin, wollen beschmust und bespielt werden, was unser Besuch gern übernimmt.

Sally drückt den Kater an ihr Gesicht und sagt: »Clint riecht so gut. So nach Wald.«

Und mein Vater, der den Geruch von Tieren eigentlich nicht besonders mag, stimmt ihr zu. »Auch Schmiddie riecht nie nach Hund. Wahrscheinlich, weil die beiden die ganze Zeit draußen und generell so happy sind. Ich glaub, den Tieren geht es hier ziemlich gut.«

Als alle Windlichter entzündet sind und die Leckereien auf dem Tisch stehen, bitten wir die kleine Gesellschaft, uns zu folgen.

Die Dämmerung hat eingesetzt, und die Lichter schimmern unseren Gästen entgegen.

»Was glitzert denn da so?«, fragt meine Mutter, und da entdeckt Sally das Glashaus. Alle drei sind so begeistert wie wir, bestaunen den Fußboden mit den Pflastersteinen, die wir eigentlich mal für unsere Terrasse gekauft haben, sind begeistert von dem Gewächshaus an sich und freuen sich über die Mühe, die wir in die Deko für den Abend gesteckt haben.

Überraschung geglückt!

Kontrastprogramm

»Happy Birthday.« Mit einem Kaffee in der einen und einer Rose in der anderen Hand werde ich von Carsten geweckt. Der Kater rennt durch die offene Tür des Schlafzimmers, das für ihn eigentlich tabu ist, und springt zu mir ins Bett. Er will halt auch dabei sein.

»Und? Was willst du heute machen?«

»Ich möchte gern Äpfel sammeln, und danach möchte ich nach Hamburg fahren und schön essen gehen. Und vorher vielleicht noch mit Sally und Caro anstoßen.«

Carsten ist dabei. Nach einer wunderschönen Bescherung und einem leckeren Frühstück laden wir die stapelbaren Faltkisten, die wir uns letztes Jahr für unsere Apfelsaftaktion gekauft haben, in den Landy und düsen los. Die Straße, an der die besten Bäume stehen, ist eine halbe Stunde von uns entfernt. Unser Pflücksystem haben wir zwischenzeitlich perfektioniert: Eine Plane wird unter den Baum gelegt. Carsten schüttelt den Baum mit einer Stange. Die reifen Äpfel fallen auf die Plane. Ich sammle die Äpfel in meinen Eimer, der dann in eine der Kisten ausgeschüttet wird. Drei Stunden später sind alle zehn Kisten und noch ein paar extra Eimer voll.

»Ist es nicht der Wahnsinn, dass diese Äpfel sonst wahrscheinlich im Straßengraben verfaulen würden?«

»Und jetzt machen wir total leckeren Apfelsaft daraus.«

Eine Fernsehsendung über Selbstversorgung hatte uns auf die Idee gebracht, selbst sammeln zu gehen und die Ernte zum Entsaften in eine Mosterei zu bringen. Dieses Jahr werden wir bestimmt 160 Liter rausbekommen.

Zu Hause angekommen, verwandle ich mich von der Apfelpflückerin mit geröteten Wangen in Leggins, Gummistiefeln und Pulli in das Birthday-Girl im Schlangenoptikkleid gepaart mit Pistol Boots.

Während mein Glätteisen aufheizt, benutze ich Primer, Concealer, Foundation, lasse das Baking Powder einwirken, trage Highlighter, Bronzer, Lidstrich, Mascara und zu guter Letzt Ruby Woo, meinen geliebten matten Lippenstift von MAC, auf, der genauso knallrot ist wie der letzte Apfel, den ich eben noch vom Boden aufgelesen habe. Als die Haare fertig geglättet sind, hüpfe ich an Carsten vorbei ins Auto.

»Ähm. Wo haben Sie denn meine Frau gelassen?«, fragt er mich leicht erstaunt.

»Die bleibt heute zu Hause«, gebe ich lächelnd zurück. Ich habe mich anscheinend schon sehr lange nicht mehr so ausgiebig geschminkt.

Zwei Stunden später klingen in Caros Wohnung die Gläser. Sally schenkt mir eine Nudelmaschine. Ich freue mich riesig, weil ich nun den Teig für meine Ravioli nicht mehr mit der Hand ausrollen muss. Caro schenkt mir Karten für das Konzert von den Kings of Convenience in der Elbphilharmonie. Ich flippe noch ein bisschen mehr aus, weil das norwegische Duo unglaublich toll ist und weil ich noch nie in der Elbphilharmonie war. Jippieh!

»Krass. Wie lang deine Haare jetzt wieder sind. Wann hast du sie noch mal abgeschnitten? Das ist schon ewig her, oder?« Caro greift nach einer Haarsträhne von mir und lässt sie durch die Finger gleiten.

»Ja, es scheint mir fast so, als wäre das in einem anderen Leben gewesen.« Ich muss lachen.

»So heftig, wie du es jahrelang auf dieser Dauerbaustelle mit all dem Staub ausgehalten hast! Das hätte ich echt nicht gedacht. Ich habe vermutet, dass du einen Burn-out bekommst oder irgendwann durchdrehst«, stellt Caro fest.

»Na ja, einmal wäre ich auch fast durchgedreht.«

»Da, wo es kurz vor Weihnachten keinen Fußboden gab?«, fragt Sally.

»Ja, genau.«

»Auf jeden Fall hätte ich das nicht gekonnt. Aber du beziehungsweise ihr beide hattet ja immer diese große Vision vor Augen. Und ihr habt es, egal wie chaotisch und dreckig es war, trotzdem immer hinbekommen, es euch dort schön zu machen.«

»Na ja. Draußen ist das ja auch kein Kunststück. Das macht die Natur ganz von allein.«

»Ja, aber auch drinnen. In Staub und Schutt habt ihr es uns mit liebevollen Details trotzdem immer so schön gemacht. Weißt du noch, das eine Mal, als ich da war. Da hattet ihr mal wieder irgendwas runtergerissen oder aufgestemmt. Totales Chaos halt.

Aber in der Mitte des Raumes auf dem Boden habt ihr eine hübsche Decke ausgebreitet, tolles Geschirr stand da, viele Köstlichkeiten und Kerzen drum herum. Und schwupp war der Rest des Raumes vergessen und im Dunkeln versunken. Und ich wähnte mich am romantischsten Ort der Welt«, erinnert sich Caro.

»Oh. Das ist aber schön. Ich bin total gerührt.« Ich greife nach Carstens Hand und drücke sie fest.

»Hattest du nach einem Wochenende im Wald auch immer schwarze Nasenlöcher und Ohren?«, fragt Sally Caro schmunzelnd.

»Ja«, lacht Caro. »Alles war schmutzig, aber ich war auch total erholt und hatte einen richtigen Natur-Kick.«

»Meinst du, ihr werdet jemals fertig?«, fragt Sally jetzt Carsten.

»Ich glaube nicht. Wir haben immer neue verrückte Ideen. Steinbackofen, Sonnendeck in den Baumwipfeln, die Scheune restaurieren ...«

»Jedes Mal, wenn ich zu euch komme, gibt es etwas Neues zu bestaunen, was ihr dann auch noch selbst gebaut habt. Ich kann mir eigentlich nicht vorstellen, dass es immer noch traumhafter werden kann, aber bis jetzt hat mir jeder meiner Besuche das Gegenteil bewiesen«, schwärmt Caro.

Mir wird noch einmal bewusst, wie lang der Weg doch war von unserem Traum zur Realität und wie toll es ist, dass wir nie aufgegeben haben.

»Ich finde es echt super, dass ihr diesen Ort gefunden habt – für euch, aber auch für mich. Er ist eine richtige Inspiration mit seiner Schönheit, Ruhe und der puren Natur. Ein paar meiner besten Song-Ideen hatte ich, während ich bei euch abends mit einem Glas Cremant in der Hand selig ins Feuer starrte.« Jetzt ist auch Caro ganz gerührt.

»Zu euch zu kommen, ist immer wie ein kleiner Urlaub. Aber weil ihr es schafft, dass man sich stets willkommen fühlt, ist es auch gleichzeitig ein bisschen, wie nach Hause zu kommen«, fügt Sally hinzu.

»Ohhh. Das ist aber schön. Group-Hug! Group-Hug!« Wir stehen alle vier in Caros Wohnung herum und umarmen uns, als gäbe es kein Morgen.

Dann brechen wir auf. Denn für acht Uhr haben wir einen Tisch bei unserem Italiener reserviert.

Wir verabschieden uns von den Mädels und freuen uns sehr darauf, heute Abend zur Abwechslung mal ein Festmahl von jemandem serviert zu bekommen.

Jahreszeiten

Der Herbst kündigt sich an. Morgens ist es jetzt schon richtig kühl. Carsten wird vom Wetter begeistert sein und bestimmt Holz machen wollen. Aber noch nicht jetzt.

Jetzt trinke ich erst einmal meinen Kaffee. Damit mir nicht zu kalt wird, kuschle ich mich auf der Hollywoodschaukel in ein Schaffell, trage einen Wollpullover und meine selbst gestrickten Socken. Wenn man möglichst viel Zeit draußen verbringen will, egal zu welcher Jahreszeit, egal bei welchem Wetter, muss man halt wissen, wie man sich anzuziehen hat.

Der Eichelhäher hat mich auch heute Morgen wieder sofort entdeckt und gibt ein schnarrendes Geräusch von sich, um die anderen Tiere vor mir zu warnen. Er wird sich wohl nie an mich gewöhnen. Wächter des Waldes wird er auch genannt. Zu Gesicht bekommt man das Tier selten, wenn man nicht weiß, wie man danach Ausschau halten muss.

Generell singen die Vögel längst nicht mehr so laut wie im Frühling oder Sommer, aber einige Exemplare begrüßen mich dennoch mit Gezwitscher oder beeindruckenden Flugmanövern. Peterle sitzt in unserem Haselnussstrauch und reißt sich die Nüsse von den Zweigen. An Ort und Stelle nagt er die meisten gleich auf. Wenn es ganz still ist, kann ich seine kleinen Zähnchen an der Haselnussschale herumsägen hören.

Der Specht steht dem Eichhörnchen beim Thema Nüsse in nichts nach. Auch er reißt sie sich von den Zweigen, fliegt mit der Nuss zu unserer alten Kastanie vor unserem Haus und setzt sich auf einen Ast. Dort hackt er so lange mit seinem Schnabel auf die Nussschale ein, bis er den Kern freigelegt hat.

Schmiddie und ich drehen eine Runde durch den Wald. Ich muss jetzt auf die filigranen, fast unsichtbaren Spinnennetze aufpassen. Der Morgentau benetzt die Kunstwerke, sodass ich sie sehen und einen Bogen darum machen kann.

Die ersten Eicheln liegen am Boden. Einige davon sammle ich auf, um sie später in unserem Wald in den Boden zu drücken oder in einen der Eichelhäherkästen zu legen. Der Eichelhäher verteilt sie dann als Futterdepot für sich selbst und sorgt auf diese Weise für Baumnachschub, ohne dass wir etwas dafür tun müssen. Im kommenden Frühjahr frisst er ein paar der jungen Triebe seiner ausgesäten Bäume, aber nie alle.

Die Luft riecht nach Erde, besonders heute, weil es in der Nacht geregnet hat. Pilze sprießen überall aus dem Boden. Am hübschesten finde ich die perfekten Fliegenpilze mit ihrer knallroten Haube und den weißen Punkten darauf. Aber auch die Krause Glucke, Maronen, Steinpilze, Pfifferlinge sind da.

Im Oktober haben wir das Haus nun seit zehn Jahren. Erst oder schon? Manchmal kommt es uns so vor, als würden wir hier bereits ewig leben. Unser alter Alltag in der Großstadt erscheint mir Lichtjahre entfernt. Und ein anderes Mal ist es so, als hätten wir das Haus im Wald erst gestern gekauft.

»Wenn ich hier bei euch im Wald bin, denke ich ganz oft: Jemand, der hier wohnt, kann keine Probleme haben!« Sally ist nach einem verlängerten Wochenende bei uns erst heute Morgen wieder in die Stadt gefahren.

Ihr Kommentar beim Abschied beschäftigt mich. Natürlich haben wir Sorgen wie andere Menschen auch. Allerdings scheinen die Probleme durch die Nähe zur Natur weniger schwerwiegend, weniger dauerhaft zu sein. Ein heftiger Wind, der durch die Bäume saust. Ein Blick in den Himmel, wo aus dem Nichts ein perfekter Regenbogen direkt über unserem Haus erscheint, der in den schönsten Farben strahlt – und die negativen Gedanken oder Sorgen, in denen es meistens um die Zukunft geht, sind, wenigstens für einen Moment, vergessen. Die Natur sagt: Das ist der Moment, der zählt, und aus diesem Moment kann etwas Gutes, etwas Schönes entstehen. Die Natur tröstet. Sie lenkt ab. Sie zeigt das große Ganze, sie justiert meine Perspektive auf die Dinge. Oder um das gute alte Filmzitat von Sissis Vater hervorzukramen: »Wenn du einmal im Leben Kummer und Sorgen hast, dann geh mit offenen Augen durch den Wald, und in jedem Baum und in jedem Strauch, in jedem Tier und in jeder Blume wird dir die Allmacht Gottes zum Bewusstsein kommen und dir Trost und Kraft geben.«

Als hätte ich es gewusst ...

»Heute ist das perfekte Wetter zum Holzmachen. Acht Grad und Sonne. Hast du Lust?« Carsten steckt schon halb in seiner Schnittschutzmontur.

»Aber wirklich nur einen Hänger, okay?«

Unser Running Gag, denn wir machen nie nur einen Hänger. Wenn wir erst einmal dabei sind, kann uns auch ein heftig schmerzender Rücken nicht stoppen. Nach der Heizsaison ist vor der Heizsaison, und das Ziel ist, die Bunker bis oben hin mit Scheiten zu füllen. War ich früher on the hunt nach dem heißesten Scheiß in Sachen Fashion, bin ich jetzt völlig verrückt danach, sinnvolle Vorräte aller Art anzulegen: Anzündbares, Eingewecktes, Einpflanzbares, Eingefrorenes, Verwurstetes, Aufgießbares, Trinkbares, Verrottetes und und und.

Ich bin in wenigen Minuten startklar. Funktionsunterwäsche, Fleecehose, Fleecejacke, Weste, Handschuhe, Gehörschutz. Carsten braucht etwas länger. Er muss noch seine Kettensäge betanken.

In unserem Wald liegen noch ein paar Bäume vom letzten Sturm. Die werden wir dann wohl heute aufsägen.

»Weißt du noch, dass ich den Winter früher gehasst habe?« Carsten erinnert sich daran, wie ihm in der Stadt immer die dunkle Jahreszeit bevorstand.

»Mir ging es ja ähnlich. Aber in der Stadt ist das auch einfach ein anderer Schnack. Immer drinnen sein. Und der Wind ist so kalt in der Stadt. Und alles ist grau. Nichts grün.«

»Seit wir hier leben, kann ich den Winter jedoch kaum erwarten. Auch wenn es eiskalt ist. Keine Fliegen mehr, die mir bei der Arbeit um die Birne fliegen. Kein Schweiß, der mir in die Augen läuft. Die frische Luft. Es ist dann so, als würde die Kälte mir mein Gehirn freifrieren. Winter bedeutet für mich Klarheit.«

»Klarheit, Rückzug und Gemütlichkeit. Das ist Winter für mich. Vor allem, seit wir den neuen Ofen mit der großen Scheibe haben.«

Der Atem dampft aus unseren Mündern, während Carsten das Holz auf die richtige Länge für unseren Ofen zusägt. Derweil mache ich ein paar Kniebeugen, damit mir nicht zu kalt wird. Er wechselt ans andere Ende des Baumes, und ich lade die Klötze ein. Bei unserer Routine arbeiten wir wortlos vor uns hin.

Mir tun schnell die Arme und Beine weh. Normal beim ersten Mal Holz machen nach der langen Pause. Weiterarbeiten, dann geht es irgendwann weg. Zu Hause angekommen, machen wir ähnlich routiniert weiter: Rundhölzer mit einem geringeren Durchmesser wandern vom Hänger direkt in die Schubkarre, große Klötze vom Stammholz deponieren wir vor der Scheune zum Spalten. Carsten spaltet, und ich staple das Holz in den hoffentlich bald vollen Bunker ein.

Dem ersten Hänger folgen ein zweiter und ein dritter. Bevor wir den letzten nach Hause bringen, fällt Carsten ein: »Mensch, die Speicherkarte aus der Wildkamera. Die habe ich ganz vergessen. Wollen wir die noch zusammen holen?«

»Na klar«, antworte ich.

Langsam wird es dunkel. Das Außenlicht der Scheune spendet Carsten genug Helligkeit beim Spalten, und ich schichte die Scheite mit der Stirnlampe auf, bis wir fertig sind. Müde und glücklich. An einem erfrischenden Wintertag einer sinnvollen körperlichen Tätigkeit nachzugehen, ist äußerst befriedigend. Bevor wir nacheinander in die Wanne eintauchen, um unsere überanstrengten Muskeln zu entspannen, trinken wir noch einen Tee und betrachten unser Werk.

»Ein Hänger entspricht ungefähr einem Viertel Bunker, mit dem wir in einem kalten Winter wiederum zwei Wochen lang unseren Ofen befüllen können. Das heißt, wir haben heute für sechs Wochen Holz gemacht. Das ist ja super.« Ich bin begeistert und proste Carsten mit meinem großen grünen Stanley-Becher zu.

Während das Wannenwasser einläuft, wertet Carsten die Chipkarte aus der Kamera aus. Ich entzünde derweil unseren wunderschönen, neuen Ofen. Er ist halbrund, hängt an der Wand, und durch seine Glasscheiben können wir vom Sofa aus direkt in das Feuer blicken. Außerdem ist er viel leichter auf Temperatur zu halten als der alte und verbraucht tonnenweise weniger Holz.

»Du wirst es nicht glauben ...« Aber er lässt mich nicht sehen, was ich nicht glauben werde. Zuerst will er sich alle Bilder anschauen und dann eine Auswahl der besten für mich treffen. Ich bin so neugierig, dass ich es kaum erwarten kann.

»So. Jetzt kannst du gucken.«

Er klickt die Bilder nacheinander an, und zum Vorschein kommt zunächst außerhalb des Zauns die Schnauze eines dicken Wildschweins, das gerade den Boden nach Wurzeln durchforstet. Als Nächstes schaut ein Reh direkt in die Kamera. Der dritte Spaziergänger ist ein Fuchs, und dann sehe ich endlich, wer in unserem Wald die Autobahn angelegt hat, die unseren zukünftigen Trimm-Dich-Pfad kreuzt. Es ist ein kleiner Dachs, der sichtlich Mühe hat, durch das Loch im Zaun zu kriechen, weil er wohl in den Sommermonaten etwas zugelegt hat. Auf einer Videoaufnahme schnüffelt er betriebsam um das Zaunloch herum und verschwindet dann wieder in der Dunkelheit.

Ich taufe ihn Mayonnaise – als Hommage an Zack Mayo, der in *Ein Offizier und Gentleman* auf dem Trainingsparcours vom Drill-Sergeant verächtlich Mayonnaise genannt wird.

Verwaldschratung II

»Was ziehst du denn an?« Carsten stöbert im Kleiderzimmer nach den richtigen Klamotten.

»Auf jeden Fall etwas Zwiebellook-Taugliches. Wahrscheinlich das geblümte Sommerkleid, mit einer Strumpfhose drunter, den Acne-Boots und einer Strickjacke drüber. Ich wette mit dir, dass ich Strickjacke und Strumpfhose in den ersten zehn Minuten ausziehen werde. In der Wohnung sind bestimmt 25 Grad.«

Wir sind auf eine Housewarming-Party eingeladen. Wobei das »Warming« wahrscheinlich wortwörtlich zu nehmen ist. Unser Außenthermometer zeigt minus fünf Grad. Unser Innenthermometer zeigt für uns angenehme 18.

»Aha. Ohne Nachbarn, mitten im Wald. Du wohnst also da, wo sich Fuchs und Hase Gute Nacht sagen?«

»Reh und Hase.«

»Wie bitte?«

»Wo sich Reh und Hase Gute Nacht sagen.«

»Verstehe ich nicht.«

Ich zücke mein Handy, was ich sonst in Gesprächen immer zu vermeiden versuche, und zeige meinem Gegenüber das Foto, das ich gestern Abend bei meinem Spaziergang mit Schmiddie gemacht habe: Am Wegesrand stehen ein Hase und ein Reh in der Dämmerung dicht nebeneinander.

»Das ist ein tolles Foto. Aber irgendwie kann ich nicht so richtig nachvollziehen, was jemand wie du mitten im Wald will?«

Aha. Die berühmt-berüchtigte Frage ist wieder da. Dieses Mal stellt sie mir Peter, ein netter Gast auf Monikas Party, den wir noch nicht kennen. Obwohl ich schon Strumpfhosen- und Strickjacken-frei bin, steht mir der Schweiß auf der Stirn. Die Luft ist zum Schneiden, kein Sauerstoff verfügbar.

»Atmen.«

Peter guckt mich verständnislos an.

»Spaß beiseite. Was hältst du davon, wenn wir mal das Fenster für einen Moment aufmachen und ein bisschen Luft reinlassen?«

»Ist das nicht ein bisschen kalt?«

»Nur zwei Minuten. Dann mache ich es wieder zu. Versprochen.«

Carsten wirft mir einen belustigten Blick zu. Unser Kampf um Frischluft begleitet uns zu Partys, in Restaurants, zu Freunden, in Hotels, in der Jagd-, der Bootsführerschein- und der Segelschule, im Rahmen der Imkerschulung und bei diversen anderen Veranstaltungen, bei denen man den Tag mit mehreren Menschen in einem geschlossenen Raum verbringt. Ist es draußen kälter als 22 Grad, müssen anscheinend überall die Fenster geschlossen bleiben.

Carsten hat obenrum nur noch sein Unterhemd an und trotzdem noch einen roten Kopf.

»Wie ist denn so das Leben im Wald?«

»Erst einmal: angenehm kühl.«

Jetzt muss auch Peter schmunzeln.

»Und dann natürlich total spannend. Mal abgesehen von den unzähligen wunderbaren Erlebnissen in der Natur, die ich eigentlich jeden Tag habe, sind wir immer noch dabei, unser Haus zu renovieren. Und jetzt haben wir gerade unseren eigenen Wald gekauft.«

»Ihr seid also quasi Förster.«

Ich muss an meinen Neffen denken, in dessen Jugendsprache Förster zurzeit so viel bedeutet wie Vollpfosten.

»Ja, genau. Wir sind so was wie Förster. In unserer Region herrscht die Kiefer vor. Und wir wollen gern in unserem Wald einen Mischwald etablieren. Deshalb mussten wir den Wald als Erstes durchforsten, dann Laubbäume aussäen oder pflanzen und anschließend einen Zaun um die ganze Fläche ziehen.«

»Wieso müsst ihr den Wald denn einzäunen?«

»Weil die Wilddichte zu hoch ist und die Nachwuchs-Laubbäume sofort ratzeputz von den Rehen aufgefressen werden. Wenn du zu uns in den Wald kommst, siehst du fast keinen einzigen Baum auf Hüfthöhe. Außer natürlich der Kiefer.«

»Das heißt, ihr habt euer eigenes Öko-Projekt am Start. Das ist ja der Hammer. Habt ihr in eurem Haus dann auch so einen richtigen Ofen?«

»Ja, wir haben nur den Ofen.«

»Wie jetzt?«

»Wir heizen unser Haus nur mit dem einen Ofen. Das funktioniert ganz prima. Und jetzt haben wir ja sogar unser eigenes Holz, das wir unter anderem auch für unseren Ofen verwenden können.«

»Wie? Ihr lasst euch das nicht liefern? Heißt das, ihr geht dann mit dem Beil in den Wald und hackt euer Brennholz? Das muss ja unglaublich zeitaufwendig und anstrengend sein. Wieso tut ihr euch das denn an?«

Und wie aus einem Mund sagen wir: »Weil wir uns gern daran erinnern, dass es nicht selbstverständlich ist, es im Winter warm zu haben.«

Monika reicht mir ein Handtuch: »Ihr könnt aber auch gern hier in der Wohnung schlafen. Es ist doch viel zu kalt draußen. Ihr werdet erfrieren.«

»Nein, wir mögen das so. Mach dir keine Gedanken. Es ist schon super, dass wir uns hier im Bad Landy-fertig machen können.«

Wenig später liegen wir schon in unseren Schlafsäcken im gemütlichen Wagen, der von Schmiddie vorgewärmt ist, und schlafen wohltemperiert ein.

Das übliche Besondere

Am Abend vor dem ersten Advent holt Carsten die Kisten mit dem Weihnachtsschmuck aus der Scheune. Mit einem Punsch in der Hand stoßen wir auf die neunte Weihnachtszeit in unserem Zuhause an, aufs Plätzchenbacken und auf den Winter. Wir hängen nostalgischen Christbaumschmuck mit rot-weiß geringeltem Band an einen der Deckenbalken. Wir stellen unsere kitschige, aber so süße Engelskapelle auf. Und wir dekorieren unsere weißen Wände mit mehreren großen schwarzen Papp-Falt-Sternen. Aus Tannenzweigen, Efeu, Birkenästen und Moos, das ich im Wald gesammelt habe, binde ich einen Kranz für unsere Haustür. Dabei hören wir die Weihnachtsmusik von Charlie Brown.

Ich bin schon gespannt, was Carsten zu seinem diesjährigen Adventskalender sagen wird. Dieses Mal habe ich mir besonders viel Mühe gegeben und extrem viel Spaß beim Basteln gehabt. Ich denke, er wird alle bisher dagewesenen Adventskalender toppen. Besser noch als der Glückskeks-, der Ofen-Anzünder- und der Love-Song-Kalender. Denn dieses Jahr bekommt mein Mann einen Quiz-Kalender mit Fotos von Szenen aus Bud-Spencer- und Terence-Hill-Filmen und den passenden Fragen dazu. Bei 24 richtigen Antworten wird er mit der Biografie von Mr Spencer höchstpersönlich belohnt, den wir beide sehr verehren.

Einen Tag vor Weihnachten hätte meine Oma Geburtstag gehabt. Wir gedenken ihrer, indem wir sie hochleben lassen. Und auf sie, auf Weihnachten und das Leben anstoßen.

Meine Eltern sind heute angereist. Sie haben unser Schlafzimmer bezogen. So verfügen sie auch über ein eigenes Bad. Morgen kommen Caro und Sally. Letztere schläft im Gästezimmer. Caro nächtigt oben auf der Galerie auf unserer neuen Ausziehcouch. Meine Nichte und mein Neffe stoßen ebenfalls zu uns. Die beiden werden auf dem Sofa schlafen. Und wir beziehen wieder unser Lager im Landy. Wir, die auszogen, um die Einsamkeit zu finden, haben nun an Weihnachten und Geburtstagen eigentlich immer ein knallvolles Haus.

Auch unsere Kühlschränke und der Keller sind mit Köstlichkeiten vollgestopft. Darunter auch würzige Kräuterbratwürste, die wir heute Abend grillen. Dazu gibt es knusprige Ofenkartoffeln mit Knoblauch und Rosmarin und ein Glas Champagner.

An Heiligabend trudeln die anderen vier nach und nach ein. Wir essen Kürbissuppe, Plätzchen und Kuchen, während wir den

Tisch decken und die Weihnachtsbäume aufstellen und dekorieren. Unsere Bäume sind in Kübeln eingepflanzt. Sie werden bald nach dem Fest ein Zuhause in unserem Wald bekommen.

Mitten in unserem Wohnzimmer steht bald ein kleiner Wald aus Nordmanntannen, Fichten und Douglasien. Um ein bisschen mehr Höhe zu erreichen, hat Carsten die Bäumchen auf Holzklötze gestellt.

Kurz bevor die Bescherung losgeht, ziehen sich alle um und drapieren ihre Geschenke unter den Bäumen. Carsten und ich scheuchen unsere Besucher ins Gästezimmer. Wir zünden die Kerzen an und dimmen das Licht. Ich sitze oben am Klavier und spiele die ersten Töne von *Stille Nacht, heilige Nacht,* während Carsten mit dem Messingglöckchen unsere Familie herbeiläutet. Bevor ich zu den anderen gehe, stehe ich noch einen klitzekleinen Moment oben an der Treppe und schaue auf die erleuchteten Bäume, die Menschen, mein Zuhause, und mir wird ganz warm ums Herz.

Am zweiten Weihnachtsfeiertag riecht das ganze Haus schon morgens nach dem Wildschweinbraten, den ich zwölf Stunden im Ofen schmoren lasse. Wir gehen spazieren, lassen die Seelen baumeln, machen es uns auf dem Sofa gemütlich, bedauern Néné und Graf Andrássy und sind zu Tränen gerührt, als Sissi in Italien mit »Viva la Mamma«-Rufen begrüßt wird.

Am Abend raffen wir uns noch mal auf. Sally ist die Knödelqueen und macht den besten Rotkohl. Mein Braten dazu, und wir haben ein Festmahl. Unsere Routine hat sich über die Jahre so perfektioniert, dass wir alle Bestandteile des Mahls gleichzeitig und gleich heiß auf die festlich gedeckte Tafel bringen. Und jedes Jahr sagt einer: »Vielleicht sollten wir doch ein Restaurant zusammen aufmachen.« Und ein anderer: »Dieses Jahr haben wir uns aber wirklich selbst übertroffen. Ich glaube, besser geht es nicht.« Eigenlob stinkt? Nein, Eigenlob ist lecker!

Am nächsten Morgen sind die Gräser weiß. In der Nacht gab es wohl Frost. Die Windschutzscheibe des Landy ist gefroren, aber die

Sonne scheint. Mit Parka und Schafsfell traue ich mich mit meinem Morgenkaffee in den Garten, während die anderen noch schlafen. Hinten auf der kleinen Bank, die Carsten mir gebaut hat, sitze ich in der Sonne.

Ich träume gerade so vor mich hin, als ein seltsames Rülpsen von links mich aus meinen Gedanken reißt. Da steht ein Reh, nur wenige Meter entfernt, und schaut mir direkt in die Augen. Es schreckt noch einmal, und dieses Mal erkenne ich auch das Geräusch. Wir starren einander an. Was will es denn bloß? Tut mir leid, aber ich bin wirklich noch zu müde, um Rehprobleme zu lösen.

Ich widme mich wieder meinem Kaffee und der Sonne. Da fällt es mir wie Schuppen von den Augen. Das Reh steht ja in unserem Wald hinter dem Zaun. Nun beschwert es sich, dass es dort eingesperrt ist. Wahrscheinlich getrennt von seiner Herde. Da es sich hierbei um ein echtes Rehproblem handelt, bin ich natürlich gern und sofort bereit zu helfen.

Carsten und ich begeben uns auf Safari. Mit dem Landy fahren wir durch das Gelände und suchen das eingesperrte Tier.

»Da vorn ist es.« Carsten gibt Gas, und wir treiben es vorsichtig vor dem Auto her dem Ausgang zu. Kurz vor dem Tor schlägt es einen Haken und rennt wieder nach hinten in den Wald hinein. Es dauert eine ganze Weile, bis wir das widerspenstige Rehlein wieder in seine Freiheit entlassen können.

Nach der Rettungsaktion bleibt die Frage: Wie ist es in unseren Wald gekommen? Hat vielleicht jemand das Tor geöffnet, oder haben wir vergessen, das Tor zu schließen? Oder gibt es irgendwo ein Loch?

Bei unserem Kontrollgang am Zaun entlang entdecken wir, dass es tatsächlich ein Loch gibt. Der grobmaschige Draht ist an einer Stelle einfach gerissen. Das Tier muss mit Vollgas und Kopf voran durch den Zaun gebrettert sein. Es hängt sogar noch ein bisschen Fellhaar zwischen den Maschen. Gut, dass ihm nichts passiert ist.

»Denkst du, es ist auf der Flucht gewesen?«

»Ja, vielleicht vor dem Wolf – oder vor einem Jäger. Und wahrscheinlich hat es in der Eile vergessen, dass hier nun ein Zaun steht.«

»Das arme Tier. Hoffentlich hat es sich nichts getan.«

»Es sah ja eben noch sehr munter aus.«

Wir flicken den Zaun.

Ein täglicher Kontrollgang durch unseren Wald gehört von nun an zu unserem Alltag.

Glück gehabt

»Mann, habt ihr ein Glück gehabt. So ein Haus hätte ich auch gern und den Landy natürlich obendrauf. Und eure Tiere gleich mit dazu. Die sind ja so süß und gut erzogen. Und dann hast du auch noch einen Job gefunden, der euch beide ernährt und den du von hier aus machen kannst. Meine Güte. Das ist ja mehr als ein Sechser im Lotto.« Jessica, eine Freundin von Caro, die uns dieses Wochenende zum ersten Mal besucht, ist völlig aus dem Häuschen.

Hätte ich ein Buch über den langen Weg dahin geschrieben, würde ich Jessica dieses jetzt in die Hand drücken. Habe ich aber nicht, und so will ich fast sagen: »Ja, das war aber auch ganz schön viel Arbeit.« Aber ich besinne mich lächelnd eines Besseren und antworte: »Ja, das stimmt. Ich kann mich wirklich sehr glücklich schätzen.«

Auch Anna und ihre Tochter Paulina sind zu ihrem jährlichen Besuch in den Wald gekommen. Anna ist schwanger mit ihrem zweiten Baby. Zudem ist Sally da und Caro natürlich auch.

Es ist Sommer und einfach nur schön. Paulina zeigt Jessica unseren Wald, den Baum, den sie gepflanzt hat, berichtet von den Plänen, die wir noch haben, und überredet sie, mit ihr auf das Dach der Scheune zu steigen, wo sie ihr das Sonnendeck zeigt, auf dem wir schon den einen oder anderen Sundowner genossen haben, wenn an alle anderen Plätze auf unserem Grundstück schon keine Abendsonne mehr hinkam.

Der lange Außentisch, den Carsten aus übrig gebliebenen Dielen gebaut hat, steht unter der Kastanie, dekoriert mit Muscheln von unseren Reisen und Blumen aus unserem Garten. Wir essen, sitzen am Feuer, erzählen uns Wichtiges und Unwichtiges, diskutieren, und irgendwann spiele ich ein paar Lieder auf der Gitarre. Wie von selbst verteilen sich später alle in ihre Betten.

Ausnahmsweise gibt es am nächsten Morgen kein Ei-Sandwich, sondern Croissants, die sich wunderbar einen Tag vor dem Backen vorbereiten lassen.

Jessica hat sich für eine Jogging-Runde durch den Wald entschieden und entdeckt danach den hinteren Teil des Gartens.

»Ein Gewächshaus und eine Außendusche habt ihr auch noch? Die ist ja der Hammer. Die sieht ja aus wie aus einem Cowboy-Fort.«

»Wir haben unsere Gießkannenduschen einfach zu sehr vermisst. Deshalb duschen wir im Sommer jetzt immer draußen. Das Fass da oben im Baum über der Dusche befüllen wir morgens mit Wasser. Die Sonne heizt es dann tagsüber auf, und abends können wir wunderbar duschen. Bald werden wir die Power der Sonne übrigens auch fürs Haus nutzen. Wenn ihr weg seid, bekommen wir eine Solaranlage ... Aber zurück zur Dusche – du kannst sie ja auch einmal probieren«, schlage ich vor.

Und obwohl sich das Wasser im Tank derart früh am Tag noch gar nicht aufheizen konnte, ist sie tatsächlich so mutig.

Die Handwerker, die die Solaranlage anbringen, sind spät dran. Sie wollten eigentlich schon um sieben hier sein. Jetzt ist es acht. Da klingelt das Telefon.

»Ja, über den Bach, dann links. Nein. Links. Am besten, Sie lassen mich Ihnen beschreiben, wo sie langfahren müssen.« Das Übliche. Der Herr am Telefon weiß es natürlich besser. Ich habe zwar eine Links-Rechts-Schwäche, aber den Weg hierher könnte ich im Schlaf beschreiben – egal aus welcher Richtung. Warum? Weil ich ihn schon unzählige Male zurückgelegt und ihn ebenso oft beschrieben habe: Freunden, Paketboten, Holzhändlern, Baustofflieferanten und nicht zuletzt ungefähr hundertmal allein der Telekom.

Vor allem Männer – es tut mir leid, aber es ist wirklich so – wollen einfach nicht wahrhaben, dass ihr Navi hier nicht funktioniert. Sie fahren und fahren. Sie verfahren sich, landen auf einem Acker. Dann rufen sie an und hören, meistens, nicht zu. Ich kenne das. Ich bleibe ruhig. Und biete an, zur Straße zu kommen, um sie abzuholen, was von ihnen – tut mir wieder leid, aber es ist wirklich so – immer abgelehnt wird.

»Ja, ich bleibe dran. Genau. Dann sehen Sie ein Stoppelfeld auf der linken Seite, und da biegen Sie in den Waldweg ein. Und jetzt noch drei Kilometer, und dann sind Sie da.«

Ich glaube, wir haben es geschafft.

Wenig später das Aufatmen: »Na, Sie wohnen hier aber am Arsch der Welt. Das ist ja was ...«

»Mmh.« Auch das schon tausendmal gehört. Ich warte nun nur noch auf: »Und was machen Sie ...«

Und da kommt es auch schon: »Und was machen Sie hier draußen, wenn Sie mal alt sind?«

»Jetzt bin ich noch nicht alt. Also muss ich auch nichts machen. Kaffee?«

Ein paar Tage später strahlt die Sonne, und die Solaranlage thront auf unserem Dach. Wir stehen im Flur und schauen auf das Messgerät, das uns eine eingespeiste Kilowattstunde nach der anderen anzeigt.

»Ist dir eigentlich klar, was das bedeutet?«, fragt Carsten und deutet auf den Stromzähler.

Damit hat er sich mein Lächeln gesichert, und ich muss natürlich antworten: »Ich denke schon, aber du kannst es mir gern noch einmal erklären.«

»Wir produzieren jetzt unseren eigenen Strom und können den auch zum größten Teil selbst verwerten. In ein paar Jahren kaufen wir noch eine Batterie und einen Generator dazu. Und dann sind wir total unabhängig. Franzi!« Carsten ergreift meine Schultern und schüttelt mich sanft. »Wir haben eigenes Wasser, eigenes Holz, eigenes Gemüse und eigenen Strom. Das ist doch irre!«

»Du bist irre!« Ich lache meinen Mann an. »Nein. Ich finde das auch mega. Wir sind echt schon so weit gekommen. Wer hätte das gedacht.«

»Ich. Ich habe das gedacht«, sagt Carsten darauf nur trocken, und ich weiß, dass das wirklich die Wahrheit ist.

Mitten ins Schwarze

»Ist dir eigentlich klar, was das bedeutet ...« Carsten kann seinen Satz nicht zu Ende bringen, denn ich kriege einen Lachkrampf. »Jetzt aber mal im Ernst. Von den Stadthorsten zu den Waldschraten war es ein wirklich langer Weg, doch jetzt sind wir echt gut aufgestellt: selbst gejagtes Fleisch, selbst angebautes Gemüse, selbst produzierter Strom, eigenes Holz, ein eigenes Haus und natürlich der Landy als Arbeits- und Urlaubsmobil. Weißt du noch, als wir unseren ersten Fliederbeersaft hergestellt haben und damals dachten, wir hätten schon voll die Ahnung von Selbstversorgung?«

»Ja, und wir wussten gar nichts. Aber jetzt zeig noch mal deine Pappe.«

Carsten reicht mir stolz seinen Jagdschein. Ich weiß, wie hart er dafür gebüffelt hat, und bin total stolz auf ihn, dass er es geschafft hat.

Natürlich begleite ich ihn bei seinem ersten Ausflug zum Schießstand. In einer Reihe mit den anderen Schützenkönigen zucke ich zusammen, als es direkt neben mir knallt.

»Willst du jetzt auch mal?«

Das großkalibrige Gewehr liegt schwer in meiner Hand. Ich lege an, ziele und treffe mitten ins Schwarze. Der Rückstoß und der Knall der Waffe haben mich weniger erschreckt, als ich dachte.

Der Mann, der neben uns seine Waffe zusammensetzt, pfeift anerkennend durch die Zähne. »Da müssen Sie aber aufpassen. Eine Frau, die gut schießen kann, die ist nicht ohne.«

Das Armbrustschießen war anscheinend eine gute Vorbereitung. Atmen, Zielen, eins werden mit der Waffe und dann abdrücken. So trifft man auch. Aber das will ich Mr Know-it-all hier neben uns nicht erzählen. Wer weiß, was ihm dann noch Schlaues zum Thema Frauen einfällt.

Ende und Anfang

Alles hat einmal ein Ende. So richtig real fühlt es sich aber noch nicht an. Die Worte sind nun aber ausgesprochen, die Entscheidung ist unumstößlich gefällt: Drei Monate noch. Dann gebe ich Laptop und Telefon ab und bin nicht mehr zuständig für Kunden, die passende Mitarbeiterinnen und Mitarbeiter suchen, oder Menschen, die einen neuen Job finden möchten.

Ich habe schon seit längerer Zeit eine Sehnsucht nach etwas Neuem gespürt, habe aber diesem Gefühl nicht richtig vertraut. Es wurde stärker, als ich Sally bei der Geburt ihres Kindes begleiten durfte. Danach war alles anders. Was für eine Erfahrung. Der kleine Leo erblickte am 1. Februar um vierzehn Uhr dreißig das Licht der Welt, und ich durfte ihn als eine der Ersten hier begrüßen.

Vor einigen Jahren hatte ich am Bett meiner Oma gesessen, die auf den Tod wartete. Als eine der Letzten habe ich mich von ihr verabschieden dürfen. Im Moment von Leos Geburt hat sich der Kreislauf des Lebens für mich geschlossen.

Carsten und ich möchten keine eigenen Kinder haben. Ich hatte also nicht gedacht, dass ich jemals bei einer Geburt dabei sein würde. Und jetzt machte mir meine liebe Freundin Sally dieses unglaubliche Geschenk, sie bei der Geburt ihres Kindes begleiten zu dürfen.

Kurz danach war ich völlig fertig. Wie surreal das alles war und gleichzeitig so normal und natürlich. Ich war – und bin – überwältigt von der Erfahrung. Klar wusste ich, dass es Geburt und Tod gibt, aber nur theoretisch. Beides jedoch zu erleben, ist eine ganz andere Geschichte. Das ist das Wesen der Natur – Werden und Vergehen –, das sich im Leben eines jeden Menschen manifestiert und dessen wir uns sicher sein können. Wenn wir geboren wurden, dann sterben wir auch. Im Wald hatte ich das ja schon viele Male erlebt. Aber jetzt erlebte ich den Kreislauf der Natur bei meiner eigenen Spezies, was mich nach der geistigen Verarbeitung der Erlebnisse grundlegend entspannte. Wir werden geboren, wir sterben. Und den Teil dazwischen sollten wir dann doch auch ganz und gar nach unseren Vorstellungen leben.

Nun lag da also dieses kleine Menschenwesen in meinen Armen – so zerbrechlich und neu, und ich dachte, wenn er sich so nackt und unbedarft in die Welt traut, dann habe auch ich die Kraft, meinen Wünschen und meinem Sehnen in meinem Leben noch intensiver zu folgen: weniger verfügbar zu sein, das Tempo wieder ein wenig zu drosseln, damit die Zeit sich wieder dehnen kann, zu schreiben, mich selbstständig zu machen und Menschen dabei zu helfen, den richtigen Weg für sich zu finden. Als Coach.

Als es so weit ist, nehmen wir uns erst einmal richtig Zeit, um mit dem Landy durch Europa zu reisen. Ein Freund passt auf Clint und unser Haus auf, während wir weg sind. Unser Kater sitzt auf seinem Abschiedsplatz in der Quitte und ist sichtlich verstimmt. Das wütende Rütteln an den Zweigen hat er aufgegeben. Jetzt schaut er uns nur noch vorwurfsvoll an. Die letzten Stunden hat er genau beobachtet, welche Utensilien zum Auto geschafft wurden. Er weiß, dass wir ihn allein zurücklassen. Na ja, nicht ganz allein. Aber bis er sich an einen fremden Wanst, auf dem er abends liegen kann, gewöhnt hat, dauert es halt immer einige Tage.

Schweren Herzens knuddle ich den Kater ein letztes Mal vor unserer Abreise.

Die Bretagne ist unser erstes Ziel, danach wollen wir uns wochenlang treiben lassen.

Hatte Irland uns bei unserem dreiwöchigen Aufenthalt vor vier Jahren mit dem schlimmsten Sturmtief seit Menschengedenken bedacht, so werden wir in der Bretagne für jeden Regentropfen und jede Windböe von damals entschädigt. Die wilden Küstenabschnitte begrüßen uns mit sanften Winden, schaumigen Wellen und täglichem Sonnenschein. Wir liegen in malerischen Buchten mit goldenem Sand, trinken Rotwein aus der Flasche, essen bezimtzuckerte Crêpes, bis uns schlecht wird, und ich habe so viel Zeit, dass ich Paul Austers *4321* von Anfang bis Ende und in einem Rutsch durchlesen kann.

Der Landy wartet stets hinter den Dünen auf uns und hält einen gemütlichen Schlafplatz bereit. Wenn wir einschlafen, hören wir das Rauschen des Meeres, wenn wir aufwachen, das Kreischen der Möwen. Wenn wir reden, ist es Schönes und Wichtiges. Wenn wir lachen, hören wir lange nicht mehr auf. Wenn wir weinen, dann vor Glück. Sobald wir uns an einem Ort eingelebt haben, fahren wir weiter. So lange, bis unsere Sehnsucht nach dem Wald zu groß wird.

Zurück fahren wir in einem Rutsch. Egal, wie fertig wir sind, einer rafft sich dann doch auf und setzt sich ans Steuer, weil wir es nicht erwarten können, nach Hause zu kommen. Ob die Linde schon alle Blätter hat? Wie weit der Flieder wohl mit der Blüte ist? Welcher Vogel nistet dieses Mal im Vogelhäuschen am Giebel? Hat Martin auch nicht vergessen, die Tomatensaat zu gießen?

Etwa fünf Kilometer bevor wir in den Wald hineinfahren, weiß Schmiddie schon Bescheid. Sie will nun partout nicht mehr liegen und drückt ihre Nase an den kleinen Schlitz der hinteren Scheibe, der immer offen ist.

Und da ist es. Unser Haus. Jedes Mal ist es pure Freude, hier anzukommen. Ich springe aus dem Auto, und bevor ich das Tor öffnen kann, höre ich schon das anklagende Maunzen von Clint. Er schmeißt sich auf den Boden, wälzt sich hin und her und will erst einmal ausführlichst beachtet werden. Da bin ich natürlich gern dabei. Ich habe ihn schrecklich vermisst.

Nach der langen Fahrt ist auch Schmiddie froh, endlich zu Hause angekommen zu sein. Sie rennt von einer Ecke des Grundstücks zur anderen, beschnuppert den Kater, markiert ihr Revier und trinkt eine ganze Schale Wasser in wenigen Sekunden leer.

Carsten und ich schnappen uns ein kaltes Bier und machen auch eine Runde. Wir entdecken, dass fast alle Laubbäume schon kleine Blätter haben, dass die kleinen Stiefmütterchen auf dem Rasen schon wieder aufgetaucht sind, dass eine einsame orangefarbene Tulpe zwischen den Sylter Rosen ihren Kopf zur Sonne hin reckt und die alte Kirsche kurz davor ist zu blühen.

Im Haus ist es angenehm kühl.

»Wie groß es hier ist.« Jedes Mal bin ich wieder erstaunt: Wenn wir von einer Tour im Landy zurückkommen, wirkt unser Haus wie eine Villa auf mich. Und zwei echte Toiletten – was für ein Luxus.

»Wieso fahren wir eigentlich so oft weg, wenn es hier doch so unglaublich schön ist?!« Da Carsten weiß, dass das eine rhetorische Frage ist, lacht er nur und gibt mir einen Kuss.

Wir müssen natürlich nicht wegfahren, um zu begreifen, was für ein Glück wir mit diesem Haus und diesem Grundstück haben, aber wir wissen es einfach noch mehr zu schätzen, wenn wir von einer Reise zurückkommen. Und das ist wunderbar. Genauso, wie wir uns damals bewusst dazu entschieden haben, den Luxus der Stadt hinter uns zu lassen und durch Einfachheit glücklich zu werden, suchen wir jetzt manchmal die noch größere Einfachheit, um die einfache Einfachheit wieder zu schätzen.

Unser Pool ist das Meer, auch wenn es nur neun Grad hat, unser Animationsprogramm sind mein Gitarrenspiel beim Sonnenuntergang und die waghalsigen Flugmanöver der Möwen, die sich ihr Abendessen fangen. Mein Room-Service ist eiskaltes Dosenbier aus unserem Bord-Kühlschrank. Unser Büfett steht am Strand in Form einer kleinen Feuertonne, auf der wir Thymian-Würstchen oder frischen Fisch zubereiten, und unsere Toilette ist ein robuster Spaten, der auch in steinigem Gelände ein stilles Örtchen für uns gräbt.

Heute nicht zu wissen, wo wir morgen sein werden! Diese Art zu leben, ist für uns Freiheit und Heimat zugleich.

»Nicht, dass das jetzt wahnsinnig wichtig wäre, aber die Telefonleitung ist tot.«

»Das find ich jetzt echt witzig. Wie ein Zeichen, dass alles so richtig ist, wie es ist. Was hältst du davon, wenn wir noch ein paar Tage warten, bis wir die Telekom informieren.«

Carsten ist einverstanden. Ich bin mir sicher, dass er genau weiß, was in mir vorgeht. Nicht erreichbar sein zu müssen, ist für mich gerade der Himmel auf Erden. So wie damals, als wir unser Haus kauften. Damals hatte ich wie nun heute auch ein uraltes Handy, bei dem ich für eine kurze SMS fünf Minuten brauchte. Da überlegt man sich genau, was man an wen schreiben möchte. Vielleicht ist das sogar das smartere Smartphone, denn es weckt keine Bedürfnisse, von denen ich noch gar nicht wusste, dass ich sie habe.

Das schwarze Wählscheibentelefon aus Bakelit, das Carsten mir geschenkt hat, hat das schnurlose Tastentelefon mit dem blinkenden Display abgelöst. Es steht auf einer Kiste in der Ecke der Galerie. Meinen Schreibtisch habe ich vor unserer Reise abgebaut.

Anstatt zum Telefon zu greifen und hektisch – was mit einem Wählscheibentelefon aus den Dreißigern ja sowieso nicht geht – 0800 330 1000 zu wählen, greife ich in die Tiefkühltruhe, hole ein paar Scheiben Schinken heraus und mache uns das Homecoming-Dish schlechthin: Schinkennudeln mit Parmesan.

Am Morgen nach unserer Heimkehr ist der erste Hollywoodschaukel-Kaffee der beste. Aber heute bin ich dabei nicht ungestört. Eine Singdrossel hat sich schräg hinter mir auf einen Ast oberhalb meines Kopfes gesetzt. Sie hat Baumaterial für ein Nest im Schnabel, sitzt ganz regungslos da und starrt mich an. Was will sie denn bloß?

Der Groschen fällt ein bisschen langsam, aber es ist ja auch erst sieben Uhr. Anscheinend hat sie sich während unserer Abwesenheit ein Nest in der Tanne angelegt und will nicht, dass ich weiß, wo es ist. Ich stehe also auf und setze mich auf das Bänkchen. Es steht ganz hinten im Garten, rechts neben der Linde. Keine zwei Minuten später echauffiert sich eine Meise in der Eiche auf der anderen Seite. Wahrscheinlich hat sie Streit mit einer anderen Meise. Ich beobachte das kleine Tier. Aber nein, da ist keine andere Meise. Mmh. Meint sie vielleicht mich?

Mir fällt ein, dass ja neben der Linde noch ein Vogelhäuschen steht, dessen Bewohner wohl diese Meise ist. Auch hier bin ich also nicht erwünscht. Jetzt muss ich wirklich kurz überlegen, wo ich in Ruhe meinen Kaffee trinken kann.

Bei der Yoga-Plattform hat sich ein Zaunkönig ein Nest in der Türzarge gebaut, an der Terrassentür wohnt, wenn mich nicht alles täuscht, eine Mönchgrasmücke, die freien Zugang zu ihren Jungen benötigt. Und im Hohlraum des Scheunendachfirsts hat wieder das Bachstelzenpaar Quartier bezogen. Generell haben sich die Waldtiere ja schon an unsere Anwesenheit gewöhnt. Peterle lässt sich beim Anlegen seines Wintervorrats überhaupt nicht mehr von uns stören, und auch einige Rehe schauen hin und wieder neugierig vorbei. Aber in der Nestbau- und Brutzeit sind wir draußen an manchen Tagen trotzdem nicht gern gesehen.

So fühlt sich also ein unerwünschter Nachbar. Mit der Kaffeetasse in der Hand verlasse ich unser Grundstück. In unserem Wald wird sich wohl ein Plätzchen finden, an dem ich meinen Kaffee trinken kann. Früher wären mir die Bedürfnisse der Vögel noch nicht einmal aufgefallen. Und heute? Heute ist wirklich alles anders.

Wir beschließen, unsere wahnwitzige Idee anzugehen, aus der Länge nach halbierten Stangenhölzern einen Gartenzaun von der Scheune bis zum Flieder zu bauen. Wir messen 35 Meter Zaun und rechnen aus, dass wir dafür sechshundert halbierte Hölzer in einer Länge von 180 Zentimetern brauchen. Das sind eine Menge Hölzer! Aber warum nicht? Ich habe ja jetzt Zeit.

Morgens, wenn es noch kühl ist, fahren wir in den Wald. Carsten sägt trockene Kiefern mit dem richtigen Durchmesser zurecht, die wir auf den Hänger schleppen. Zu Hause greife ich mir ein Messer, mit dem ich die Rinde von den Hölzern schabe. Das geht mehr schlecht als recht. Die letzten Reste entferne ich mit einem Hochdruckreiniger.

Dann ist Carsten wieder dran. Mit einer Bandsäge halbiert er die Stangen der Länge nach, dann schrägt er sie oben an. Nun können wir sie anmalen. Wenn es gut läuft, schaffen wir umgerechnet etwa 15 Stangen am Tag, macht also dreißig Hölzer. Rein wirtschaftlich betrachtet ist das Irrsinn. Rein emotional betrachtet ist das wunderbar. Erstens, weil mir auffällt, dass ich meine Ungeduld abgelegt habe – meistens jedenfalls. Der Weg ist das Ziel, so mein Spruch. Und zweitens, weil es für mich schön ist, in einer Welt, in der Effektivität, Zeitersparnis, Wirtschaftlichkeit und Schnelligkeit gepredigt und gelebt werden, manchmal genau das Gegenteil zu tun. Meinem und unserem Irrsinn zu folgen und mit einem wunderschönen und echten Ergebnis belohnt zu werden.

An den Nachmittagen setze ich mich mit dem ausrangierten iPad meines Vaters in den Garten und schreibe die Geschichte weiter, deren Idee mir kam, als Carsten mir von dem Kothäufchen auf der Fensterbank erzählte: Ein kleiner Marder verliert seine Familie und ist von nun an auf sich gestellt, bis er mitten im Wald in einem tierlieben Menschenpaar, einem tollpatschigen Hund und einem frechen Kater eine neue Familie findet, die ihm nicht nur einen neuen Namen schenkt. Es macht mir so viel Freude, dass ich Zeit und Raum vergesse und völlig im Geschichten-Erspinnen aufgehe.

Carsten kommt vorbei und bringt mir eine Rhabarbersaftschorle.

»Weißt du noch, dass Daniela und Lutz uns schon immer die Waldkinder genannt haben?«

»Ja. Schön, oder?«

»Ja. Und jetzt sind wir es auch wirklich.«

Zwischendurch gehe ich ins Haus und mache mir einen Tee. Während das Wasser kocht, wandert mein Blick durch das Küchenfenster in den Wald. Für einen kurzen Augenblick weiß ich gar nicht, wo ich zuerst hinblicken soll. Dort, direkt an unserem Gartenzaun, steht ein weißes Reh. Und aus dem Augenwinkel sehe ich in der Tanne einen Vogel, der mir nicht bekannt vorkommt. Ich versuche, mir ein markantes Merkmal einzuprägen, aber da ist der Vogel auch schon wieder weg.

Ich richte meine Aufmerksamkeit auf das Reh und muss zwangsläufig ein wenig melancholisch an den weißen Hirsch denken. Vielleicht ist es ja ein Nachfahre von ihm. Dieser Gedanke stimmt mich froh. Das Reh versucht, an die Blätter eines Apfelbaumes zu gelangen, aber es hat keinen Erfolg. Missmutig wendet es sich wieder unserem Zaun zu und steckt seine Schnauze durch die Maschen, um an die Blätter der Kletterhortensie zu kommen. Dieses Mal ist es erfolgreich und schüttelt fröhlich den Kopf. Um es herum stehen seine Artgenossen und tun sich an dem frischen Gras gütlich.

Die kleine Herde ist einerseits total entspannt und grast so vor sich hin. Andererseits ist sie sehr wachsam. Bei dem leisesten Geräusch spitzen die Tiere die Ohren und horchen in die Natur hinein, ob ihnen eine Gefahr drohen könnte. Sie sind total in diesem einen Moment. Ich genieße ihre Verbundenheit mit der Natur und versuche, sie nachzufühlen, mitzunehmen und über die nächsten Stunden hinweg nicht zu vergessen. Sie wissen nicht, wann ihr Leben endet: Ein Jäger könnte sie jeden Moment töten. Eine Krankheit könnte sie dahinraffen. Sie könnten sich ein Bein brechen, und die Herde würde sie ungeschützt zurücklassen. Ein Wolf könnte sie reißen. Das alles aber wissen sie nicht, oder sie ahnen es vielleicht, aber sie scheinen sich nicht darum zu sorgen. Sie reagieren erst auf das, was kommt, wenn es denn auch wirklich da ist.

Daran kann ich mir ein Beispiel nehmen, denn warum soll ich meine Zeit mit Sorgen um ein Morgen verschwenden, wenn ich gar nicht weiß, was morgen ist.

Ein Buntspecht lenkt mich ab. Sein Federkleid schimmert in der Sonne. Das Rot hebt sich von dem Schwarz und Weiß in einer Ausgewogenheit ab, die der begabteste Designer so nicht erfinden könnte. Er sitzt auf unserem Zaun und scheint nicht genau zu wissen, wie er ein paar Krumen aus dem Meisenknödel stibitzen kann. Dann traut er sich, hängt sich an den Knödel und pickt daran herum. Der Zweig, an dem der Knödel hängt, biegt sich unter seinem Gewicht bedenklich nach unten.

Da kommt eine Gang von Meisen anflogen, die ihn mit ihrem Geschimpfe erschreckt. So schnell, wie er aufgetaucht ist, ist er auch wieder verschwunden.

Ich denke an Peterle, der neulich auf ebendiesem Zweig saß und minutenlang an einem Meisenknödel wie an einem Brötchen herumgeknabbert hat, und freue mich, dass wir der Empfehlung des Vogelpapstes Peter Berthold gefolgt sind, über das ganze Jahr hinweg zu füttern.

Ofenvogel

Der Landy wirbelt eine Menge Staub auf, als Carsten aus unserem Tor auf den Sandweg biegt und Gas gibt. Auf dem Dach das Kanu, aus dem Fenster sein Arm, der mir zum Abschied winkt.

Der Landy wird immer kleiner und sieht aus wie ein Spielzeugauto, das sich auf Abenteuerfahrt begibt. Ich bleibe zurück. Wir sind gern zusammen, aber hin und wieder braucht auch jeder seine eigene Quality-Time allein.

Carsten wird die Müritz erkunden und Pfadfinder spielen. Ich werde mich dem Erstellen meiner Coaching-Website widmen, Fensterläden lackieren, Brot backen, Sport machen, die Scheune entrümpeln und mich um Tiere und Gemüse kümmern.

»Das wird nix ...« Der Teig ist zu fest. Ich fürchte, der wird nicht aufgehen. Und vier Stunden später ist es genau so. Der Ofen sagt: »Franziska. Ich habe heute leider kein Brot für dich!«

Ich habe zwei Fehler gemacht. 1. Die Hefe vergessen und 2. zu wenig Wasser zum Mehl und zum Sauerteig hinzugefügt. Jetzt muss ich die Vier-Stunden-Prozedur noch einmal von vorn anfangen. Denn Carsten hat das Auto, und für ein Brot 24 Kilometer mit dem Fahrrad durch die Gegend zu fahren, danach steht mir heute nicht der Sinn.

Da fällt mir ein, dass wir ja noch eingefrorenes Brot in unserer großen Tiefkühltruhe haben. Super. Denn eigentlich bin ich schon ein bisschen von dem ersten missglückten Versuch genervt und habe keine Lust mehr, es noch ein zweites Mal zu versuchen. Manche Tage sind einfach nicht zum Backen geeignet. Brot, Kuchen, Muffins, Hefezopf gelingen mir dann nicht.

In der Tiefkühltruhe ist sogar noch mehr Brot, als ich dachte. Und unzählige andere leckere Sachen warten dort ebenfalls auf unseren Verzehr. Zwei Portionen Kürbis-Pilz-Bolognese, kleine vorgebackene Quiches mit unterschiedlichen Füllungen, vorgeschnittenes Gemüse von der Ernte aus dem letzten Jahr, selbst gemachte Ricotta-Spinat-Ravioli und zwei kleine Dorsche vom letzten Angelausflug für den nächsten Grillabend.

Nachdem ich mir eine Scheibe Tiefkühlbrot aufgetoastet habe, gehe ich in die Scheune und mache mich daran, einige Kisten nach Sachen für den Flohmarkt zu durchforsten. Da fällt mir der Karton mit dem Geschirr meiner Eltern in die Hände. Ich weiß noch genau, wie die Kiste vor unserer Tür stand. Der blaue Pullover, der darauf lag, ist immer noch in Benutzung, allerdings hat er mittlerweile an den Ellenbogen Löcher, die ich liebe und deshalb nicht stopfe. Es kommt mir so vor, als wäre das Jahre her, dass meine Eltern die Kiste und den Pullover bei uns gelassen haben. Ähm. Ist es ja auch.

Ich zerre die Kiste hervor. Es wird Zeit, dass wir das Service jetzt auch einmal benutzen. Im Küchenschrank ist noch Platz, und da kommen die hübschen filigranen Tassen und Teller jetzt hin.

Ganz unten im Karton finde ich ein Päckchen, auf dem steht: »Für Franziska«. Ich öffne die Verpackung und halte ein ovales, dunkelbraunes Tonschild in der Hand, auf dem ein kleiner Hase abgebildet ist, und darunter steht: »Hier wohnt Franziska.«

Dieses Schild und das dazugehörige Häuschen im Garten meiner Eltern habe ich ganz vergessen. Ich muss sieben oder acht gewesen sein und war besessen von dem Geräteschuppen hinter dem Haus meiner Eltern. Ich sprach ununterbrochen davon, dass es doch wunderbar wäre, wenn das mein Haus sein könnte. Allerlei Ideen flogen durch meinen Kopf, wie herrlich es sein würde, ein eigenes hutzeliges Häuschen für mich herzurichten.

Dann, zu meinem Geburtstag, bekam ich einen Schlüssel. Einen Schlüssel zu diesem meinem Häuschen. Meine Eltern hatten es grün, die Fenster rot anstreichen lassen. Meine Omi hatte Gardinen und Polster für die Miniatur-Stühle genäht, die im Inneren des Häuschens um einen kleinen Tisch mit einer Tischdecke standen. Es gab einen Teppich, eine kleine Kommode mit Geschirr und Bilder an den Wänden. Und ein Schloss zu dem Schlüssel, mit dem ich mein Reich auf- und wieder zuschließen konnte.

Das ovale Schild hing neben der Tür an der Wand. Ich habe ganz vergessen, dass es dieses Haus gab, und jetzt mit diesem Schild in der Hand in meiner Küche in meinem – dieses Mal – etwas größeren Reich fällt mir plötzlich alles wieder ein, und vor lauter gefühlsduseliger Rührung kommen mir die Tränen. Das war das beste Geschenk, das ich je von meinen Eltern bekommen habe. Ich weiß noch, wie sehr ich mich darüber gefreut habe.

Das Schild soll einen Ehrenplatz bekommen. Vielleicht können wir es ja an unserem Gewächshaus befestigen ...

Was ist das? Eine Art Picken stört plötzlich meine Gedanken. Das Geräusch erinnert mich an ein verrücktes Bachstelzenjunges, das vermutlich geistig gestört war und wochenlang ab morgens um sechs mit seinem Schnabel an unser Schlafzimmerfenster gepickt hat. Aber ich kann keinen Vogel sehen.

Da ist es schon wieder, das Geräusch!

Ich lausche und gehe dabei durchs Haus. Da entdecke ich einen verrußten Vogel im Inneren unseres Ofens, der wild mit den Flügeln schlägt und mit seinem Schnabel gegen die Scheibe pickt. Der Arme muss durch den Schornstein gefallen sein.

Ich hole eine Tupperdose und den Deckel dazu, öffne die Ofentür und schnappe mir das kleine Geschöpf. Schon wieder eine Bachstelze. Vielleicht sind die generell etwas desorientiert?!

Draußen entlasse ich Bachstelzy in die Freiheit. Der Kleine setzt sich auf die Quitte, plustert sein Gefieder auf, tschilpt ein paarmal in meine Richtung, breitet seine Flügel aus und fliegt davon. Das sollte wohl ein Dankeschön sein.

Nach Carstens Rückkehr haben wir uns so viel zu erzählen, als hätten wir uns Wochen nicht gesehen, dabei waren es nur ein paar Tage.

»Gerade als ich mich vom Ufer abgestoßen hatte, ist vor mir ein riesiger Seeadler aufgestiegen. Das war vielleicht ein Erlebnis.«

»Heute Morgen beim Yoga ist die Kröte, die übrigens jetzt ziemlich dick ist, auf mich zugehopst und dann unter dem Holzsteg verschwunden. Ich habe entdeckt, dass sie im Rosenbeet wohnt. Und während der Brücke habe ich gesehen, dass in dem alten Zaunkönignest in der Türzarge jetzt Hummeln leben. Ich hab's für dich aufgenommen. Dabei ist mir wieder einmal aufgefallen, wie unterschiedlich das Summen der verschiedenen Wildbienen und -hummelarten ist.«

»Ich habe einen ganz alten Buchenwald entdeckt, wo ich ungestört im Landy pennen konnte, und nachts habe ich ein paar Käuzchen rufen hören.«

»Gestern habe ich zwei Schwalben über unserem Haus gesehen, aber ich weiß nicht, wo sie brüten. Ach ja, und der Ofenvogel. Eine Bachstelze hat sich durch den Schornstein in unseren Ofen verirrt, aber ich konnte sie retten und in die Freiheit entlassen.«

»Das Kanugebiet an der Müritz ist der Hammer. Es ist so verwunschen und friedlich dort. Wir müssen unbedingt bald gemeinsam dorthin.«

Ich bin sehr einverstanden, und mir fällt wieder einmal auf, wie gern ich Carsten mag und warum ich so gern mit ihm verheiratet bin. Er ist begeisterungsfähig, fröhlich, enthusiastisch, freut sich an den kleinen Dingen, und das Allerwichtigste, ich kann mich immer noch richtig gut und spannend mit ihm unterhalten, stundenlang.

Als hätte er mal wieder meine Gedanken gelesen, stellt er mir, wie so oft, eine interessante Frage: »Was hast du eigentlich bisher vom Leben im Wald gelernt?«

»Ah. So vieles. Lass mich kurz überlegen. Als Erstes vielleicht, im Frühsommer nicht in leere Kartons im Schuppen zu greifen.« Mein Wespenstichauge ist mir schmerzlich in Erinnerung geblieben. »Und öfter mal nach oben zu schauen.«

Wir lachen. Carsten weiß genau, was ich damit meine. Da bin ich mir sicher. Einerseits nämlich: Wie oft unverhofft ein Specht, ein Kranich, eine Gans, ein Schwan, ein Storch, ein Milan, ein Adler, ein Bussard, ein Reiher, eine Bachstelze oder eine Schwalbe über unseren Köpfen aufgetaucht ist, kann und will ich gar nicht zählen. Andererseits, dass ich unter einem Baum sitze, in dessen Krone ein toter Ast – ein Witwenmacher – nur darauf wartet, beim nächsten Windstoß herunterzufallen.

»Was noch?! Der Wald hat mich die Magie der kleinen Schritte gelehrt. Dass der Spruch ›Gut Ding will Weile haben‹ stimmt. Die Tiere und die Natur haben mir beigebracht, Umstände so zu akzeptieren, wie sie sind, und mich nicht dagegen zu wehren. Wenn der Sturm dein Nest zerstört, dann musst du halt ein neues bauen. Wenn ein Vogel durch dein Netz fliegt, dann musst du halt ein neues spinnen. Es ist, wie es ist. Und natürlich hat mir der Wald seine Tiere und Pflanzen offenbart. Er hat mir beigebracht, die Natur richtig zu sehen. Wie es riecht, wenn ein Rudel Rehe gerade den Weg passiert hat, dass aufgeregtes Vogelgezeter aus einem Loch im Baum bedeutet, dass Spechtbabys hungrig sind. Dass, wenn mehrere Krähen ulkige Rufe ausstoßen, sie sich gegenseitig Bescheid sagen, wo ein Kadaver liegt, den sie zerlegen können. Dass es, wenn Schmiddie ihre Ohren aufstellt, bedeutet, dass mich gleich irgendein Tier überrascht. Wie die Spuren eines Rehes auf dem Waldboden aussehen – der Unterschied zwischen den Spuren, wenn es geflüchtet ist oder wenn es entspannt steht. Wie heißt das noch gleich im Jägerlatein?«

»Vertraut. Wenn es vertraut steht.«

»Ach ja. Und dir? Was hat dir der Wald beigebracht?«

»Demut. Und dass ich Survival-technisch der totale Rookie war, als wir das Haus kauften. Damals dachte ich, ich sei der Mega-Crack, aber im Vergleich zu jetzt wusste ich nichts. Und jetzt weiß ich immer noch so wenig. Die Natur ist so vielfältig, und nichts ist vorhersehbar. Und ich habe gelernt, nach dem Wetter und den Jahreszeiten zu leben. Ist es kalt, machen wir Holz. Ist es warm, malen wir den Zaun an. Regnet es, lackieren wir drinnen den Schrank. Ich habe gelernt, nur sehr grob Pläne zu schmieden und mich mehr nach dem aktuellen Tag zu richten.«

»Demut empfinde ich auch. Und natürlich Dankbarkeit.«

Eine ganze Weile schweigen wir andächtig.

»Mir ist noch etwas eingefallen: Der Wald hat mir beigebracht, still zu sein. Ich meine damit zweierlei Stille. Einmal, Stille auszuhalten, ganz allein, und dabei glücklich zu sein. Aber auch still zu beobachten, mich nicht zu bewegen, abzuwarten und dann mit einer tollen Tierbeobachtung belohnt zu werden. Und was haben wir schon alles Beeindruckendes gesehen ...«

Ich bin mir sicher, dass Carsten genauso wie mir in diesem Moment unsere unzähligen Walderlebnisse durch den Kopf gehen. Von dem magischen Reh im Morgendunst über den weißen Hirsch bis hin zu dem Seeadler, der majestätisch nur wenige Meter über unser Haus geflogen ist. Selbst an einem Tag, an dem wir nichts tun, passiert so unglaublich viel, dass uns nie langweilig werden kann.

Mir kommt noch ein letzter Gedanke: »Und noch zwei ganz, ganz wichtige Dinge habe ich vom Wald, von dir und durch die Renovierung des Hauses gelernt. Und zwar erstens, dass es gut ist, auch mal loszulassen, weil man sonst verkrampft und sich nicht mehr an dem erfreuen kann, was man schon geschafft hat. Und zweitens, dass ich alles lernen, machen, schaffen kann, was ich will. Mit Mut, Vertrauen, Zuversicht und Beharrlichkeit.«

You can take the girl out of the woods, but you cannot take the woods out of the girl

Eine Leine brauche ich schon lange nicht mehr. Auch auf Kommandos kann ich fast immer verzichten. Schmiddie weiß, was sie darf und was nicht. Ich muss immer noch ein Auge auf sie haben, aber die meisten Spaziergänge verlaufen mittlerweile in Stille. Sie schaut nach mir, ich schau nach ihr. Und wenn sie ein Reh sieht, zeigt sie es mir, indem sie ihm aufgeregt ein paar Schritte hinterherläuft, dann stehenbleibt, in meine Richtung schaut und anschließend in die des Rehs. Als wolle sie sagen: »Siehst du es? Es ist dort hinten.«

Schmiddie ist morgens im Gegensatz zu früher noch ein bisschen träge. Sie setzt sich öfter hin, badet ausgiebig in einer Pfütze, wälzt sich im Gras und bleibt manchmal auch noch ein Weilchen liegen.

Ich passe mich ihrem Tempo an, und wir schlendern einträchtig nebeneinander her gemäß dem Spruch: Wer langsam geht, kommt schneller an.

»Vor allem bei sich selbst.« Habe ich das gerade laut gesagt? Schmiddie hat sich auf jeden Fall nach mir umgedreht. Also habe ich es vielleicht wirklich laut gesagt. Ich werde wunderlich.

Früher bin ich durch mein Leben gehetzt. Noch schnell dies. Noch schnell das. Noch kurz hierhin und dann noch kurz dahin, bevor ich dann noch ... Auch mit Schmiddie bin ich durch den Wald gerannt, um sie auszupowern. Dabei habe ich zwar unzählige wunderbare und überraschende Tierbeobachtungen gemacht und auch den Wald wahrgenommen, aber heute kommt es mir so vor, als hätte ich die wahre Schönheit der Natur mit all ihren großen und kleinen Wundern gar nicht richtig gesehen: Die Regentropfen des gestrigen Gewitters, die noch auf den Grashalmen liegen und in der Sonne schimmern. Die frühlingsneuen Blätter an den Bäumen, die gegen das Blau des Himmels leuchten. Die kleinen rosa-weißen Blüten der Kastanie, die wie nur für mich dahingestreut auf dem Weg liegen. Das Summen der Bienen, die in der Krone der Linde emsig ihr Tageswerk verrichten, und der Geruch nach Honig, den der erfrischende Wind in meine Nase weht. Der Specht, der genau weiß, wo er seinen Schnabel in den Baum stoßen muss. Das Flügelschlagen der Taube, die ich aufgeschreckt habe, ohne es zu wollen. Die Schnauze meiner Hündin, die sie witternd in die Luft hält. Die Luft selbst, die ich einatme …

Die Dankbarkeit, die in diesem Moment in mir aufsteigt, ist so groß, dass es mich überwältigt und mir die Tränen kommen. Ich habe meine Ruhe gefunden. Ich habe mich selbst gefunden. Ich habe meinen inneren Wald gefunden, und den kann ich überall mit hinnehmen.

Wir haben noch ein paar Stunden Zeit, bis das Gewitter kommt. Während der Teig für unser Brot geht, lackiere ich die Fensterläden für das Obergeschoss und male die letzten Zaunbretter an, die Carsten gestern angebracht hat. Carsten bastelt am Landy. Seit einem Jahr liegt er mir in den Ohren, dass er unbedingt einen Tempomaten einbauen müsse, weil er sonst bald ein neues Knie brauche. Ein neues Knie sei ja schließlich viel aufwendiger einzubauen als ein Tempomat. Jetzt hat er ihn. Zwischendurch schaut er nach dem Hundefutter, das unter dem Scheunenvordach auf einer Kochplatte vor sich hinköchelt.

Caros Nachricht erreicht mich, als ich meine Mails checke. Sie ist auf dem Weg nach Madeira, schreibt Lebewohl und schickt mir noch die Empfehlung, Kylie Minogues neues Album runterzuladen, was ich sofort tue, solange die Leitung noch steht.

Dann geht das Gewitter los. Schmiddie ist wie immer außer sich. Vom Kater keine Spur.

Endlich regnet es. Ich warte schon seit Tagen darauf. Die Nachwuchsbäume im Wald brauchen dringend Wasser, und die

Pflanzen in unserem Garten auch. Abgesehen davon wird es Zeit, dass die Solaranlage endlich vom Blütenstaub befreit wird, der zentimeterdick darauf liegt. Und wie gut, dass die Temperaturen draußen sinken, wenn ich drinnen ein Brot backen möchte. Perfektes Timing zum Lüften, damit das Haus auch für die nächsten Tage schön kühl bleibt.

Mein Kopf dröhnt, und da saust auch schon der erste Blitz über unseren Vorgarten. Schmiddie springt aufs Sofa, und Carsten geht zu ihr. Der einzige Platz, wo sie sich anscheinend einigermaßen sicher fühlt, wenn es draußen grollt und knallt.

»Deck sie mal zu. Dann wird sie ruhiger.« Vor ein paar Gewittern habe ich durch Zufall entdeckt, dass Schmiddie aufhört zu hecheln und sich etwas entspannt, wenn man sie zudeckt. Laute Musik ist auch gut. Also läuft jetzt Kylie, während ich uns einen Salat mit Spargel zubereite, und als ich dann auch auf dem Sofa sitze, ist für Schmiddie die Welt wieder in Ordnung. Wir können sogar die Fenster öffnen, um durchzulüften, ohne dass ihr wieder angst und bange wird.

Herein strömt der wunderbare Geruch, den ein Wald nach so einem Regen im Frühsommer hat. Süß, salzig, würzig, lieblich, und dazu noch ein bisschen Fliederduft.

Carsten entdeckt meinen Hut im Regen, rettet ihn und kommt mit Clint, der sich laut maunzend beschwert, auf dem Arm wieder herein.

»Clinti war irgendwo vom Gewitter festgenagelt, aber jetzt ist alles wieder gut.« Und schon kommt der kleine Kater auch zu uns aufs Sofa, und Kylie schmettert: »Whatever you feel, it will always be real in love.«

Am nächsten Tag scheint wieder die Sonne. Aber Schmiddie ist nicht nach einem Gang durch den Wald zumute. Sie trottet unwillig in einigem Abstand hinter mir her, sodass ich sie an die Leine nehmen muss, um sicherzustellen, dass sie nicht zurück zum Haus läuft. In letzter Zeit schläft sie morgens gern ein bisschen länger.

Sie bleibt stehen und stemmt ihre Füße in den Boden. Die Leine ist gespannt. Ich ziehe ein bisschen, aber ich habe keine Chance. Sie ist und bleibt ein Sturkopf. Wie ihr Herrchen.

So gehe ich heute allein los. Ein lauer Wind weht, und die Sonne scheint gerade richtig warm durch die lindgrünen Blätter.

In unserem Wald hat sich einiges getan seit dem letzten Frühling. Kniehohe Laubbäume sind überall zu sehen. Ebereschen, Birken, Linden und Lärchen, die Carsten vorletztes Jahr gepflanzt hat.

Etwa hundert Meter vor mir auf dem Weg bewegt sich etwas. Ich hätte nicht gedacht, dass Clint sich ohne Schmiddie und mich so weit vom Haus entfernt. Aber je länger ich hinter der Katze hergehe, desto sicherer bin ich, dass es sich bei dem Tier nicht um Clint handelt. Sie hat eine ganz andere Gangart. Lautlos renne ich ein paar Meter und verringere so den Abstand zwischen mir und dem Tier. Es ist wirklich eine Katze, und sie hat mich noch nicht gehört. Noch einmal renne ich einige Meter in ihre Richtung. Es ist eine Tigerkatze. Ihr Schwanz ist etwas kürzer als Clints und viel buschiger, am Ende hat er dicke schwarze Streifen. Ich will versuchen, noch näher an sie heranzukommen. Zu spät. Jetzt hat sie mich bemerkt. Sie duckt sich, dreht ihren Kopf zu mir und zeigt mir ihr breites, etwas dickes Gesicht. Dann rennt sie schnell wie der Blitz davon.

Ob das wohl eine Wildkatze war? Sind Wildkatzen nicht vom Aussterben bedroht? Hoffentlich wird sie sich nicht mit Clint anlegen. Und hoffentlich frisst sie nicht die Waldschnepfe, die ich schon zweimal nur wenige Meter weiter aufgescheucht habe.

An meinem Lieblingsplatz bei den alten Eichen angekommen, setze ich mich direkt in die Mitte und lehne mich an den dicken, moosbewachsenen Stamm des uralten Baumes. Es ist so friedlich hier und auch in mir. Wie bei der ersten Besichtigung des Grundstücks vor zehn Jahren denke ich auch an diesem Platz mitten im Wald wieder: Hier bin ich richtig.

Als ich die Augen wieder öffne, hat sich ein kleines Insekt auf meinem Arm niedergelassen. Das wäre mir früher nie aufgefallen. Voller Neugier beobachte ich das kleine Tier. Es ist höchstens zwei

Millimeter groß, unscheinbar braun, hat zwei klitzekleine pechschwarze, kugelrunde Augen, und wo seine Nase sein könnte, ist ein langer schwarzer Rüssel. Angestrengt läuft es über den Stoff meiner Fleecejacke und ist wenig begeistert, als ich versuche, es auf einen Stock zu bugsieren und auf die Erde zu setzen. Verärgert stellt es den Rüssel auf und schwenkt ihn hin und her.

»Tut mir leid, kleiner Millimeter-Käfer. Ich glaub, hier auf dem Boden geht es dir besser.« Wie so oft bin ich verzaubert von der Vielfalt, die ich hier im Wald erleben darf. In groß wie in klein. Bei Pflanze und Tier.

Einige Zeit hänge ich noch meinen Gedanken nach, bevor mein Magen anfängt zu knurren.

Wie ungewohnt, ganz allein ohne Schmiddie und Clint auf unser Haus zuzugehen.

Ich lasse mir Zeit, laufe um unser Grundstück herum, schaue über den Zaun in den Garten. Ich bewundere die Rosen, die sich an unserem Haus emporranken und die neuen Fensterläden in Szene setzen, erfreue mich an den Salaten, die im Gemüsebeet vor sich hin wachsen, bestaune die bunte Blumenwiese, in der unzählige Bienen und Hummeln sich tummeln, sehe den Kater auf dem Holzsteg sitzend seine Pfote schlecken und beobachte Carsten dabei, wie er aus der Scheune ins Haus geht, ohne mich zu bemerken. Ich komme mir vor wie ein Wanderer, der zufällig unser Grundstück entdeckt hat, sich alles ganz genau anschaut und sich still daran erfreut.

Ein Kuckuck ruft im Wald. Vielleicht ist es ein Nachkomme des Kuckucks, der uns vor zehn Jahren in unserem Haus im Wald begrüßt hat. Die Vorstellung gefällt mir.

Als Schmiddie mich sieht und freudig fiept, um mich zum Reinkommen zu bewegen, merke ich, wie froh und dankbar ich bin, dass ich jetzt einfach durch das Tor gehen darf, in meinen Garten Eden, und das dies mein Leben ist, das ich mit so viel Liebe und Zufriedenheit leben darf.

PS: Und die Moral von der Geschicht'?
Folge deines Herzens Licht!

Nachwort

Dieses Kribbeln im Körper, wenn gerade alles richtig ist.

Zwanzig Grad, blauer Himmel, Sonnenschein im Wald. Kein einziger Termin, der in meinem Kalender steht. Dafür einen unglaublichen Optimismus im Kopf, der sogar Carstens in den Schatten stellt, und genügend Cornetto Buttermilch in der Tiefkühltruhe, um mich durch das Wochenende zu bringen.

Ich hole mir eins, fläze mich in den rot-weiß gestreiften Liegestuhl und weiß genau, welchen Song ich jetzt hören will. *Too Hot* von Cool and the Gang schallt aus meinem Mac, der warme Wind dazu bringt die Blätter zum Rascheln. Schmiddie zu meinen Füßen, und keine zwei Meter von uns entfernt füttert eine Singdrossel ihr Junges, das aufgeregt den Schnabel aufreißt.

Das Eis auf meiner Zunge weckt Erinnerungen. Ich denke an Caros und meine Freibadbesuche in den langen Sommern unserer Jugend. Pommes rot-weiß, eine Tüte Schnuppkram mit Salzdiamanten und weißen Mäusen, Sonnenbrand, Eis, das unsere Hände klebrig machte. Unsere Probleme, unsere Träume. Die Welt war uns noch zu klein. Die Vorfreude auf das Leben, die Spannung, die Begeisterung, das Neue, die Entdeckungen. Und das alles ohne Internetgedächtnis. Unsere Fehltritte – unsere Geheimnisse. Herrlich.

Ist das lange her. Was ist alles seither passiert? Und wie aufgeregt begeistert, gespannt und voller Vorfreude bin ich jetzt? Vielleicht etwas anders als damals, aber mindestens genauso gut gelaunt.

Ich bin glücklich. Cool and the Gang wird vom guten alten Marvin Gaye abgelöst, der *Got to Give It Up* in mein Ohr pflanzt.

Ich springe auf und tanze mit dem letzten Rest Eis in der Hand durch den Vorgarten. Ich bin auch immer noch Kind, und das wird immer so bleiben.

Danke …

… liebe Leserin, lieber Leser, dass du unserer Geschichte deine Zeit geschenkt hast.

… an Kathrin, Marion, Hannah, Svenja, Jennifer, Mike, Nico, Tilman und Herrn Auer – an das ganze Eden-Books-Team, es ist eine Freude, mit euch zusammenzuarbeiten.

… meine lieben Eltern, für eure Unterstützung, euren innigen Zuspruch, fürs Aufbewahren und Vorlesen von Robben- und Pudelgeschichten und für eure Liebe, Carolin, für deine Gedanken zum Buch, deine ehrliche Meinung, die mich immer weiterbringt, dass du immer ein Glas Cremant parat hast und für unsere Freundschaft, Sally, für das Wunder der Geburt, für Cappuccino in der besten Tasse und dass du da Lichter anzündest, wo es am dunkelsten ist, Pollo, für »Dat löppt sich alns torecht«, Omi, für Fantasie und für meine Faszination Hollywoodschaukel, Yanni, dass du mich anrufst, wenn du an einem Kneedl-Regal vorbeiläufst, Caro, für gute Träume und dass du sie mir erzählst, Steph, für die Karten, die mich oft begleiten, Patrick, für letzten Sommer, Lotti, für mein Zuhause bei dir, Petzi, Mel, Miri, Anna, dass ich mit euch erwachsen werden durfte und dass wir uns haben, Paulina, für unser schönes Zusammensein, Dirk, für die besten Frisuren und dein liebes Post-it, Andrea, für dein Feedback zum Manuskript, Cord und Buffel, für Rat und Tat, Jacques, für deine Hilfe bei *Am Feuer im Wald* und euch dreien für ein Plätzchen in eurem Feriendomizil, Eckard, für deine Hilfsbereitschaft und das leckerste Wildschwein, Bodo, für deine geduldige Hilfe, John, for the best campfire music, Daniela und Lutz, für den tollsten Hund der Welt, liebe Müllis, dass wir euch kennenlernen durften, Katte, Gunnar und Martin, fürs Clint-Sitting und die Unterstützung bei unserem Öko-Wald-Projekt, Marc, für deine Geduld und Expertise in Sachen Landy und Mac, Manfred, für die wunderschönen Sessel, Sisco für das allerbeste Geschirr, dem unerschrockenen Postboten, Oprah, Casey, Eckhart, Robert, Detmar, für die besten Hinweise, MP, aus tiefstem Herzen, Katrin, für die geduldige Beratung, und allen Menschen, die dabei geholfen haben, unser Zuhause zu dem zu machen, was es heute ist.

Und danke, geliebter Carsten, fröhliche Schmiddie, lustiger Clint!

Impressum

Franziska Jebens mit Carsten Jebens
Kaffee mit Käuzchen
Unser Traumhaus im Wald
ISBN: 978-3-95910-203-2

Eden Books
Ein Verlag der Edel Germany GmbH

www.edenbooks.de | www.edel.com
1. Auflage 2019

Einige der Personen im Text sind aus Gründen des Persönlichkeitsschutzes anonymisiert.

Projektkoordination: Svenja Monert und Kathrin Riechers
Lektorat: Dr. Matthias Auer
Umschlaggestaltung: Johanna Höflich
Coverfoto: © Piotr Krzeslak / Shutterstock.com
Autorinnenfoto und Nachthimmel: © Switch Studio
Reh im Wald: © Budimir Jevtic / Shutterstock.com
Illustration Kauz: © grop / Shutterstock.com
Illustration Vogelfüße: © von Freepik auf www.flaticon.com
Layout und Satz: Datagrafix GSP GmbH, Berlin| www.datagrafix.com
Druck und Bindung: optimal media GmbH, Glienholzweg 7, 17207 Röbel/Müritz

Das FSC®-zertifizierte Papier Holmen Book Cream für dieses Buch lieferte Holmen Paper, Hallstavik, Schweden.

Printed in Germany.

Dieses Buch ist auch als E-Book erhältlich.